동아시아 법화경 세계의 구축

본서는 2007년 한국정부(교육과학기술부)의 재원에 의하여 한국연구재단의 지원을 받아서 간행된 출판물입니다(NRF-2007-361-AM0046).

동아시아 법화경 세계의 구축

금강대학교 불교문화연구소
금강학술총서 10

금강대학교 불교문화연구소 편

| 서문 |

동아시아에 있어서 법화신앙의 수용

 위대한 사상 체계도 주위의 다른 지역 문화와 지속적인 영향을 주고받으면서 계속 새로운 모습으로 거듭나지 않으면 쇠퇴하게 마련이다. 오늘날 우리 인류가 공유하고 있는 문화유산인 종교, 철학, 가치관 등은 모두 이러한 과정을 거쳐 형성, 전개, 발전되어 온 결과라고 할 수 있다. 불교도 예외는 아니어서 전파와 수용의 과정 속에서 새로운 변용이 지속적으로 이루어졌다. 이 책에서는 이러한 불교의 모습 중에서도 가장 강력한 신앙적 특징을 지닌 법화신앙이 동아시아라는 세계에 어떻게 수용되고 변용되었는지 살피고자 한다.
 인도에 있어서 불타에 대한 강렬한 신앙적 특징을 지닌 법화경의 성립은 불교의 다양한 신앙 형태를 포괄하는 새로운 대승불교의 출현이라고 할 수 있다. 법화경은 경전 자체에서 강력한 신앙적 특징을 지닌다. 불탑신앙과 석가모니불에 대한 신앙을 중핵으로 하는 법화경의 강렬한 신앙적 특징들은 간다라지역의 불탑 건립을 통해 나타나고 있다. 그리고 간다라의 그 새로운 불교의 맥동은 실크로드를 거쳐 중국으로 수용되면서 새로운 활력을 불어 넣었을 것으로 보인다.

중국에 불교신앙이 어떻게 시작되었는지에 대한 구체적인 언급은 없다. 기원후 1세기 무렵 중국에서 본격적으로 불교가 수용될 당시, 중국인들은 불교를 도교의 한 갈래, 또는 신선이 되기 위한 하나의 술법으로서 받아들였을 가능성이 많다. 후한시기의 중국에는 도교의 양생술(養生術)이 유행했는데, 그들은 이를 통해 불로장생을 얻고자 했다. 불교는 아마도 이러한 사회적 분위기에서 도가적 양생술을 보완하거나 대체할 수 있는 새로운 종교로 보였을 것이다. 이 때문에 본연의 목적과는 달리 현세적인 중국사회에서 불교는 아마도 인도와는 사뭇 다른 양상으로 전개되어간 것으로 보인다.

시대가 좀더 흐른 후에는 사상적으로도 반야사상과 아비달마사상 등이 전파되면서 중국에 새로운 사상적인 반향을 불러일으킬 수는 있었지만, 신앙적인 부분에 있어서는 조금 차원이 다른 접근이 필요했던 것으로 보인다. 중국이라는 새로운 세계에서 불교가 차츰 성숙되고 불교를 받아들이는 신앙 대상의 저변이 확대되어 가는 와중에 신앙 대상을 공고히 할 필요 역시 강해졌다. 공(空)이라는 다소 모호하고 형이상학적으로 느껴지는 사상보다는, 확실한 신앙 대상이 서민층으로부터 지배 계층에 이르는 무수한 인간 군상들을 위해 필요했을 것이다. 그리고 신앙적 불교의 중요성이 점차로 대두되었을 것이다. 법화경의 전래는 그러한 필요에 확실하게 부응하는 계기가 되었을 것이고, 중국의 불교 신앙사 역시 새로운 전기를 맞이하였을 것이다.

중국의 불교신앙 전개에 있어서 법화신앙은 중요한 부분을 차지한다. 중국에서 접하지 못했지만 불교에 있어서 가장 중요한 인물인 석가모니 부처님에 대한 신앙이 명확하게 구현되어 있으며, 과거의 부처님인 다보여래나 미래의 부처님인 미륵에 대한 신앙과, 구제의 화신인 관음이 얽혀 있는 서사적인 법화경은 중국인들의 마음을 움직이는 데 탁월한 공능을 발휘한 경전이었다.

중국에서 법화경의 역사는, 276년 경 축법호(竺法護)에 의한 『정법화경(正法華經)』 번역에서 시작한다. 이전 시기에도 비슷한 성격의 경전이 존재했지만, 신앙적으로 완비된 형태를 갖춘 법화경의 번역은 중국인들이 불상을 만들거나 탑을 조성하는 데 있어 매우 중요한 역할을 하게 된다. 406년 구마라집이 『묘법연화경(妙法蓮華經)』을 번역하면서 이러한 신앙의 흐름은 한층 더 강렬해진다.

『묘법연화경(妙法蓮華經)』 「보현보살권발품(普賢菩薩勸發品)」에 "만일 받아 지니고 읽고 외우고 뜻을 해설하면, 이 사람은 목숨이 마칠 때에 천불(千佛)이 손을 내밀어 두렵지도 않고 악취(惡趣)에 떨어지지도 않게 하니, 곧 도솔천상의 미륵보살 계신 곳에 가리라. 미륵보살은 삼십이상을 갖추고 대보살들에게 둘러싸여 있고 백천만억의 천녀(天女) 권속들이 있으니, 그 가운데 왕생할 것이다."라는 부분이 있다.

중국에서 본격적인 불교신앙의 역사가 시작된 초기에는 석가모니불과 미륵보살(또는 미륵불)이 상당히 유행하였다. 이러한 미륵에 대한 신앙은 이 같은 법화경의 신앙을 중심으로 유행하게 된 것으로 보인다. 이러한 신앙 형태는 초기의 석가모니불과 미륵보살(또는 미륵불) 상(像)의 조성에 투영되었다. 불교사상의 전개와는 달리, 동시대에 조성된 불상이나 탑의 건립에서 이러한 신앙의 특징을 살필 수 있다.

법화경이 소개될 당시 중국의 북쪽 지역은 전란의 시기를 맞고 있었다. 짧은 기간 동안 왕조가 세워지고 망하기를 반복하던 5호 16국

시대에 불교를 수용했던 중국인들은 혼란 속에서, 또 그들이 겪고 있는 혼란에서 벗어나기 위해서 그들이 살고 있는 땅을 정토로 구현하고자 과거와 현재와 미래의 부처에게 예불하고자 했을 것이다. 5호 16국 시대의 혼란기에 화북지방을 통일한 북위(北魏, 386~534)는 법화신앙을 통해 과거불의 계승자로서 석가불의 역할과, 석가불의 계승자로서 미륵의 역할에 관심을 기울인 것으로 보인다. 또한 사후에 대해서조차도 이러한 미래에 석가불의 계승자로서 이 땅에 도래할 미륵불을 중심으로 생각하는 지극히 현실적인 북위인들의 사고가 투영되었다고 할 수 있다.

단순하게 죽어서 행복을 얻는 것이 아니라 현실의 기반 위에서 이상세계를 구현하고자 하는 그들의 바람이 미륵에 대한 신앙으로 나타난다. 중국인들은 사유 기반을 현실에 둔다. 중국으로 전래된 종교들이 중국의 심성과 부합하게 되면 현실적인 종교로 거듭나게 된다. 이러한 현실에 대한 이해와 맞물리고 있는 것이 바로 다른 곳에서 정토를 찾는 것이 아니라 현실의 기반에서 정토를 찾게 하고, 현실의 기반으로 돌아올 수 있는 법화경의 미륵보살의 정토가 그들이 처음으로 찾았던 정토가 아닐까 한다. 5호 16국 시대의 불교 석굴에서 상단의 미륵보살과 중단의 석가다보 이불병좌상이 구현되는 점이나, 좌우 불감에 있어서 상단에는 석가불이, 중단에는 미륵교각보살상이 위치하는 점도 미륵이 석가의 계승자라고 하는 이러한 법화경의 사상이 반영된 것이다. 미륵에 대한 열정은 단순히 사후에 도솔왕생을 열망하는 것이 아닌, 미륵신앙을 통해 현세에서 미륵불이 현신하기를 바라는 강한 의지도 함께 투영되었다고 할 수 있다.

과거-현재-미래에 대한 이런 도식적 구조는 법화경 상에서 등장하고 있는 다보(多寶)–석가(釋迦)–미륵(彌勒)이라는 구도를 받아들임으로써 중국 초기 불교에 있어서 중요한 신앙의 요소가 되었다. 이러한 신앙적 요소를 바탕으로 중국내에 조성된 불교문화는 중국인들의 신앙관에 녹아든 법화신앙적 요소를 보여준다. 북위의 석굴 조영이 본격적으로 일어난 운강 석굴과 용문 석굴에서 미륵보살의 도상적 구현은 전육불(前六佛)–석가불(釋迦佛)–미륵불(彌勒佛)의 형태로, 과거–현재–미래의 형태로 설시된 법화신앙에 입각한 도상학적 특징이 구현된 것으로 볼 수 있다. 이것은 미륵경 계열의 신앙적 특징보다는 법화경 계열의 신앙적 특징에서 찾을 수 있는 것이다. 직접 화현한 마지막 부처인 석가와, 미래세에 직접 올 미륵불을 통해 직접적인 이 세상의 정토를 갈구하는 솔직담백한 당시 사람들의 신앙을 보면, 그들의 불교에 대한 신앙을 다시금 생각하게 된다. 다른 곳에 있는 정토에 대한 신앙이 아니라 직접적으로 하늘에 올라가기를 갈구하고 다가올 미륵불의 세상에 다시 돌아오고자 하는 믿음은, 북위 사람들의 현실적이고 현세적인 신앙관이 함께 표출된 것이라고 할 수 있다.

점차 불교사상이 심화되면서 반야사상과 열반사상을 비롯한 여타의 사상적 깊이가 더해졌다. 구마라집이 장안에 들어온 이후 중국불교는 보다 깊이 있고 풍부한 불교사상의 전개를 보여준다. 하지만 신앙적으로 보면, 동아시아인들의 심성은 오히려 법화사상에 더 친근했다는 사실을 알 수 있다. 법화신앙만의 특징이라 할 수 있는 강력한 신앙은 동아시아 사람들의 심성을 불교적 세계로 이끄는 촉매의 역할을 했던 것이다.

법화신앙은 후에 중국에 있어서 천태종의 개종으로 이어지는 중요한 흐름을 지니고 있다. 하지만 이러한 변용 이전에 법화신앙이 지닌 새로운 관점은 5호 16국 시대 이래 불교의 변용기에 중요한 변화를 이끌어 내고 있다고 할 수 있다. 무수한 법화행자들의 발원처럼 부처님을 향해 열려있는 그들의 마음은 중국에 불교를 정착시키는 중요한 역할을 한 것이다. 변화와 전란의 시기에 새로운 사상으로 중국에 뿌리내리기 시작한 불교는, 바로 법화신앙의 확산일로 속에 새로운 역할을 찾을 수 있었을 것이다.

이처럼 중국의 불교 수용과 정착에 크게 기여한 법화신앙은 동아시아의 여러 국가들에 불교가 전파될 때에도 역시 핵심적인 역할을 했다. 한국의 가장 대중적인 신앙의례인 영산재는 법화경의 설법회상 곧 영산회상을 의례화한 것으로, 여기에는 정토신앙이 굳건하게 결합되어 있다. 영산재가 한국불교 추천의례(追薦儀禮)의 대표적인 상징처럼 굳어진 이유가 여기에 있다. 법화경의 강렬한 신앙적 특징과 정토신앙이 결합되면서 한국불교 특유의 법화신앙을 낳았고, 그것이 오늘날에도 한국불교의례의 상징처럼 여겨지는 것이다. 법화경의 강렬한 신앙적 특징을 자국 불교의 원천으로 한다는 점에서는 일본 역시 뒤지지 않는다. 일본 불교에서는 "묘법연화경에 귀의합니다!"(南無妙法蓮華經)라는 송창(誦唱)에서 상징되는 것처럼, 법화경 자체에 대한 경권신앙이 유달리 발달했으며, 법화경의 나라라고 불릴 정도이다. 그만큼 법화경 신앙이 일본불교에 미친 영향이 지대한 것이다.

동아시아 불교에 있어서 사상·역사·문화 등 여러 방면의 연구는 심층적이고도 입체적으로 분석된 사례가 많다. 그러나 신앙적 측면을 다각도로 조명한 사례는 매우 드물다. 이 때문에 금강대학교 불교문화연구소 인문한국(HK) 사업단에서는 이러한 문제를 해결해보고자 하는 의도에서 "동아시아적 불교신앙 구축: 법화경 세계의 문화적 형상화"라는 주제로 2012년 3월 제5회 국내학술대회를 개최한 바 있다. 이 자리에서는 중국과 일본, 그리고 한국의 법화신앙의 특징을 잘 드러내 주는 옥고들이 발표되었다. 이 기회를 빌려 발표를 해주시고 다시금 번거로움을 마다하지 않고 원고를 다듬어주신 여러 선생님들에게 깊이 감사드린다.

이 학술대회에서 발표되었던 논문들과, 이 문제를 염두에 두고 별도의 연구를 진행한 본 연구소 동료 연구자들의 원고를 더해서 이번에 총서로 발간하게 되었다. 본 연구소에서 함께 연구를 진행하고 있는 하영수, 최은영, 석길암 선생님이 기꺼이 옥고를 보태었다. 그리고 교정 및 교열에 심혈을 기울여주신 최원섭, 강은행 선생님께 머리숙여 감사드린다.

마지막으로, 동아시아에서 불교의 수용 및 변용의 문제를 사상적·문헌학적 차원에서만이 아니라 그 근간이 되는 신앙사를 더불어 고찰할 경우 사상적·문헌학적 연구에서 미흡할 수밖에 없는 많은 문제들이 해결될 수 있을 것이라는 전망을 제안하고자 한다. 이번 총서는 그 시발점이 될 것이다.

2013년 5월
저자를 대표하여 한지연

차례

서문_4

대승불교 법사(法師, dharmabhāṇaka)의 종교적 위상에 대한 소고
―『팔천송반야경』과 『법화경』을 중심으로― 하영수_15

서역편
서북인도-서역 신앙형성에 나타난 법화신앙적 요소 한지연_61
서역에서의 법화신앙 전개 ―천산남로와 양주를 중심으로― 한지연_82

중국편
초기 중국불교사에서 법화경 연구와 법화신앙의 형태 최은영_109
중국 초기 석굴에 나타난 법화신앙의 특징
― 북위시대를 중심으로 ― 문무왕_144
관음신앙의 중국적 변용과 그 문화적 특징 차차석_174

한국편
아스카 시대의 불교와 백제·고구려의 승려 다무라 고유(田村晃祐)_205

여말선초 법화신행의 전개양상과 그 배경　석길암_236

 일본편

일본에 있어서의 법화신앙 수용과 전개 —일련종을 중심으로—
　　모치즈키 신초(望月眞澄)_263
일련종의 신라·고려불교 인식에 대하여　후쿠시 지닌(福士慈稔)_292

【참고문헌】320

대승불교 법사(法師, dharmabhāṇaka)의 종교적 위상에 대한 소고

—『팔천송반야경』과 『법화경』을 중심으로—

하영수

대승불교 법사(法師, dharmabhāṇaka)의 종교적 위상에 대한 소고
─『팔천송반야경』과 『법화경』을 중심으로─

하영수

I. 서론

1. 들어가는 말

　대승불교라는 종교현상, 혹은 신앙체계의 본질은 무엇인가? 이에 대해서 학계에서는 우선 전통적인 아함과는 다른 대승경전이라는 새로운 불설(佛說)의 출현이 그 핵심이라고 보아 왔다. 저명한 불교학자이자 여래장사상의 권위자인 다카사키 지키도(高崎直道)는 대승경전에 대해서 "우리들이 대승불교의 성립에 대해서 말할 때에 대부분의 자료를 대승경전 자체에서 얻고 있어, 극단적으로 말하자면 대승경전이 곧 대승불교인 것이다"라고 언명하였다.[1] 그의 견해에 의거한다면, 대승불교의 본질은 대승경전에 있는 것이며, 따라서 대승불교를 믿는다는 것은 곧 대승경전을 믿는다는 것과 같은 것으로 이해할 수

---
1) 高崎直道(1986), p. 60.

있다. 그리고 특정한 대승경전에 신앙이라는 말이 결합하여 형성된 반야신앙 혹은 법화신앙이란 말은 곧 『반야경』, 『법화경』 등과 같은 대승경전을 신봉하고 그 가르침에 따라 살아가는 것이라고 규정할 수 있을 것이다. 이러한 경전에 대한 신앙은 대승불교의 근간을 이루는 중요한 종교현상으로 이해될 수 있다.

그러나 과연 대승불교는 단지 경전에 대한 신앙이라는 하나의 요소만으로 해명될 수 있는 것인가? 물론 대승불교의 기원이라는 문제에 있어서 경전의 출현이 가장 본질적인 사태라는 것은 인정할 수 있다. 그러나 대승불교라는 개념을 논의하는 것이 아니라, 대승불교라는 살아 움직이는 현상을 얘기할 때는 결코 간과할 수 없는 또 다른 요소가 있다. 바로 경전의 수지(受持), 독송(讀誦), 해설자로 설명되는 법사(dharmabhāṇaka)라는 인적인 요소이다. 대승불교라는 종교운동은 대승경전과 법사라는 두 축을 중심으로 영위되었다고 해도 과언이 아닐 것이다. 그 중에서 본고에서는 법사에 초점을 맞추어 논의하고자 한다.

그런데 여기서 본격적인 논의로 넘어가기 전에 짚고 넘어가야 할 것이 있다. 이러한 문제를 대하는 우리의 해석학적 태도이다. 우리는 일반적으로 광범위하게 받아들여지고 친숙해진 개념에 대해서는 그 원의미를 비판적으로 재고찰하는 데 익숙하지 않다. 어떤 개념이 친숙하게 다가온다는 것은, 실은 그 개념이 본래 출현했던 문맥(context)을 떠나 세속화, 즉 새로운 문맥 속에서 일상화되는 과정을 거쳤다는 것을 의미한다. 그리하여 이미 친숙해진 개념을 언급할 경우, 대부분의 사람들은 그 개념이 완전히 알려진 것으로 더 이상 새롭게 추구될 것이 없다고 생각하기 쉽다. 또한 이러한 친숙함은 그 개념을 연구하고자 하는 사람에게도 영향을 끼쳐, 연구자들로 하여금 종종 이미 일상화된 개념에 대한 이해를 자신이 연구하고자 하는 대상에 투사시키려는 생각이 관성의 힘으로 작용한다. 이러한 것들이 일상화된 개념을 다루는 데 있어 예상되는 어려움이다. 본 논문에서 다루고자 하는 다르마바나까(dharmabhāṇaka), 한역으로 법사(法師)라고 번역되는 개념도 그러한 부류에 속하는 문제라고 말할 수 있다.

다르마바나까는 대승불교에서 매우 중요한 개념으로, 이들은 대승불교의 전파와 발전에 지대한 공헌을 하였다. 또한 동아시아 불교권에서 법사는 뛰어난 스승들이었으며, 그 중에서 삼장에 정통한 승려에 대해 존경의 의미를 담아 삼장법사라고 불렀다. 가장 유명한 삼장법사는 아마도 『서유기』로 잘 알려진 현장스님일 것이다. 그리고 현장스님을 비롯하여 구마라집, 진제, 불공(不空) 등의 삼장법사들은 뛰어난 사상가였으며, 동시에 범어 원전을 한역하는 데 혁혁한 공로를 세운 위대한 역경가이도 하다. 그들이 번역한 방대한 양의 경전은 동아시아 불교가 이들 삼장법사들의 공로 위에 존립하고 있다는 사실을 상기시켜 준다.

또한 근래의 학자 중에서는 법사(다르마바나까)의 위상과 역할에 주목하여, 법사가 단순한 법의 수지자, 또는 경전의 번역가가 아니라 초기 대승경전을 제작한 경전 제작자라는 주장을 제기하기도 했다. 법사가 초기 대승경전의 제작자라는 주장을 최초로 제기한 학자는 일본의 시즈타니 마사오(靜谷正雄)이다. 그리고 이 주장은 몇몇 학자들에 의해 수용되어 계승되고 있다.[2]

---

2) 시즈타니의 주장을 수용하는 학자로는 본 논문의 선행 연구에서 소개하는 후지치카 게이이치(藤近惠市)를 들 수 있다. 그리고 2012년 9월 금강대학교 불교문화연구소에서 주최한 초청 강연회를 통해 가라시마 세이시(辛嶋靜志) 선생님의 강연을

이상의 사실들은 공통적으로 대승불교에서 법사의 위상이 상당히 높다는 것을 방증한다. 그러나 오늘날 법사라고 하면 대부분 재가자를 떠올리며 그 위상도 그다지 높게 인식되지 않는다. 결국 우리에게 친숙한 법사의 이미지와 실제 불교사 혹은 경전에서의 법사의 위상 사이에는 상당한 거리가 있음이 인정된다. 그러나 우리가 오늘날 대승불교 법사의 위상과 역할을 역사적 문맥 속에서 정확히 이해하려 한다면, 법사 개념에 대한 우리의 통속적 선이해를 통해 경전을 재단(裁斷)하는 행위는 지양되어야 할 것이다. 더구나 초기 대승불교의 성립에 중요한 역할을 했을 것으로 추정되는 법사와 같은 개념에 대해서는 더더욱 텍스트상의 원의와 일상적인 통념을 명확히 구분하는 것이 필요하다. 따라서 우리에게 너무도 친숙한 법사라는 개념이 실제로 대승경전이라는 텍스트상에서 어떻게 이해되고 있는지 재검토해 볼 필요가 있다.

2. 선행 연구 및 논문의 목적

법사에 대해서는 적지 않은 선행 연구가 있으며, 대승불교 개설서 등에서도 자주 언급된다. 여기서는 그 중에서 본 논문과 관련하여 주요한 연구를 중심으로 검토하고자 한다.

법사에 대한 선구적인 논문으로 시즈타니 마사오(靜谷正雄, 1954)를 들 수 있다.[3] 시즈타니는 초기 대승경전의 'dharmabhāṇaka'의 용례

들을 기회가 있었는데, 이때 선생님께서도 시즈타니 박사의 주장을 지지한다고 밝히셨다. 선생님의 견해는 머지않아 책으로 출간될 예정으로 알고 있다. 또한 본 논문을 작성함에 있어서 선생님으로부터 많은 조언과 영감을 받았다. 지면을 통해 감사의 말씀을 드리고 싶다. 학문적으로 도움을 받은 부분에 대해서는 해당 부분에서 밝히고자 한다.

에 대해, 『소품반야경』, 『대품반야경』, 『대적경(大積經)』 「가섭품」, 『화엄경』 「십지품」, 『반주삼매경』 등의 문헌적 증거와 비문 등의 고고학적 연구를 통해 검토하였다. 시즈타니는 의미상 유사한 'dharmakathika'가 초기경전이나 율장에 등장하지만 대승경전에는 거의 등장하지 않으며, 한편 'dharmabhāṇaka'라는 용어는 초기경전에 등장하지 않는다는 점을 확인하여, dharmabhāṇaka가 대승불교의 독자적인 용어임을 밝혔다. 그리고 그는 dharmabhāṇaka와 대승불교의 관계에 대해 다음과 같은 주장을 제기하였다. "법사는 초기 대승경전의 제작과 선전에 주도적 역할을 하였는데, 초기 대승경전이란 곧 이들 법사의 전도문학이며, 대승운동은 법사에 의해 전개되었다."[4] 즉 법사가 경전을 자체적으로 제작하고서 이를 선전하면서 대승운동을 주도해 나갔다는 것이다. 이어서 시즈타니(1957)에서는 교단적인 문제의 해결을 시도한다. 그는 히라카와 아키라(平川彰)의 대승불교 불탑기원설을 비판하면서, 초기 대승교단을 경전의 암송자요 해설자이며 경전의 제작자이기도 한 법사를 중심으로 하여 형성된 공동체로 보았다.[5]

---

3) 靜谷正雄(1954), pp. 131~132.
4) 靜谷正雄(1954), p. 132. 대승경전을 문학이라고 보는 견해에 대해 필자는 동의하기 어렵다. 이는 문학을 어떻게 정의하느냐에 따라 달라지겠지만, 기본적으로 문학이 허구(fiction)에 근거한 것이라고 정의한다면, 대승경전이 문학이라는 표현은 대승경전이 허구라는 뜻이 된다. 대승경전을 문학의 범주에 분류한 것에 대해 필자는 납득하기 어렵다.
5) 그의 주장을 요약하면 다음과 같다. 비문 등의 내용을 분석해 보면 특정 부파에 속하지 않은 vihāra(精舍)가 있으며, 한편 『욱가장자경』과 『법화경』 등을 보면 재가자가 법사(dharmabhāṇaka)에게 경전을 들으러 vihāra(精舍)에 간다는 표현들이 나온다. 경전에는 법사에 출가법사와 재가법사가 있다고 설명된다. 이러한 정황을 종합하여, 이 중에서 출가자인 법사의 경우 특정 부파에 소속되지 않은 vihāra(精舍)에 거하기도 하였는데, 이 정주(定住)법사들이 거하는 vihāra(精舍)를 거점으로 조직이 형성될 수 있었으며, 바로 그것이 초기의 대승교단이었을 것이라고 추정한다. 靜谷正雄(1957), pp. 101~109.

그는 경전의 제작자, 대승운동의 주도자, 그리고 교단이라고 하는 대승불교 기원에 있어 중대한 세 가지 문제를 '법사'를 중심으로 풀어내려고 시도한 것이다. 그러나 시즈타니의 논문에서 가장 중요한 주장인 '법사의 초기 대승경전 제작설'[6]에 대해서는 그러한 주장에 이르게 된 과정을 상세히 보여주지 않고 있어 설득력이 부족하다는 인상을 받는다.

쓰카모토 게이쇼(塚本啓祥)는 불교 전통에 있어서 법(dharma)의 전수와 관련된 다양한 부류의 기능자들에 대해 소개하고 있다.[7] 불교 전통에서 불법의 전수와 관련된 직무에는 지법자(dharmadhara), 지율자(vinayadhara), 경에 정통한 자(suttantika), 법의 해설자(dharma-kathika), 지론모자(持論母者, mātṛkadhara), 바나까(bhāṇaka) 등의 부류가 있었다고 한다. 『미린다왕문경』에는 Jātakabhāṇaka(본생경 암송자), D-īghabhāṇaka(장부경전의 암송자), Majjhimabhāṇaka(중부경전의 암송자) 등이 나오는데, 이들 바나까(bhāṇaka)는 해당 경전의 암송자이며 해설자였다고 한다. 그리고 후대의 대승경전에서 기존의 바나까(bhāṇaka)에 다르마(dharma)가 결합된 다르마바나까(dharmabhāṇaka)라는 용어가 등장하게 된다. 그는 『십지경』(Daśabhūmika, 「화엄십지품」)의 다르마바나까에 대해 소개하는데, 『십지경』에서의 다르마바나까는

---

6) 이 용어는 필자의 조어(造語)이다. 이러한 명칭을 붙인 이유는 이 용어가 그의 주장을 핵심적으로 나타낼 수 있다고 판단했기 때문이다. 여기서 법사의 대승경전 '찬술설'이라고 하지 않고 법사의 대승경전 '제작설'이라고 한 것은, 시즈타니 자신이 '제작'이라는 용어를 사용하고 있는 것에 기인한다. 필자에게는 찬술과 제작이 뉘앙스가 다른 것으로 생각되는데, 그가 제작이라고 표현한 것은 다분히 의도적인 것이라 생각된다. 이는 그가 대승경전을 문학이라고 부른 것과 동일한 의식선상에서 이루어진 표현일 것이다.
7) 쓰카모토 게이쇼(2010), 『법화경의 성립과 배경 : 인도문화와 대승불교』 제6장 「법화경의 담당자」 참조.

보살의 10지 중 제5지인 난승지(難勝地)와 제9지인 선혜지(善慧地)와 관련되어 설해진다. 난승지에서 보살은, 여래의 교계(敎誡)를 듣고 출가해 청문한 것을 기억하여 설법사(dharmabhāṇaka)가 되며, 선혜지에서는 대법사가 되어 부처님의 법장을 수호하고, 온갖 다라니를 얻으며 뛰어난 방편과 사무애변(四無碍辯)으로 법을 설한다고 한다.[8] 이 연구는 다양한 교법의 전승 주체에 대해 상세한 정보를 제공한다. 그리고 대승의 다르마바나까가 돌연히 출연한 것이 아니라 그 이전에 『본생경』, 장부경전 등의 암송자(bhāṇaka)가 존재했다는 하는 사실을 밝힘으로써 다르마바나까에 관한 일종의 계통적인 정보를 제공하고 있다. 그러나 이 연구에 법사에 의한 초기 대승경전 제작에 관한 언급은 보이지 않는다.

후지치카 게이이치(藤近惠市)는 시즈타니의 법사에 의한 초기 대승경전 제작설을 수용하면서, 기원후 1세기 무렵 다르마바나까가 등장하게 되면서 부파불교의 비문에 'bhāṇaka'라는 말이 사라진 이유를 고찰하고 있다.[9] 후지치카에 따르면, 『팔천송반야경』과 『이만오천송반야경』 등에는 율장에 위배되는 내용[10]이 설해지는데, 계율에 위배

---

8) 쓰카모토 게이쇼(2010), p. 236.
9) 藤近惠市(2001), pp. 279~283.
10) 『율장』에는 출가자가 재가자에게 상인법(上人法)의 내용을 설하는 것을 금지하는 조항이 있다. 상인법(uttarimanussadhamma)이란 보통 인간(人法)의 능력을 초월한 초인적인 힘을 말하는데, 예를 들면 신통력을 얻었거나, 초선 등의 뛰어난 선정을 얻었다거나, 예류과 내지 아라한과 등의 깨달음을 얻었을 때 상인법을 얻었다고 한다. 비구는 이러한 상인법을 얻었어도 그것을 타인에게 말해서는 안 되며, 구족계를 받지 않은 자들에게 자신이나 타인의 상인법을 발설해도 안 된다(히라카와, 2002, p. 315). 그런데 『팔천송반야경』과 『이만오천송반야경』에는 상인법에 해당하는 교리가 보이며, 만일 이것이 재가자들에게 설해지게 되면 바라이법에 해당하는 대망어계를 어기게 되는 것으로 간주될 수 있다고 한다. 藤近惠市, 위 논문, p. 282 참조.

되는 대승경전(반야경)을 추종하던 자들은 결국 더 이상 승가에 머무를 수가 없게 되어 스스로 부파를 박차고 나오거나, 아니면 바라이죄로 추방되었을 것이고 이들이 광야의 설법자인 다르마바나까가 되었을 것이라고 추정한다. 그리고 그러한 이유 때문에 bhāṇaka의 이미지가 나빠져 부파교단의 비문에서 bhāṇaka가 사라졌을 것이라고 추측하고 있다. 참고로, 위 논문에서 저자는 명시하고 있지 않으나, 필자는 위 논문이 최초기의 다르마바나까가 출가자였을 가능성을 시사할 수 있다고 생각한다.

국내의 논문으로는 차차석(1993)을 들 수 있다.[11] 이 논문은 필자가 아는 한, 법사를 단일 주제로 설정하여 논의한 국내에서 유일한 논문이다. 그는 먼저 법사라는 용어의 연원을 밝히고, 『법화경』에서 설해지는 원생(願生)으로서의 법사에 초점을 맞추어, 그 이론적 근거를 대승논서의 삼신론(三身論)과 연결시켜 해명하고 있다.

이상은 법사를 단일 테마로 설정하여 논의한 논문들이다. 법사는 사실 대승불교에 대한 기술 속에서, 특히 대승불교의 기원 등과 관련된 논의에서 자주 등장하는 주제이다. 따라서 이외에도 법사에 관해 언급한 저서들은 매우 많다. 그 중에서 두 학자의 견해를 소개하기로 한다.

앞서 시즈타니의 '법사에 의한 대승경전 제작설'을 소개했는데, 이에 반대하는 주장도 물론 있다. 마쓰모토 시로(松本史朗)는 시즈타니의 법사 이해에 대해, "'법사'는 경전을 '선전하는 사람'이기는 해도 그 경전의 근본사상을 발상(發想)해내고 그것을 경전으로서 '만드는 사람'은 아니라는 것이 나의 근본적인 이해이다"라고 견해를 밝

---

11) 차차석(1993), pp. 305~327.

히고 있다.[12]

또한 시모다 마사히로(下田正弘)는 시즈타니의 주장과는 확연하게 대립되는 의견을 제시한다. 이를 설명하기 위해서는 먼저 그의 대승불교 기원에 관한 이해를 소개할 필요가 있다. 그는 대승불교의 출현에 있어서 서사(書寫)의 도입이 결정적인 계기가 된 것으로 본다.[13] 즉, 서사를 계기로 문서화된 대승의 경권(經卷)이 출현하게 되었고, 그것이 외부 세계를 변용시켜서 그 결과 대승불교라는 새로운 불교 세계가 출현하게 되었다는 것이다.[14] 그의 주장의 핵심적인 내용은 대승의 기원을 인적(人的) 혹은 교단적 기반에서 탐색할 것이 아니라 서사된 경전 자체에서 구해야 한다는 것으로 이해된다. 그는 다음과 같이 말한다.

> 편찬자는 서사된 텍스트의 배후에 숨어—정확히는 '붓다라는 각별한 익명성'을 띠고 있어—모습이 보이지 않고, 필사자는 문자를 옮겨 적는 수단에 지나지 않는다. 그리고 <u>독송자, 즉 다르마바나까는 문자를 음성화하는 수단에 머무르는 것으로</u>, 서사 경전의 권위 보증을 위한 근거가 되지 않는다. (중략) 이 단계에서 편찬자든 필사자든 독송자든 모두를 포함하여 경전으로부터 사람이 완전히 사라져 버린다는 점이 중요하다(밑줄 필자).[15]

그는 히라카와 아키라(平川彰)의 '대승불교 재가자 불탑기원설'이라는 교단적 기반뿐 아니라, 시즈타니의 법사에 의한 대승경전 제작

---

12) 松本史朗(2010), p. 674. 각주(62) 참조.
13) 下田正弘(2012), p. 38.
14) 상동, p. 47.
15) 상동, p. 53.

및 대승운동 주도라는 인적 기반조차도 부정하고 있다. 그리고 남는 것은 모든 인적, 교단적 기반이 배제된 순수한 서사 경권뿐이며,[16] 이 경권이 외부 세계를 변용시킨 것이 곧 대승의 출현으로 이어지게 되었다고 본다. 위 인용의 밑줄 그은 부분에서 알 수 있듯이, 그는 다르마바나까에게 어떤 주체적인 역할도 부여하지 않고 철저한 암송 수단으로 인식하고 있는데, 이는 시즈타니의 주장과 완전히 대립되는 것이다.

이상 선행 연구를 개관함으로써 알 수 있는 것은, 법사에 대한 의견이 분분하여 아직 합의된 견해에 도달하지 못했다는 것이다. 이러한 상황에서 할 수 있는, 그리고 해야만 하는 작업은 이차적인 자료를 떠나 다시 일차자료인 원전으로 돌아가 법사에 대한 기술을 하나하나 음미하고 살펴보는 일이라 생각된다.

3. 연구의 범위 및 문제의 소재

논문의 부제에서 밝혔듯이 본 논문의 연구 범위는 초기 대승경전 중에서 『팔천송반야경』(Aṣṭasāhasrikā Prajñāpāramitā)과 『법화경』(Saddharmapuṇḍarīka Sūtra)을 중심으로 연구를 진행할 것이다. 여기서 텍스트 선정에 대한 이유에 대해 간략하게 설명하겠다.

당초에 필자는 법사의 개념을 『법화경』을 중심으로 살펴보고자 하였으나, 『법화경』의 법사는 경전 전반의 주요한 테마로서 광범위하게

---

[16] 그가 모든 인적 요소를 부정하는 것은 아니다. 그는 경전 제작의 주체에 대해, 아함의 경사(經師), 즉 전통적인 경·율·논 삼장의 수지자 중에 경의 수지자들인 경사를 상정하고 있다(p. 58). 그러나 그는 위의 인용과 같이, 경전에서 모든 인적 요소가 사라지고 서사된 경전만이 남아 그것이 외부 세계를 변화시킨다는 점이 중요하다고 강조한다.

설해지고 있기 때문에 본고에서 이를 전부 검토하는 것은 사실상 어렵다고 판단하였다. 또한 『법화경』의 법사는 '드라마틱' 하게 묘사되는 면이 있어, 원초적인 형태와는 거리가 먼 것으로 생각되었다. 따라서 필자는 보다 소박하고 원형에 가까운 법사의 모습을 제시하는 경전을 살펴볼 필요가 있다고 판단하였다. 이러한 두 가지 이유, 즉 불가피한 이유와 필연적인 이유로 인해 『법화경』보다 번역 시기가 앞서면서 법사라는 개념을 공유하는 『팔천송반야경』을 『법화경』과 더불어 주요 연구 텍스트로 선정하였다.[17]

다음으로 문제의 소재에 대해 언급하겠다. 필자가 인식하고 있는 문제는 법사라는 개념의 정의가 부재한 것으로 보인다는 점이다. 앞서 제시한 선행 연구들은 법사에 대해 다양한 경전의 용례를 통해서 그 의미를 밝혔다. 그러한 연구를 토대로 법사(dharmabhāṇaka)가 대승불교 고유의 개념이며 경전의 암송과 관계가 깊다는 사실을 확인할 수 있었다. 그러나 초기 대승경전을 보면 법사에게 경전의 암송뿐 아니라 서사된 경권(經卷)의 수지(受持) 등의 역할이 요구되는 경우가 있어, 법사의 역할이 경전의 암송자라는 일면에 국한되지 않는 것으로 보인다. 일례를 들어 보자면,

〔1〕 만일 어떤 사람이 이 법문으로부터 단지 한 게송이라도 수지(受持)하고(dhārayiṣanti), 독송(讀誦)하고(vācayiṣyanti), 해설(解說)하고(prakāśayiṣyanti),

---

17) 번역 시기가 경전의 성립 순서를 결정할 충분한 근거는 아니지만 경전 성립에 관한 일말의 정보를 제공하는 것은 사실이다. 『팔천송반야경』의 번역 중 가장 이른 시기의 것인 『道行般若經』(지루가참 역)은 179년에 번역되었다. 한편 현존하는 가장 이른 시기의 『법화경』의 번역인 『정법화경』(축법호 역)은 286년에 번역되었고, 『묘법연화경』은 406년에 번역되었다. 시즈타니 마사오·스구로 신죠(1995, p. 183; p. 230).

체득(體得)하고(saṃgrāhayiṣyanti), 서사(書寫)하고(likhiṣyanti), 또한 서사하고 나서 억념(憶念)하고(anusmariṣyanti) 때때로 주의깊게 사색한다면(vyavalokayiṣyanti)… (이하 생략).[18]

위 구절은 『법화경』 「법사품」의 인용이다. 인용문에는 법사에게 다양한 행위가 요구되고 있는데, 위 문장은 다음과 같이 해석 가능하다. 이때 중요한 분기점이 되는 단어는 두 번째의 '독송'으로 번역한 '√vac' 이다.

'√vac'의 의미는 to speak, to recite 등으로 암송·낭송 정도의 의미로 보이지만, 한역(구마라집 역)은 √vac를 경권을 보면서 읽는 '독송(讀誦)'으로 번역하고 있다. 독송이라는 번역은 √vac를 암송이라는 하나의 행위가 아닌 讀(read)과 誦(recite)이라는 두 가지 행위를 지시하는 것으로 보는 것이다. 그런데 √vac에 '독(讀)'이라는 의미를 부가할 경우, √vac의 이전의 행위인 √dhṛ(to hold, to remember, to keep) 즉 수지(受持)에 의미의 변화가 초래된다. 위에서 수지(受持)라고 번역된 √dhṛ는 기본적으로는 어떤 것의 내용물을 유지하고 지탱하는 것인데, 경전의 내용이나 스승의 가르침과 관련될 경우에는, 그 내용을 암기하여 보존하는 것을 말한다.[19] 즉 수지의 일차적인 의미는 가르침(경전) 등을 암송하는 것이다. 그런데, √vac를 독·송이라고 번역

---

18) SP, p. 225, 3-5: ya ito dharmaparyāyād antaśa ekagāthām api dhārayiṣyanti vācayiṣyanti prakāśayiṣyanti saṃgrāhayiṣyanti likhiṣyanti likhitvā cānusmariṣyanti kālena ca kālaṃ vyavalokayiṣyanti / 번역은 松濤誠廉 II(2001), p. 8 참조. 이하 마쓰나미(松濤)로 약칭.
『묘법연화경』 제10 「법사품」(T 9), p. 30c7: 若復有人, 受持, 讀誦, 解說, 書寫妙法華經, 乃至一偈….(이하 『법화경』의 대정장 권수는 생략).
19) 受持에 관해서는 三友量順(1975), pp. 190~195 참조.

하게 되면 수지는 단지 암기하는 것이 아니라, 경권을 서사하여 지니거나[書持] 경권을 휴대[卷持]하는 것으로 해석되게 된다. 이러한 정황을 토대로 위 문장을 해석할 경우 다음과 같이 두 가지 해석이 제시될 수 있다.

첫 번째는 경권이 아닌 설법자 등 누군가로부터 직접 설법을 듣고서 암기(√dhṛ)하여 소리내어 읊고(√vac), 해설하고(pra√kāś), 체득하고(saṃ√grah), 이를 옮겨 적고(√likh), 억념(anu√smṛ)하고, 사색(vyava√lok)하는 것이다. 이는 암송이라는 오래된 구전전통에 중점을 둔 해석이다.[20] 두 번째는 누군가로부터 직접 듣는 것이 아니라 경권을 받아서[受] 지니고[持], 읽고[讀], 읊고[誦], 해설하고, 체득하고, 다시금 경권을 서사하는 것이다. 두 번째 해석은 위에서 제시된 행위들이 새로운 전승방식인 서사 전통의 기반 위에서 이루어진다고 보는 것이다.[21]

위 인용문의 번역은 구마라집이 √vac를 독(讀)과 송(誦)의 두 행위를 지시하는 것으로 번역함으로써 문장 전체가 서사 전통만을 전제로 하고 있는 듯한 뉘앙스를 띠게 되었지만, 첫 번째 해석의 여지가 전혀 없다고는 할 수 없다. 오히려 구마라집의 번역은 법사에게 요구되는 행위가 구전과 서사라는 두 전통과 명확하게 분리되기 어려운 것임을 반영하고 있는 것은 아닐까 추측해 본다. 이는 곧 법사가 구전 전통과 서사 전통을 아우르는 존재라는 사실을 함의하고 있는 것으로 생각할 수 있다.

이 외에도 위 인용문에는 법사 자신의 수행적인 요소(수지, 독송, 체

---

20) 물론 위 인용문에 '서사하다'라는 표현이 있기 때문에 시기적으로 서사 전통이 확립된 상황을 전제로 하고 있는 것은 명백하다.
21) 구전 전통 및 서사 전통과 대승경전과의 관계에 대해서는 下田正弘(1997), pp. 425~435 참조.

득 등)와 타인에 대한 포교적인 요소(해설)가 함께 공존하고 있다. 위 문장은 읽기에 어려운 문장이 아니지만, 실은 한 문장에 구전 전통과 서사 전통, 자신의 수행 및 타인의 교화 등의 다양한 요소들이 공존하고 있다는 사실에 주의할 필요가 있다.

또한 법사의 위상을 이해하는 것도 쉽지 않다. 「법사품」에서는 법사의 위상에 대해서 다음과 같이 다소 과도한 표현을 동원하여 설명하고 있다.

〔2〕 그런데 약왕이여, 누군가 어떤 중생이 사특한 마음, 악한 마음, 잔인한 마음을 가지고 여래를 향해 일 겁(劫) 동안 비난(avarṇa)을 한다고 하자. 한편, 누군가가 이상에서 [설한] 것과 같은, 이 경전의 수지자들인 재가 혹은 출가의 그 법사(dharmabhāṇaka)들에게, 예를 들어 그것이 사실이건 아니건 한 마디라도 불쾌한(apriya) 말(vāc)을 했다고 하자. [이 양자를 비교한다면] 후자 쪽이 훨씬 더한 악업이라고 나(여래)는 설한다.[22]

위 인용문은 여래에 대해 일 겁 동안 비난을 하는 것보다도 법사에게 사실이건 아니건 단 한 마디라도 불쾌한 말을 하는 것이 더 큰 악업을 짓는 것이라고 설하고 있다. 사실 위 문장도 의미를 이해하는

---

22) SP, p. 227, 4-7: yaḥ khalu punar Bhaiṣajyarāja kaścid eva sattvo duṣṭacittaḥ pāpacitto raudracittas tathāgatasya saṃmukhaṃ kalpam avarṇaṃ bhāet / yaś ca teṣāṃ tathārūpṇāṃ dharmabhāṇakānām asya sūtrāntasya dhārakāṇā gṛhasthānāṃ vā pravrajitānāṃ vaikām api vācam apriyāṃ saṃśrāvayed bhūtāṃ vābhūtāṃ vā / idam āgādhataraṃ pāpakaṃ karmeti vadāmi / 번역은 松本史朗(2010), p. 54 참조.
『묘법연화경』 제10 「법사품」, pp. 30c29-31a3: 藥王! 若有惡人, 以不善心, 於一劫中現於前, 常毀罵佛, 其罪尚輕 ; 若人以一惡言, 『在家, 出家讀誦法華經者, 其罪甚重.

것은 어렵지 않다. 그러나 액면 그대로 위 문장을 이해하는 것은 상식적으로 불가능하다. 거기에는 그러한 기술이 이루어진 정황과 의도가 있을 것이라고 생각하지 않을 수 없다. 과연 어떠한 정황과 의도가 있어 위와 같은 표현이 이루어진 것일까?

이상의 인용문에서 알 수 있듯이, 법사라는 말 속에는 매우 다양한 문맥들이 교차하며 공존한다. 그 이유는 아마도 이 용어가 개념적인 어휘가 아니라, 살아있는 현상을 반영한 것이기 때문일 것이다. 이 밖에도 법사는 단지 법문의 한 구절만 암송해도 법사라고 불리고, 어떤 경우는 경전 전체를 암송하는 법사까지 있어 다양한 층위를 이루고 있다. 법사라는 용어가 이렇듯 복잡한 양상을 지녔기 때문에, 학자들의 견해도 서로 상이하게 엇갈리고 있는 것이다. 따라서 오랫동안 그 명칭을 들어와서 친숙하지만, 여러 가지 맥락이 교차·공존하고 있어 실제로 그 의미를 이해하는 것이 쉽지 않은 법사(dharmabhāṇaka)에 대해 명확하게 개념을 정리할 필요가 있다.

II. 본론

1. 『팔천송반야경』의 법사 개념

1.1. 법사의 정의-법의 체화

법사가 어떠한 존재인지에 대해 『팔천송반야경』이 하나의 해답을 제시하고 있는 것으로 생각된다. 「상제보살품」의 주인공인 상제보살(常啼菩薩, Sadāpraruditabodhisattva)은 항상[常] 우는[啼] 보살인데 그가 항상 우는 까닭은 반야바라밀을 간절히 구하고자 하는 열망 때문이다.[23] 반야바라밀을 간절히 찾아 헤매던 상제보살은 허공으로부터 동쪽으로 가면 반야바라밀을 듣게 될 것이라는 음성[24]을 듣는다. 이에 대답하자 허공에서 또다시 음성이 들려온다.

〔3〕 또한 선남자여, 그대는 삿된 자들을 피하는 한편, 일체법이 공(空)·무상(無常)·무원(無願)이며, 발생하지도 않고, 생하거나 멸하지 않으며, 존재하는 것이 아니라는 법을 설하는 선지식들을 섬기고(sevitavya) [선지식들에게] 헌신하고(bhaktavya) 공양해야 한다(paryupāsitavya). 선남자여, 이처럼 닦아나간다면 그대는 오래지 않아 ①책(경권)으로 된(pustakagata), 혹은 ②비구(bhikṣu)인 법사(dharmabhāṇaka)의 몸에 깃든(kāyagata) 반야바라밀(prajñāpāramitā)을 듣게 될 것이다.[25]

---

23) 동일한 구성으로 전개되는 『육도집경』에서 상제보살이 우는 이유는 반야바라밀에 대한 열망 때문이 아니라, 무불(無佛)시대에 태어난 것에 대한 탄식과 부처님을 애타게 만나고 싶어하는 열망 때문이라고 한다. 조성택(2012), pp. 124~156 참조.
24) 대승불교에서 '음성을 듣는 행위'는 중요한 의의를 지닌 것으로 생각된다. Harrison(1978)은 초기불교의 염불삼매와 대승의 반주삼매를 비교했는데, 그에 따르면 두 수행의 결정적인 차이점은 붓다의 음성을 듣느냐 듣지 않느냐에 있다고 지적하고 있다(p. 104). 또한, 조성택(2012)은 『팔천송반야경』을 분석하면서 '음성'을 듣는다는 표현이 매우 중요한 의의를 지닌다고 설명한다. 그에 따르면, 초기 불교의 명상에서 붓다를 시각적으로 경험하는 것은 흔히 볼 수 있으나, 음성을 듣는 경우는 거의 없다. 그러나 대승불교에서는 명상을 통해 붓다의 음성을 듣고, 설법을 듣고, 수기를 받기도 한다. 상제보살이 음성을 듣는 것은 대승의 수행인들이 음성을 듣는 것을 중시했음을 반영하고 있다고 한다(pp. 140~141).
25) AS, p. 238, 27-30: pāpamitrāṇi ca tvayā kulaputra parivarjayitavyāni / kalyāṇamitrāṇi ca tvayā sevitavyāni bhaktavyāni paryupāsitavyāni / yāni ca śūnyatānimittāpraṇihitānutpādājātāniruddha-abhāvāḥ sarvadharmā iti dharmaṃ deśayanti / evaṃ tvam kulaputra pratipadyamāno nacireṇa prajñāpāramitāṃ śroṣyasi pustakagatāṃ vā dharmabhāṇakasya bhikṣoḥ kāyagatām / 해석은 김

상기 인용문에는 반야바라밀을 만날 수 있는 두 가지 방법이 소개되고 있는데, 하나는 ①책으로 된 반야바라밀, 즉 경권(經卷, pustaka)으로서의 반야바라밀이요, 다른 하나는 ②법사의 몸에 깃든(kāyagata) 반야바라밀이다. 그 중 여기서는 본 연구의 주제와 직접적으로 관련된 후자의 반야바라밀에 대해 논의하고자 한다.

인용문의 "법사의 몸에 깃든 반야바라밀(dharmabhāṇakasya kāyagatā prajñāpāramitā)"에서 'dharmabhāṇaka(법사)'와 'prajñāpāramitā(반야바라밀)'는 지시하는 대상이 명확하다. 문제는 이 양자 간의 관계를 설명하는 'kāyagata'란 표현을 어떻게 이해할 것인가 하는 것이다. 'kāyagata'는 몸을 의미하는 'kāya'와 '가다'라는 동사 '√gam'의 과거분사 'gata'의 복합어로, '몸에 들어간/깃든(처격 한정 복합어)' 정도의 의미가 된다.[26] 그런데 법사는 몸을 가지고 있는 존재이기 때문에 위 구절에서 가장 중요한 단어는 'gata'로 볼 수 있다. 즉 gata가 법사와 반야바라밀의 관계를 설명하는 핵심이 되는 단어인 것이다. 여

형준 역(2003), p. 454 참조. 아래에 구마라집의 두 종류의 번역과 현장의 번역을 인용한다.
* 구마라집(a) 『소품반야바라밀경』 제27 「살타파륜품」(T 8), p. 580b13-16 : 善男子! 應離惡知識. 親近善知識. 善知識者能說空, 無相, 無作, 無生無滅法. 善男子! 汝能如是, 不久得聞般若波羅蜜, 若從經卷聞, 若從法師聞.
* 구마라집(b) 『마하반야바라밀경』 제88 「상제보살품」(T 8), p. 416b14-20: 當遠離惡知識, 當親近供養善知識, 何等是善知識? 能說空, 無相, 無作, 無生無滅法及一切種智, 令人心入歡喜信樂, 是爲善知識. 善男子! 汝若如是行, 不久當聞般若波羅蜜,若從經卷中聞, 若從菩薩所說聞.
* 현장 역『대품반야바라밀다경』 제77 「상제보살품」(T 6), p. 1059c22-28: 汝善男子. 於諸惡友應方便遠離, 於諸善友應親近供養. 若能爲汝善巧說, 空, 無相, 無願, 無生, 無滅, 無染, 無淨, 本寂之法, 及能爲汝, 示現?導, 讚勵慶喜一切智智. 是爲善友. 汝善男子, 若如是行 不久得聞, 甚深般若波羅蜜多, 或從經典中聞, 或從菩薩所聞.
26) 『梵和大辭典』에는 "肉體の中に在る(육체 속에 있는)"으로 번역되어 있다(p. 338). 즉 위와 마찬가지로 처격 한정 복합어로 보고 있다.

기서 한역을 살펴보면 구마라집 역은 "법사(소품)/보살(대품)가 설하는 것을 듣는다[若從法師(菩薩)聞]"로 되어 있고, 현장 역은 "보살로부터 듣는다[從菩薩所聞]"로 되어 있다. 따라서 두 번역 모두 'kāyagata'에 해당하는 번역어는 보이지 않는다는 것을 알 수 있다. 사실 이 두 한역이 의미하는 것은 명백한 것으로 생각된다. 즉 두 한역은 법사와 반야바라밀이 동일시되는 맥락을 반영하고 있는 것이다. 위 인용문이 의도하는 것은 복잡한 얘기가 아니라, 반야바라밀에는 두 종류가 있으니 하나는 '경권'이요, 다른 하나는 '법사'라는 것이 핵심이다. 따라서 한역을 통해 위 문장을 이해할 경우, 'dharmabhāṇaka(법사)'와 'prajñāpāramitā(반야바라밀)'의 관계를 설명하는 핵심이 되는 말인 'gata'는 반야바라밀이 <u>법사의 몸에 들어가 법사의 몸과 하나가 되었음을 의미하는 것으로</u> 이해할 수 있다. 이것은 반야바라밀의 또 다른 존재방식인 'pustakagata'의 경우에도 마찬가지로, 'pustakagata'는 pustaka(책)에 gata(들어간) 것이지만, 그 실질적인 의미는 문서화(文書化)된 **경권 자체를** 의미하는 것과 동일한 방식의 설명인 것이다. 그러므로 "dharmabhāṇaka kāyagatā prajñāpāramitā"라는 구절을, kāya(몸)의 의미를 살려서 이 구절을 번역한다면 **'법사의 몸이 된**(혹은 몸과 하나가 된) 반야바라밀' 이라고 하는 것이 적절할 것이다.[27] 이 구절은 반야바라밀의 관점에서 기술된 것이므로 이를 다시 법사의 관점에서 표현한다면, 법사란 곧 '반야바라밀을 체화(kāyagata)한 존재'라고 바꾸어 말할 수 있다. 필자는 바로 이 표현을 법사에 대한 정

---

27) Conze(1973)는 "책에서 배우든지 아니면 법을 가르치는 비구의 입에서 배울 것이다"라고 번역하고 있다(p. 278). 원문은 다음과 같다. "When you progress like this, you shall before long be able to study the perfection of wisdom either from a book, or from the mouth of a monk who preaches dharma."

의로 채용하는 것이 가능하리라 생각한다. 즉 **법사는 반야바라밀을 체화한(kāyagata) 존재**인 것이다. 이는 경전의 내용을 통해서 확인할 수 있다.

그런데 여기서 법사가 법을 체화한 존재라는 정의를 경전의 내용을 통해서 확인하기 전에, 다음과 같은 물음에 대해 생각해보고자 한다. 즉 "과연 이 두 가지 형태의 반야바라밀이 동등한 가치를 지닌 것인가, 차이가 있는 것인가" 하는 물음이 제기될 수 있을 것인데, 이에 대해 『대지도론』에서는 다음과 같이 설명한다.

〔4〕혹 경권으로부터 듣거나, 보살이 설하는 것으로부터 듣는다고 하는 것은 살타파륜(상제)을 담무갈(법상)보살이 있는 곳에 보내는 것이다. 그 중에 두 곳에 반야가 있으니, 하나는 보대 위의 금첩의 서(書)[物]요, 다른 하나는 담무갈에 의해 설해지는 것이다. 만일 복덕이 많다면 담무갈이 설하는 바를 들을 것이요, 복덕이 적다면 경권으로부터 들을 것이다. 스승(담무갈)에 대해 부처님이라는 생각[想]을 낸다.[28]

『대지도론』에서는 두 가지 반야바라밀을 언급하면서, 법사인 담무갈(법상)보살로부터 직접 반야바라밀을 듣는 것이 더욱 복덕이 많은 경우라고 설명하고 있다. 특히 법사인 담무갈보살에 대해서 "부처님이라는 생각을 낸다[於師生佛想]"는 설명을 덧붙이고 있는데, 이는 담무갈보살을 붓다와 같은 위상으로 간주하고 있는 것으로 생각할 수 있다.

---

28) 『대지도론』 제88 「살타파륜품」(T 25), p. 733a28-b3: 若從經卷聞從菩薩說聞者. 遣薩陀波崙至曇無竭菩薩所. 彼中二處有般若, 一寶臺上金牒書, 二曇無竭所說. 若人福德多者, 從曇無竭所說聞. 福德少者從經卷聞. 於師生佛想.

1.2. 법의 체화자로서의 법상보살

그럼 여기서 법사가 법을 체화한 존재라는 정의를 경전의 내용을 통해 확인해 보기로 한다.

허공에서 들려오는 소리를 듣고서 상제보살은 동쪽으로 나아가 간다바띠(香城, Gandhavatī) 시에 있는 법상보살(法上, Dharamodgatabodhisattva)을 만나게 되는데, 이 법상보살이 바로 인용문 〔3〕에서 "비구인 법사(dharmabhāṇaka)의 몸에 깃든(kāyagata) 반야바라밀(prajñāpāramitā)"로 묘사된 존재이다. 경전이 전하는 법상보살의 구체적인 모습을 살펴보면, 상제보살이 아름다운 간다바띠 시에 들어갔을 때, 때마침 법상보살은 반야바라밀의 경권(經卷)을 위해 칠보로 된 누각[臺, kūṭāgāra]을 조영하고 있었다.[29] 상제보살은 법상보살에게 나아가 자신이 허공으로부터 음성을 들었던 일을 설명하면서 이들 여래가 어디서 왔으며 어디로 갔는지에 대해 묻는다.[30] 이에 대해 법상보살은 "실로 선남자여, 여래들은 어디에서 오는 것도 아니고, 어디로 가는 것도 아니다. 진여는 부동이며, 진여인 그것이 바로 여래이기 때문이다"라

---

29) 『소품반야바라밀경』 제27 「살타파륜품」(T 8), p. 583b17-22: 曇無竭菩薩所, 有七寶臺, 牛頭栴檀而以校飾. 眞珠羅網, 寶鈴間錯. 四角各懸明珠, 以爲光明. 有四白銀香爐, 燒黑沈水, 供養般若波羅蜜. 其寶臺中, 有七寶大牀, 牀上有四寶函, 以眞金鍱, 書般若波羅蜜置是函中. 其臺四邊, 垂諸寶幡.
법상보살이 경권을 공양하기 위해 누각(kūṭāgāra)을 조영하고 있다는 기술은 중요하다. 시즈타니(2008)의 연구에 따르면, 바르후뜨 불탑 조영에 있어서 bhāṇaka가 신축 감독자(Navakarmika, 行僧)의 직무를 수행하였다고 한다(pp. 128-130). 위의 내용은 대승불교의 dharmabhāṇaka 역시 경권탑 조영에 있어서 지도자적인 역할을 한 것으로 간주할 수 있다. 여기서 확인되는 점은 법사가 단순한 암송자에 그치지 않고 경권을 직접 소유하고 있었고, 경권탑의 조영을 지도하며, 경권 신앙을 장려했다고 하는 것이다. 따라서 법사는 대승경전과 관련된 거의 모든 활동에 있어서 주도적인 역할을 했음을 알 수 있다.
30) 『소품반야바라밀경』 제27 「살타파륜품」(T 8), p. 584a14: 諸佛從何所來, 去至何所.

고 설명한다.³¹⁾ 또한 여래는 색법이 아니고, 일체법은 꿈과 같은 것으로, 여래가 가고 오는 것도 그와 같이 보아야 한다고 설한다.³²⁾ 이러한 법상보살의 설법은 반야바라밀을 완전히 체화하여 해설(pra-√kāś)하고 있는 것으로 보인다. 그리고 법상보살은 문답이 끝난 뒤 집으로 돌아간다. 이후 상제보살은 설법이 이루어질 곳을 장엄하면서 반야바라밀의 설법을 기다린다. 법상보살은 7년 동안 삼매³³⁾에 들었다가 선정에서 나와 반야바라밀을 설한다. 여기서 주목할 점은 두 보살의 첫 번째 만남이 문답의 형식으로, 먼저 상제보살이 질문을 하고 이에 대해 법상보살이 해설(pra-√kāś)을 하는 것이었다면, 두 번째 만남은 반야바라밀의 설시(deśanā) 즉 법이 설해진다는 점이다.³⁴⁾ 인용하면 다음과 같다.

〔5〕여기에서 법상보살 마하살의 반야바라밀의 설시(說示, deśanā)는 다음과 같았다.

"일체법이 평등하기 때문에 반야바라밀 역시 평등하며, 일체법이 [자성

---

31) AS, p. 253, 2: na khalu kulaputra tathāgatāḥ kutaścid āgacchanti vā gacchanti vā / acalitā hi tathatā / yā ca tathatā sa tathāgataḥ /
『소품반야바라밀경』 제28 「담무갈품」(T 8), p. 584a22: 善男子! 諸佛無所從來, 去無所至. 何以故? 諸法如, 不動故. 諸法如, 卽是如來.
32) 『소품반야바라밀경』 제27 「살타파륜품」(T 8), p. 584a21-c20. ; 김형준(2003), pp. 479~484 참조.
33) 법상보살이 설법을 하기 전에 삼매에 들었다는 것은 석존이 『법화경』을 설하기 전에 무량의처삼매(無量義處三昧)에 들었다는 것을 연상시킨다.
34) 부파시대의 bhūṇaka가 단순한 암송자(reciter)였던 것에 반해, 대승불교의 dharmabhāṇaka가 설법자라고 하는 사실은 가라시마 세이시(辛嶋靜志) 선생님께서 강연 중에 강조하셨던 내용이다. 이는 법상보살의 설법을 통해서도 명백하게 증명된다. 두 바나까의 결정적 차이에 대한 선생님의 설명은 본 논문의 구상에 중대한 영향을 끼쳤다.

을] 떠났기 때문에 반야바라밀 역시 [자성을] 떠나 있으며, 일체법이 부동
이기 때문에 반야바라밀 역시 부동이며, 일체법이 무념무상이기 때문에 반
야바라밀 역시 무념무상이며 (중략) 일체법이 불가사의하기 때문에 반야바
라밀 역시 불가사의하다."[35]

위 인용문에 보이는 법상보살의 설법에는 몇 가지 특징이 있다.
일단 그의 설법은 '여시아문(evaṃ mayā śrutam)'으로 시작하는 일반
적인 경전의 형식과는 다르다.[36] 또한 어떤 특정한 상황과 대중의 근
기 등을 고려한 설법도 아니다. 그러면서도 전체적으로 마치 암송한
법문을 송출하는 듯한 인상을 준다. 이러한 특징으로부터 그의 설법
에 대해 다음과 같이 추측해 볼 수 있다. 위에서 언급했듯이 법상보
살은 반야바라밀을 설하기 전에 7년 동안 무수한 종류의 삼매에 들
었다.[37] 『대지도론』에서는 법상보살이 문지다라니(聞持陀羅尼) 등 갖
가지 다라니를 획득했다고 설명하고 있다.[38] 이러한 설명을 종합해

---

35) AS, p. 259, 3-16: tatreyaṃ dharmodgatasya bodhisattvasya mahāsattvasya prajñāpāramitā deśanā yaduta sarvadharmasamatayā prajñāpāramitā / sarvadharmaviviktatayā prajñāpāramitāviviktatā / sarvadharmācalanatayā prajñāpāramitācalanatā / sarvadharmāmananatayā prajñāpāramitāmananatā … sarvadharmācintyatayā prajñāpāramitācintyatā veditavyeti /
36) 원문에는 총 24구절이 나온다. 위 설법은 일체법과 반야바라밀을 반복하면서 일체법과 반야바라밀의 서술어만 변화시키고 있다. 이러한 형식이 대승불전에 주로 쓰이는 śloka나 triṣṭbhu 등의 형식과 일치하는지 알 수 없으나, 전체적으로 동일한 구절을 축으로 하여 이를 반복함으로써 리듬감이 발생한다. 정형화된 형태의 게송은 아니지만 시적 요소가 있다고 인정할 수 있다.
37) 『도행반야경』 제29 「담무갈보살품」(T 8), p. 474b12-15: 是時曇無竭菩薩適敎殿中諸女, 說經道已, 沐浴澡洗已, 更著新衣, 上般若波羅蜜之臺坐思惟, <u>種種三昧悉入</u>, <u>如是七歲不動不搖</u>.
38) 『대지도론』 제88 「살타파륜품」(T 25) p. 743c20-23: 問曰. 曇無竭是大菩薩, <u>得聞持</u>

보면, 법상보살의 설법은 무수한 삼매를 통해 불보살 등을 친견하여 법을 청문하고, 그 법을 잊지 않고 기억하여[聞持陀羅尼] 삼매에서 나와 암송의 형태로 설법을 한 것으로 볼 수도 있다.[39] 만일 이와 같은 가정이 타당하다면 법상보살의 설법은, 주체적으로 법을 발신하는 것이면서 동시에 삼매 중에 불보살을 친견하여 청문한 법을 삼매에서 나와 암송한 것이라는 이중적인 성격을 지니게 될 것이다.[40]

법사의 설법을 어떻게 이해할 것인가는 단정하기 어려운 문제이나, 중요한 점은 법사가 단지 경권을 소유하고 있을 뿐 아니라, 반야바라밀을 완전히 체득하여 자유로이 문답하고, 해설하고, 설법했다는 사실이다. 선행 연구에서 시모다는 다르마바나까가 단지 "경전의 내용을 음성화하는 수단"이라고 기술했으나,[41] 그러한 이해는 법상보살의 경우에는 부합하지 않는 것으로 보인다.[42] 우리는 여기서 법사에게 요구된 행위가 단순히 경전을 암송하는 것이 아니라, 주체적으로 설법하는 것이라는 사실을 명확하게 인식할 필요가 있다.

법을 자유롭게 풀어 설명하고 주체적으로 설법하기 위해서는 당연히 오랜 기간에 걸친 반복적인 수행이 요구된다. 오랜 반복적 수행을 통해서 법상보살은 반야바라밀을 몸에 내재화하고, 그것과 완전

等諸陀羅尼, 般若波羅蜜義已自通利憶持.
39) 선행 연구 중 『십지경』에서 법사가 제5지와 제9지에서 설해진다는 점도 주목할 만하다. 본고 p. 21 쓰카모토 참조.
40) 또는 법상보살이 삼매에 들어 과거에 들었던 경전의 내용을 기억해내어 송출한 것으로 보는 것도 가능하다. 중요한 것은 삼매가 대승의 가르침이 출현하기 위한 통로의 역할을 할 수도 있다는 점이다. 이는 단일한 사례에 근거한 추측으로 어디까지나 가정의 영역을 벗어나지 않지만, 가능성으로는 열려 있다.
41) 본고 p. 23 참조.
42) 단지 경전을 암송하기 위해 7년이나 삼매에 든다는 것은 상식적으로 이해하기 어렵다.

히 하나가 되었을 것이다. 법상보살의 일화는 법사가 법을 체화한 존재라는 정의를 구체적인 내용을 통해 보여주고 있다.

한 가지 더 언급하자면, 인용문 〔3〕에서 법상보살에 대해 비구(bhikṣu)라고 표현되었는데, 경전을 보면 법상보살은 재가자로 매우 풍요로운 생활을 하였으며, 걸식을 하지 않았다.[43] 따라서 경전에는 법상보살을 비구라 칭할 만한 어떤 이유도 발견되지 않는다. 그럼에도 불구하고 법상보살에게 비구(bhikṣu)라는 호칭이 부여된 이유는 아마도 그가 재가의 법사가 되기 전에 출가자였다는 것을 의미한다고 추정할 수 있다. 필자는 후지치카(2001)가 최초기의 다르마바나까가 출가자였을 가능성을 시사하고 있다고 생각하는데,[44] 위 법상보살은 바로 그러한 최초기의 다르마바나까의 전형적인 인물로 간주될 수 있을 것이다. 법상보살이 보여준 7년 간의 뛰어난 삼매력은 출가 수행자로서의 이력을 잘 보여주고 있는 것으로 생각할 수 있다.[45]

1.3. 체화의 방법

그렇다면 어떻게 법의 체화가 이루어지는지 대해 살펴보기로 한다. 제1「서품」(Sarvākārajñatācaryā, 일체의 양상에 통하는 지혜)에서 붓다의 위신력에 힘입어 반야바라밀에 대해 훌륭하게 설한 수보리 장로에게 감명을 받은 사리불은 다음과 같이 말한다.

〔6〕 또한 성문의 계위에서 배우기를 원하는 자 역시 바로 이 반야바라

---

43) 『소품반야바라밀경』 제27「살타파륜품」(T 8), p. 581a26-27: 色味具足. 曇無竭菩薩, 與六萬八千婇女, 五欲具足.
44) 본고 p. 22 참조.
45) 村上眞完(2004)도 대부분의 법사(dharmabhāṇaka)가 출가자였을 것이라고 추정한다(p. 28).

밀을 듣고(śrotavya), 받아들이고(udgrahātavya), 지니고(dhārayitavya), 읊고 (vācayitavya), 체득하고(paryavāptavya), 선포해야 하며(pravartayitavya), 바로 이 반야바라밀에서 배우고 노력을 기울여야 합니다.[46]

이후 동일한 술어들이 독각과 보살에 대해서도 반복된다. 위 문장에 법사라는 용어는 나오지 않으며, 행위의 주체는 성문이다. 즉 삼승에 속하는 모든 중생이 예외 없이 반야바라밀을 배워야 하는데, 그 배움의 구체적인 행위가 여섯 가지로 규정되고 있다.

한편, 『팔천송반야경』에서 상제보살과 법상보살은 제32「촉루품」을 제외한 가장 뒷부분인 제30「상제보살품」과 제31「법상보살품」에 등장한다. 이러한 사실로부터 다음과 같은 추측이 가능할 것이다. 경전은 제1「서품」에서 반야바라밀의 습득을 위한 구체적인 방법을 제시하고서, 경의 마지막 부분에서 반야바라밀을 완전하게 구현한 법상보살을 등장시키는 구성을 취하고 있는 것이다. 법상보살은 오랜 기간 동안에 반복적 수행을 통해 반야바라밀을 완전히 체화한 이상적인 인물인 것이다.

---

46) AS, p. 3, 31-4: śrāvakabhūmāv api śikṣtukāmena iyam eva prajñāpāramitā śrotavyā udgrahītavyā dhārayitavyā vācayitavyā paryavāptavyā pravartayitavyā / ihaiva prajñāpāramitāyāṃ śikṣtavyaṃ yogam āpattavyam /
한역(구마라집)에서 요구되는 행위는 수지와 독송 두 가지이고, 그 뒤에 "가르침대로 수행해야 한다[如說修行=如實修行, yathāvad-bhāvikatā]"가 반복된다.
『소품반야바라밀경』제1「초품」(T 8), p. 537b21-26 : 若善男子, 善女人, 欲學聲聞地, 當聞是般若波羅蜜, 受持讀誦, 如說修行. 欲學聲支佛地, 當聞是般若波羅蜜, 受持讀誦, 如說修行. 欲學菩薩地, 亦當聞是般若波羅蜜, 受持讀誦, 如說修行. 所以者何? 般若波羅蜜中, 廣說菩薩所應學法.

1.4. 법사의 위상

여기서는 법사의 위상에 대해 고찰해 보고자 한다. 앞서 인용한 『대지도론』에서는 법상보살에 대해 "부처님이라는 생각을 내야 한다"고 하며 붓다와 동등한 권위를 부여하였다.[47] 즉 붓다와 법사를 동일한 위상으로 간주하였다. 과연 법사와 붓다의 동일시라는 문제는 어떻게 이해될 수 있는가? 이 문제에 대해 필자는 두 가지 방식으로 이해하는 것이 가능하다고 생각한다.

첫 번째 방식은 다음과 같다. "법을 보는 자는 여래를 보고, 여래를 보는 자는 법을 본다"는 경구는 초기경전 이래 자주 등장하는 표현이다.[48] 한편, 『대반열반경』에도 법과 여래의 등치가 수용되고 있음을 확인할 수 있다.[49] 이러한 사실로부터 다음과 같이 추론할 수 있다. 즉 붓다와 법사의 동일시라는 문제는, 아함경전에서 붓다가 자신의 본질을 법으로 규정함으로써 붓다와 법의 등치[佛=法]가 성립하였고, 이러한 개념이 대승불교에 적극적으로 수용되어, 법을 담지하고 있는 법사를 여래와 동일시하는 표현들이 등장하게 된 것이라 생각할 수 있다. 이 경우에 붓다와 법사의 등치는 반드시 적극적인 관계

---

47) 본고 p. 33 참조.
48) 여래와 법의 동일시에 대한 직접적인 표현은 『상윳따니까야』 「왁깔리경」에서 찾을 수 있다. 석존은 여래의 색신에 집착하는 왁깔리에게 "왁깔리여, 실로 법을 보는 자는 나를 보고, 나를 보는 자는 법을 본다(yo kho vakkali dhammam passati so mam passati / yo mam passati so dhammam passati/)"고 설하셨다(Vakkali Sutta, SN Ⅲ, 22,87). 그러나 이러한 직접적인 표현 이외에도 법에 대한 강조는 도처에서 발견되며, 석존의 유훈으로 불리는 "자등명(atta-dīpam), 법등명(dhamma-dīpam)"의 가르침은 그러한 정신을 상징적으로 보여준다.
49) "만일 어떤 이가 십이인연을 본다면 곧 법을 보는 것이요, 법을 보는 것은 곧 부처를 보는 것이다. 부처란 곧 불성이다."『대반열반경』(남본) 제11 「사자후보살품」(T 12), p. 768c9-11: 若有人見十二緣者卽是見法, 見法者卽是見佛. 佛者卽是佛性.

를 지시하지 않으며, 법사에게 여래의 본질인 법이 머물러 있다는 조건 하에, '수동적인(혹은 피동적인) 의미에서 여래와 동일시' 되는 것이라고 생각할 수 있다.[50]

두 번째 이해 방식은 첫 번째 해석의 연속선상에 있지만, 보다 적극적인 해석을 시도하는 것이다. 앞서 살펴본 바에 따르면 『팔천송반야경』의 법상보살은 단순히 대승경전의 수지자나 경전의 암송자가 아닌 그 이상의 존재였다. 그는 상제보살의 의문을 풀어주었고 또한 주체적으로 법을 설하였다. 이는 그가 스승 혹은 지도자적인 위상을 지니고 있음을 보여주는 것으로 생각할 수 있다. 이와 같이 법사가 여래의 위상을 대변하는 스승의 역할을 할 경우, 상기 『대지도론』의 인용에서 설명된 '붓다와 법사의 동일시' 는 적극적인 의미를 지니게 된다. 이 경우 양자의 동일시는 '능동적인 의미에서의 동일시' 라고 할 수 있다.

우리는 다음과 같은 것을 생각할 필요가 있다. 왜 상제보살은 숲에서 여래의 음성을 듣고서 굳이 법상보살을 만나러 가야만 했을까? 그때 붓다는 살아 계셨을까? 붓다가 살아 계셨다면 법상보살의 존재는 왜 필요했을까? 물론 경전(『팔천송반야경』)에는 붓다가 등장한다. 그러나 상제보살의 얘기는 과거 인연담으로 설해지고 있어, 상제보살이 구도행을 하던 시기에 붓다가 색신(色身)으로 존재했는지는 명확하지 않다. 한편 동일한 구성으로 전개되는 『육도집경』에서 상제보살이 항상 우는 이유가 반야바라밀에 대한 열망 때문이 아니라, 무불(無佛)시대에 태어난 것에 대한 탄식과 부처님을 애타게 만나고 싶

---

50) 이를 편의를 위해 도식화한다면, '佛=法→法師(혹은 경권)=佛' 로 나타낼 수 있다. 즉 법이 머무는 곳은 어디든—그곳이 사람이든 경권이든—법이 곧 부처님이라는 조건하에서 피동적으로 붓다와 동일시될 수 있다.

대승불교 법사(法師, dharmabhāṇaka)의 종교적 위상에 대한 소고 _41

어하는 열망 때문이었다는 것은 시사하는 바가 크다.[51] 이 사실은 무불시대, 즉 부처님을 육안으로 친견할 수 없는 시대[52]에 법사(법상보살)가 붓다를 대신하여 중생을 제도하는 지도자였다는 것을 의미한다고 이해될 수 있다. 즉 **법사는 무불(無佛)시대에 여래를 대신하는 지도자인 것이다.**

법상보살과 여래의 동일시는 법사가 경전의 암송자라는 첫 번째 해석, 즉 수동적 의미에서의 동일시와, 그가 붓다의 위상을 대변하는 지도자(혹은 스승)라는 두 번째 해석, 즉 능동적 의미에서의 동일시가 함께 고려되어야 할 것이다. 법상보살의 이야기는 가르침 혹은 경전의 암송자에서 시작하여, 이를 깊이 심화하고 철저히 내재화시켜 스승의 위상을 지니게 된 법사의 전형적인 모습을 잘 보여주는 것으로 생각할 수 있다. 그리고 체화(體化, kāya-gata)라는 개념은 수지, 독송, 해설 등의 수행을 통해 단순한 암송자에서 점차 성장하여 스승으로 성장해 나아가는 일련의 과정을 포괄하는 개념으로 이해될 수 있다.

2. 『법화경』 「법사품」의 법사 개념

『법화경』은 다른 대승경전과는 달리 제10 「법사품」, 제18 「법사공덕품」 등 법사를 위한 품이 별도로 마련되어 있다는 데 그 특징이 있다. 또한 법사는 제1 「서품」, 제2 「방편품」, 제16 「분별공덕품」, 제17 「수희공덕품」, 제19 「상불경보살품」, 제21 「다라니품」 등 여러 품에서 계속해서 중요한 존재로서 언급된다. 따라서 『법화경』에 있어서 법

---

51) 본고 각주 23) 참조.
52) 법사의 활동시기에 대해서는 『법화경』 「법사품」의 법사 개념에서 명확해질 것이다.

사는 경전 구성의 한 축을 이루는 중심 개념이라고 해도 과언이 아니다. 그러므로 『법화경』의 법사를 다루는 것은 용이한 일이 아니며, 심도 있는 논의를 하기 위해서는 사실상 경전 전체의 내용과 구성, 각 품 간의 관계 등이 모두 고려되어야 비로소 온전하게 이해될 수 있는 큰 주제이다. 보다 심화된 연구는 앞으로의 과제로 남겨두기로 하고, 본고에서는 논의의 범위를 「법사품」에 한정하고서, 필요에 따라서 다른 품에 등장하는 법사에 대해 언급하는 방식으로 논의를 전개하고자 한다.

2.1. 법사에 대한 명확한 규정

「법사품」에 나타나는 법사에 대한 기술의 특징은 법사가 어떤 존재인지를 경전 자체에서 명확하게 규정하고 있다는 데 있다.

「법사품」은 약왕보살에 대한 설법으로 시작된다. 여래는 먼저 법화 회중에 참석한 많은 사부대중과 천룡팔부 등의 청중에게 여래의 '이 법문(dharmaparyāya)' 중에서 한 게송이라도 듣고 단지 한 번만이라도 기뻐한다면[隨喜] 무상정등각을 얻을 것이라고 수기를 내린다.[53] 그리고 이후의 법문은 여래의 열반 이후를 전제로 하여 설해진다. 시작은 다음과 같다.

〔7〕 약왕이여, 여래가 완전한 열반에 든 후에(tathāgatasya parinirvṛtasya) 그 누구라도 이 법문을 들을 때에, 단(antaśaḥ) 한 게송만이라도 수지하여 심지

---

53) 『묘법연화경』 제10 「법사품」, p. 30b29-c7: 藥王! 汝見是大衆中, 無量諸天, 龍王, 夜叉, 乾闥婆, 阿修羅, 迦樓羅, 緊那羅, 摩睺羅伽, 人與非人, 及比丘, 比丘尼, 優婆塞, 優婆夷, 求聲聞者, 求辟支佛者, 求佛道者, 如是等類, 咸於佛前, 聞妙法華經 一偈一句, 乃至一念隨喜者, 我皆與授記, 當得阿耨多羅三藐三菩提. (이하 경명 생략)

어(antaśaḥ) 한 번만이라도 마음을 내어 기쁘게 받아들인다면, 약왕이여, 나(여래)는 그들이 선남자이든 선여인이든 모두 무상정등각을 깨달을 것이라고 수기를 내릴 것이다.[54]

위 인용문에서 우선 "여래가 완전한 열반에 든 후에(tathāgatasya parinirvṛtasya)"라는 표현에 주목할 필요가 있다. 이어지는 설법의 요지는 다음과 같다. 이 법문(dharmaparyāya)을 기쁘게 받아들이거나 나아가 수지, 독송, 해설, 서사하는 선남자·선여인은 사실은 대보살인데, 과거에 사람들의 행복을 위해 세운 서원으로 인해, 자신들의 청정한 업보를 버리고 이 땅(염부제)에 태어나 이 경전을 설하는 것이다.[55] 이어서 그러한 선남자, 선여인의 공덕과 그들에 대한 헌신, 경권(『법화경』)에 대한 공양이 이루어져야 함을 설하고, 그들에게 '법사(dharmabhāṇaka)'라는 호칭을 부여한다.[56] 따라서 위 인용문의 "여래가 완전한 열반에 든 후에(tathāgatasya parinirvṛtasya)"라는 특정 시기에 대한 언급은 경전의 수지자인 법사가 활동할 시기를 명시하는 것이다. 이 표현은 법사의 활동 시기가 여래의 열반 후, 즉 무불(無佛)시기임을 지시한다. 이후 『법화경』에서는 이 법문(『법화경』)의 수지자에 대

---

54) SP, p. 224, 8-10: ye 'pi kecid Bhaiṣajyarāja tathāgatasya parinirvṛtasyemaṃ dharmaparyāyaṃ śroṣyanti antaśa ekagāthām api śrutvāntaśa ekenāpi cittotpādenābhyanumodayiṣyanti tān apy ahaṃ Bhaiṣajyarāja kulaputrān vā kuladuhitṝn vā vyākaromy anuttarāyāṃ samyaksaṃbodhau / (번역 마쯔나미 법화경II, p.8 참조).
55) 제10「법사품」, p. 30c7-9: 佛告藥王 "又如來滅度之後, 若有人聞妙法華經, 乃至一偈一句, 一念隨喜者, 我亦與授阿耨多羅三藐三菩提記."
56) 제10「법사품」, p. 30c21-26: 當知此人是大菩薩, 成就阿耨多羅三藐三菩提, 哀愍衆生, 願生此間, 廣演分別妙法華經. 何況盡能受持, 種種供養者? 藥王! 當知是人, 自捨清淨業報, 於我滅度後, 愍衆生故, 生於惡世, 廣演此經. 원생(願生)으로서의 법사에 대해서는 차차석(1993) 참조.

해 다음과 같이 설명한다.

> [8] 그것은 왜냐하면, 약왕이여(Bhaiṣajyarāja), 그가 선남자이든 선여인이든 이 법문으로부터 단 한 게송만이라도 수지한다면, 그 사람을 여래(tathāgata)라고 알아야 하고 그에게 여래와 마찬가지로 천(天)을 포함한 세간에 의해서 공양(satkāra)이 이루어져야 한다(밑줄 필자).[57]

위 인용문은 법사의 위상을 설명하고 있다. 즉 법사가 단지 한 게송만을 수지해도 여래와 동등한 존재로 보아야 한다고 설하고 있다.[58]

이상의 내용들은 「법사품」이 법사에 대해, 그들이 누구이며, 언제 활동하며, 어떠한 존재이며, 어떠한 위상을 지니는지에 대해 명확하게 규정하고 있음을 보여주는 것이다. 이를 정리하면, 법사란 이 법문(『법화경』)의 청자이자 수지자로, 그들은 여래의 열반 후에 활동할 것인데, 실은 중생을 위해 원력으로 태어난 자[願生]이며, 여래와 동등한 위상으로 존중되어야 하는 존재인 것이다. 또한 경전은 이들 법사에 대해 <u>여래의 사자</u>[如來使, tathāgatadūta], <u>여래의 대리인</u>[行如來事, tathāgatakṛtyakara], <u>여래가 보낸 자</u>[如來所遣, tathāgatasaṃpreṣita]'라는 독

---

57) SP, p.226, 1-3: tat kasya hetoḥ / sa hi Bhaiṣajyarāja kulaputro vā kuladuhitā vā tathāgato veditavyaḥ sadevakena lokena tasya ca tathāgatasyaivaṃ satkāraḥ kartavyo yaḥ khalv asmād dharmaparyāyād antaśa ekagāthām api dhārayet/ 제10「법사품」, p. 30c17-21 : 何以故? 若善男子, 善女人, 於法華經, 乃至一句, 受持, 讀誦, 解說, 書寫, 種種供養經卷-華, 香, 瓔珞, 末香, 塗香, 燒香, 繒蓋, 幢幡, 衣服, 伎樂, 合掌恭敬, 是人, 一切世間所應瞻奉, 應以如來供養而供養之.
58) 여기서 여래와 법사의 등치가 인정되는데, 이것은 앞서 여래와 법사의 등치의 첫 번째 이해방식(수동적인 의미에서의 등치)에 해당하는 것으로 볼 수 있다. 본고 p. 41 참조.

특한 표현을 덧붙이고 있다.⁵⁹⁾ 그리고 법사가 설법할 때의 마음가짐에 대해, "여래의 방에 들어가, 여래의 옷을 입고, 여래의 자리에 앉아 설하라"고 설해진다. 여기서 여래의 방은 중생에 대한 대자비심이고, 여래의 옷은 온유함과 인욕이며, 여래의 자리란 일체법이 공하다는 이해를 말한다.⁶⁰⁾

2.2. 법사의 위상

위와 같이 법사에 대해 명확하게 규정한 후에, 법사의 위상에 대해 다음과 같은 표현이 등장한다. 앞서 서론에서 제시한 인용문 〔2〕이다.

〔9〕 그런데 약왕이여, 누군가 어떤 중생이 사특한 마음, 악한 마음, 잔인한 마음을 가지고 여래를 향해 일 겁(劫) 동안 비난(avarṇa)을 한다고 하자. 한편, 누군가가 이상에서 [설한] 것과 같은 이 경전의 수지자(dhāraka)들인 재가 혹은 출가의 그 법사(dharmabhāṇaka)들에게 예를 들어 그것이 사실이건 아니건, 한 마디라도 불쾌한(apriya) 말(vāc)을 했다고 하자. [이 양자를 비교한다면] 후자 쪽이 훨씬 더한 악업이라고 나(여래)는 설한다(밑줄 필자).⁶¹⁾

---

59) 제10「법사품」, p. 30c24-29: 藥王! 當知是人, 自捨淸淨業報, 於我滅度後, 愍衆生故, 生於惡世, 廣演此經. 若是善男子 · 善女人, 我滅度後. 能竊爲一人說法華經, 乃至一句. 當知是人則如來使, 如來所遣, 行如來事. 何況於大衆中廣爲人說.
타무라 요시로(1994)는 '如來使(tathāgatadūta)'라는 표현이 다른 대승경전에는 나오지 않는 것으로, 그리스도교의 사도의식과 유사한 면이 있다고 언급하고 있다 (p. 215).
60) 제10「법사품」, p. 31c23-27: 入如來室, 著如來衣, 坐如來座, 爾乃應爲四衆廣說斯經. 如來室者, 一切衆生中大慈悲心是. 如來衣者, 柔和忍辱心是. 如來座者, 一切法空是.

46_ 동아시아 법화경 세계의 구축

먼저 상기 인용문에서 주목할 점은 경전 자체에서 경전의 수지자 (dhāraka)를 법사(dharma-bhāṇaka)로 명확하게 규정하고 있다는 것이다. 언뜻 평범해 보이는 이 구절은, 실은 이후에 전개될 법사에 대한 모든 언급에 앞서, 먼저 법사가 누구인지를 명확하게 제시하는 중요한 역할을 하고 있는 것으로 생각된다. 그러나 위 인용문 전체의 중심은 법사의 위상에 있다. 그리고 법사에게 좋지 않은 일이 생길 경우를 가정하면서 법사를 옹호하고 있다. 그러나 위 구절은 선뜻 이해가 되지 않으며 다소 기이한 느낌마저 준다. 아마도 그 이유는 누구나 상식적으로 아라한이나 붓다에게 악업을 짓는 것이, 범부나 축생에게 악업을 짓는 것보다 더 큰 죄가 된다고 생각하기 때문일 것이다. 따라서 오히려 역으로 "여래에게 한 마디 불쾌한 말을 하는 것이 법사에게 일 겁 동안 욕을 하는 것보다 더 큰 악업이다"라고 하는 것이 상식적으로 잘 와 닿을 것이다. 그리고 논리적으로 볼 때도, 인용문 [8]에서 여래와 법사가 동등한 위상을 지닌 존재로 설명되었기 때문에, 여래에 대한 비난과 법사에 대한 비난도 동일한 무게를 지녀야 한다. 그런데 상기 인용문을 보면, 여래에 대해 일 겁 동안 비난하는 것보다도 법사에 대해 한 마디 불쾌한 말을 하는 것이 더욱 심한 (āgāḍhatara) 악업이라고 하고 있다. 일반적인 상식과 다른 표현이 이루어진 데에는 그럴 만한 이유, 즉 특정한 의도나 문맥이 있다고 생

---

61) SP, p. 227, 4-7: yaḥ khalu punar Bhaiṣajyarāja kaścid eva sattvo duṣṭacittaḥ pāpacitto raudracittas tathāgatasya saṃmukhaṃ kalpam avarṇaṃ bhāṣet / yaś ca teṣāṃ tathārūpāṇāṃ dharmabhāṇakānām asya sūtrāntasya dhārakāṇāṃ gṛhasthānāṃ vā pravrajitānāṃ vaikām api vācam apriyāṃ saṃśrāvayed bhūtāṃ vābhūtāṃ vā / idam āgāḍhataraṃ pāpakaṃ karmeti vadāmi /
제10「법사품」, p. 30c29-31a3: 藥王! 若有惡人, 以不善心, 於一劫中現於佛前, 常毀罵佛, 其罪尚輕. 若人以一惡言,『在家, 出家讀誦法華經者, 其罪甚重.

각하지 않을 수 없다. 경전에서는 그 이유를 다음과 같이 설명한다.

〔10〕 그것은 어떤 이유에서인가? ① 약왕이여, 그 선남자 혹은 선여인은 여래의 장엄(bharaṇa)에 의해 장식되어졌다(pratimaṇḍita)고 알아야 한다. ② [즉], 약왕이여, 이 법문을 서사하여(likhitvā) 경권으로 만들어(pustakagataṃ kṛtvā) 어깨에 멘 그 사람은 곧 여래를 어깨에 태운 사람이기 때문이다.[62]

두 개의 문장이 보이나, 문장 ①이 이유이고, 문장 ②는 문장 ①에 대한 부연설명이다. 그 이유는 경권을 어깨에 메는 행위가 곧 여래를 어깨에 태우는 것과 동일하기 때문이라는 것이다. 여기서 보이는 사유는 '여래와 경권의 등치' 이다. 그리고 경권을 메고 있는 법사들이란 실은 여래를 모시고 다니는 사람들인 것이다. 위 인용문에는 경권 신앙과 법사에 대한 헌신이라는 두 가지 요소가 문학적인 수사를 매개로 절묘하게 녹아 있는 것으로 보인다.[63] 결국 인용문 〔9〕에서 설명

---

62) SP, p. 227, 7-9: tat kasya hetoḥ / tathāgatabharaṇapratimaṇḍitaḥ sa Bhaiṣajyarāja kulaputro vā kuladuhitā vā veditavyaḥ / tathāgataṃ sa Bhaiṣajyarāja aṃsena pariharati ya imaṃ dharmaparyāyaṃ likhitvā pustakagataṃ kṛtvā aṃsena pariharati /
제10「법사품」, p. 31a3-5: 藥王! 其有讀誦法華經者, 當知是人以佛莊嚴而自莊嚴 則爲如來肩所荷擔.
범본과 한역에 차이가 있다. 범본은 장엄의 내용에 대해, 법문을 서사하여 그것을 경권으로 만들어 어깨에 메는 행위를 지시하지만, 한역은 독송을 지시하고 있다. 그리고 범본은 경권을 어깨에 멘 사람(법사)은 여래를 어깨에 멘 것이라고 번역되지만, 한역은 여래가 법사를 어깨에 태우고 있는 것이라(則爲如來肩所荷擔]고 번역되어 있어 행위의 주체가 서로 다르다. 아마도 저본이 다른 것으로 생각된다. 범본을 통해서 드러나는 이미지는 당시에 경전을 어깨에 둘러메고 각지를 유행하는 법사의 모습이다. 경전을 등에 지고 유행하는 법사의 이미지에 대해서도 가라시마 선생님으로부터 가르침을 받았다.

된 법사의 위상에 대한 과도한 옹호에 대한 인용문 [10]의 답변은, 여래와 동등한 위상의 법사가 여래와 동등한 위상을 지니는 경전을 메고 있으므로, 법사가 이중으로 헌신의 대상이 되는 존귀한 존재라고 설명하고 있는 것으로 생각할 수 있다. 여기서 우리는 법(dharma)을 중시하는 불교의 정신을 다시 한 번 확인할 수 있다. 그러나 기본적으로는 인용문 [8]에서 제시한 '여래와 법과 법사의 등치'와 동일한 사유방식의 중복이다. 따라서 상기 인용문에서 제시하는 이유는, 본 논문에서 제시한 '여래=법⇒법사/경권=여래'라는 기본적인 도식을 벗어나지는 않는다.⁽⁶⁴⁾ 그러나 여래, 법, 법사(혹은 경권)의 세 항목 사이의 등치만으로는 인용문 [9]에 대한 의문이 완전히 해소되기는 어려워 보인다. 인용문 [10]에는 법사에 대한 비난이라는 특정한 상황이 명확하게 반영되지 않고 있기 때문이다. 의문이 해결되기 위해서는 여래, 법사, 경권의 세 항목 사이의 등치 이외에 '어떤 다른 요소'가 필요하다. 다음의 구절에서 그 '다른 요소'가 설해진다.

---

63) 위 인용문은 한 문장 안에 경전신앙과 법사에 대한 헌신이 문학적으로 표현되어 있다. 그러면서도 문장 전체의 초점은 결국 법사에 맞추어져 있다. 법사는 ①경전을 외우고 암송하고 설법하는 행위와 ②경권을 메고 다니는 행위(소지)의 두 가지 방식에 의해서 존중과 헌신의 대상이 되는 것이다. 즉 위 인용문은 여래와 동등한 위상으로 설해진 법사에게 경권신앙의 이미지를 중첩시키고 있는 것이라 생각된다. 법사에게 경권신앙의 요소를 중첩시키는 위 문장에 대해, 법사와 경권탑의 관계를 간접적으로 암시하고 있다고 해석하는 것도 가능하다. 경전의 내용을 암기하고 자유로이 설법하는 법사는 실은 경권을 자신의 몸 속에 지니고 있다는 점에서, 경전을 내부에 안치한 경권탑(caitya)과 다를 바가 없기 때문이다. 법사에게 경권신앙을 중첩시켰다면, 법사에게 경권탑신앙을 중첩시키는 것도 가능할 것이다. 그러한 의미에서 본다면, 법사를 '움직이는 경권탑(walking-caitya)'이라 부를 수도 있을 것이다.
64) 본고 각주 50) 참조.

〔11〕 약왕이여, 나는 이미 많은 법문을 설했고, 지금 설하고 있고, 앞으로 설할 것이다. 이러한 모든 법문 중에서 약왕이여, 이 법문이야말로 모든 세간에 받아들여지지 않고(vipratyanīka) 또한 모든 세간으로부터 믿어지지 않는다(aśraddadhanīya). 그것은 또한 약왕이여, 여래의 내밀한(ādhyātmika) 법의 비밀(rahasya)로, 이 입장은 여래의 힘에 의해 수호되어 이전에 새어나간 적이 없으며, 이전에 보여진 적이 없고, 이전에 설해진 적이 없다. 이 법문은 약왕이여, 여래가 살아있는 현재에도 많은 사람들로부터 배척되고 있다. 하물며 여래가 완전한 열반에 든 후에는 어떠하겠는가.[65]

위 인용문에서 설하는 '여래와 법사의 등치 이외의 다른 요소'란 ①이 법문 곧 『법화경』의 가르침이 여래의 내밀한 법의 비밀이라는 것, ②따라서 쉽게 받아들여지거나 믿어질 수 있는 것이 아니라는 것, ③여래가 직접 설해도 받아들여지지 않고 있다는 것, ④그러므로 여래가 완전한 열반에 든 후인 무불(無佛)시대에 법사가 이 법문을 설하는 데에는 많은 어려움과 고난이 있을 것이라는 것이다. 결국 인용문 〔9〕를 온전히 이해하기 위해 필요한 '다른 요소'는 『법화경』이라는 가르침이 지니는 특성인 것이다. 『법화경』에서 제시되는 법사

---

65) SP, p. 230, 5-10: bahavo hi mayā Bhaiṣajyarāja dharmaparyāyā bhāṣitāḥ, bhāṣāmi bhāṣiṣye ca / sarveṣāṃ ca teṣāṃ Bhaiṣajyarāja dharmaparyāyāṇām ayam eva dharmaparyāyaḥ sarvalokavipratyanīkaḥ sarvalokāśraddadhanīyaḥ / tathāgatasyāpy etad Bhaiṣajyarāja ādhyātmikadharmarahasyaṃ tathāgatabalasaṃrakṣitam apratibhinnapūrvam anācakṣitapūrvam anākhyṣtam idaṃ sthānam / bahujanapratikṣipto 'yaṃ Bhaiṣajyarāja dharmaparyāyas tiṣṭhato 'pi tathāagatasya kaḥ punar vādaḥ parinirvṛtasya // 번역은 마쓰나미 II, p.14 참조. 제10「법사품」, p. 31b16-21: 我所說經典無量千萬億, 已說, 今說, 當說, 而於其中, 此法華經最爲難信難解. 藥王! 此經是諸佛秘要之藏, 不可分布妄授與人. 諸佛世尊之所守護, 從昔已來, 未曾顯說而此經者. 如來現在, 猶多怨嫉, 況滅度後.

의 위상은 기본적으로는 여래와 법사를 등치시키는 구조에 기반을 두면서 경전 고유의 특성을 반영하여 이를 보다 극적인 형태로 표현하고 있는 것으로 이해할 수 있다.

2.3. 『법화경』에서의 법의 체화

앞서 『팔천송반야경』에서 'kāyagata'라는 술어를 통해 법의 체화란 정의를 도출하였다. 이를 『법화경』에서 확인해 보도록 하겠다. 이 표현은 제13「안락행품」에 한 번, 제21「다라니품」에 두 번으로 총 세 번 나온다.[66] 먼저「안락행품」의 구절을 소개한다.

〔12〕 또한 다음으로, 문수사리여, 여래가 완전한 열반에 든 이후의 때, 이후의 시기, 이후의 오백년에 정법의 소멸이 진행될 때에, 이 법문을 널리 설하고자 하는 그 보살마하살은 안락한 상태에 머무른다. 그리고 안락한 상태에 머물러, 몸에 체화한(kāyagata) 혹은 경권에 적힌(pustakagata) 가르침을 설한다. 그리고 다른 사람에게 설할 때에, 함부로(adhi-mātram) [다른 사람의] 허물을 말하는 부류의 사람이 아니다.[67]

---

66) SP, Index, p. 264.
67) SP, p.282, 9-11: punar aparam Mañjuśrīr bodhisattvo mahāsattvas tathāgatasya parinirvṛtasya paścime kāle paścime samaye paścimāyāṃ pañcāśatyāṃ saddharmavipralope vartamāne imaṃ dharmaparyāyaṃ samprakāśayitukāmaḥ sukhasthito bhavati sa sukhasthitaś ca dharmaṃ bhāṣate kāyagataṃ vā pustakagataṃ vā / pareṣāṃ ca deśayamāno nādhimātram upālambhajātīyo bhavati⋯ (이하 생략). 번역은 岩本 中, p. 257 참조.
한역에는 사람뿐 아니라 경전의 허물을 말하지 않는다는 것이 추가되어 있다.
제14「안락행품」, p. 37c29-38a7: 又, 文殊師利! 如來滅後, 於末法中欲說是經, 應住安樂行. 若口宣說, 若讀經時, 不樂說人及經典過.

「다라니품」에는 두 번 등장하는데, 문구가 유사하기 때문에 먼저 나오는 구절만을 인용한다.

〔13〕 세존이시여, 선남자 혹은 선여인이 이 '바른 가르침의 백련'이라는 법문을, 몸에 체화(kāyagata)하거나 경권(pustakagata)으로 만들어서(kṛtvā) 수지한다면, 어느 정도의 공덕을 얻겠습니까?[68]

인용문 〔12〕에 대해 한역은 kāyagata를 '입[□]'으로 번역하였다[若□宣說]. 인용문 〔14〕는 "읽고 외워 뜻에 통달하다[讀誦通利]"고 번역되어 있다.[69] 두 인용 모두 법사가 경전을 암송하고 깊이 이해하여 내재화시키고 있는 상태를 지시하는 것은 분명하며, 따라서 앞서 제시한 체화라는 번역은 유효한 것으로 보인다. 한 가지 언급할 점은, 제21 「다라니품」 이전에 제18 「법사공덕품」에서 법사의 수행의 공덕으로 '육근청정(ṣaḍindriya-viśuddhi)의 획득'이 설해지고, 그 구체적인 실례로 제19품에서 상불경보살(常不輕菩薩, Sadāparibhūta-bodhisattva)의 이야기가 설해진다는 점이다. 따라서 『법화경』의 법사는 경전의 수지, 독, 송 등의 수행을 통하여, 즉 법을 체화함으로써 육근이 청정해지는 특수한 신체적 변화를 획득한다는 특징이 있다.

---

(68) SP, p. 395, 4-5: kiyad bhagavan sa kulaputro vā kuladuhitā vā puṇyaṃ prasaved, ya imaṃ saddharmapuṇḍarīkaṃ dharmaparyāyaṃ dhārayet, kāyagataṃ vā pustakagataṃ vā kṛtvā / 번역은 岩本 下, p. 273 참조.
제26 「다라니품」, p. 58b10-12 : 世尊! 若善男子, 善女人, 有能受持法華經者—若讀誦通利, 若書寫經卷—得幾所福.
(69) 혜조스님(2011), p. 557 참조.

III. 맺음말

이상으로 법사라는 큰 주제에 대해 『팔천송반야경』과 『법화경』을 중심으로 살펴보았다. 두 경전에 나타난 법사의 특징을 요약하면 다음과 같다.

먼저 『팔천송반야경』의 법사는 다음과 같이 정리될 수 있다.

a. 법상보살을 통해 법사의 정의를 확인하였다. 법사의 정의는 경전의 수지, 독송, 해설, 서사 등을 통해 법을 내재화, 즉 체화시킨 존재로 볼 수 있다.

b. 법상보살은 경권탑을 조영하면서 경권신앙을 주도하였다.

c. 법상보살의 경우 단순히 경전을 수지하거나 암송하는 사람이 아니라 능동적인 설법의 주체이다.

d. 『대지도론』에서 법상보살은 여래와 동등한 존재로 간주된다. 이것은 두 가지 방식으로 이해 가능하다. 하나는 초기경전에서부터 붓다가 스스로의 본질을 법(dharma)으로 규정한 것을 대승불교에서 적극적으로 수용한 것이다. 즉 법이 곧 붓다이기 때문에, 법이 머무는 곳은 사람이든 경전이든 붓다와 동등한 위상을 가지게 된다. 따라서 여래의 본질인 법이 법사와 함께 한다는 점에서, 비록 제한적이고 수동적인 의미에서이긴 하지만 법사도 또한 여래와 동일시될 수 있다. 다른 하나는 법사가 무불(無佛)시대에 여래를 대신하여 중생을 제도하는 지도자를 의미한다고 보는 것이다. 법을 체화한 법상보살의 경우, 두 가지를 다 충족시킨다. 그러한 의미에서 그는 법사의 전형(典型)으로 간주될 수 있다.

한편, 『법화경』에서는 「법사품」을 중심으로 하여 살펴보았는데, 다음과 같은 특징이 인정된다.

a. 「법사품」에 나타나는 법사의 가장 두드러지는 특징은 법사에 대한 거의 모든 정보를 포괄적·체계적으로 기술한다는 점이다. 우선 법사는 '바른 가르침의 흰 연꽃(saddharma-puṇḍarīka, 곧 법화경)'이라는 법문의 청문자이자 수지자이다. 이들은 본래 서원에 의해 태어난 자들로, 여래의 열반 이후에 여래를 대신하여 법문을 전하는 자들이다. 경전은 그들 법사에 대해 '여래의 사자(如來使, tathāgatadūta)', '여래의 대리인(行如來事, tathāgatakṛtya-kara)', '여래가 보낸 자(如來所遣, tathāgatasaṃpreṣita)'라는 특유의 표현으로 기술한다.

b. 「법사품」에는 법사의 위상에 많은 배려를 하고 있는데, 이는 여래와 법사가 동일시되는 구조에 기반을 두면서, 이 경전이 여래의 비밀이라는 점(rahasya), 경전의 난해함 등 경전 고유의 특성을 반영하는 것이라고 볼 수 있다.

c. 『법화경』의 법사는 수행, 즉 법을 체화함으로써 육근청정이라는 특수한 신체적 변화를 획득한다.

법사 개념의 기술과 관련된 두 경전의 상이점은 다음과 같이 이해될 수 있다. 『팔천송반야경』에서는 법사라는 용어가 등장하긴 하지만, 이를 적극적으로 규정하지는 않았다. 반면, 『법화경』에서는 법사 개념을 포괄적으로 기술하였다. '여래의 사자', '여래의 대리인', '여래가 보낸 자' 등의 표현과 수행을 통한 '육근의 청정함의 획득' 등 『법화경』에서 보이는 특수한 표현들은 『법화경』의 법사 개념이 『반야경』의 법사 개념을 기본적으로 수용하면서 보다 발전된 형태의 것임을 보여준다고 생각된다.

마지막으로 지금까지의 논의를 정리하겠다. 법사는 대승경전의 수지, 독송, 설법, 서사와 경권탑의 조영 등 대승불교 운동에 관련된 거의 모든 활동에 관여한다는 것이 확인되었다. 그들은 대승불교 운동을 주도했던 핵심세력이었던 것이다.

또한 경전에서 법사의 위상에 대해 여래와 동등시하거나 혹은 여래의 사자 등으로 표현하였다는 점에 주목할 필요가 있다. 앞서 살펴본 바에 따르면 그들은 단순히 경전을 반복적으로 재생하는 녹음기 같은 도구가 아니었다. 물론 독송도 그들의 역할 중에 하나였다는 것은 분명하지만, 그들에게 요구되는 것은 지도자 혹은 여래의 대리자[如來使]의 역할이다. 본고에서 법사의 본질이 법의 '체화(kāyagata)'에 있음을 강조한 것은 그러한 맥락과 상통한다. 천태대사 지의는 「법사품」을 주석하면서 "성인의 경전과 논서[經書]는 난해하여 해설(원문은 解釋)이 필요하다"고 하였다.[70] 지의대사가 말하는 '해설(원문은 解釋)'이란 법사의 수행 덕목인 수지, 독송, 해설을 각각 수(受)와 지(持), 독(讀)과 송(誦), 해(解)와 설(說)로 나누고, 그 중에서 해(解)를 '해설'로 풀어 위와 같이 설명한 것이다. 이어 지의대사는 「법사품」에도 사실은 제자[弟]와 스승[師]이 있으며, 스승은 경전을 '해설'하고 '교화[化他]'할 때에 비로소 스승이라고 할 수 있다고 설명한다.[71] 그의 주석은 『대반열반경』의 교설에 근거한 것인데, 『대반열반경』에서는 법사를 보리심을 일으킨 기간과 능력의 차이에 따라 9부류로 분류한다.[72]

---

70) 『법화문구』 「석법사품」(T34) p. 107c27-29: 信力故受. 念力故持. 看文爲讀. 不忘爲誦. 宣傳爲說. 聖人經書難解須解釋.
71) 『법화문구』 「석법사품」(T34) p. 108a2-6: 大經分九品. 前四人無 '解' 是弟子位. 後五人有 '解' 是師位. 通論, 若自軌五法, 則自行之法師. 若敎他五法, 則化他之法師. 自軌故通稱弟子. 化他 故通稱法師. 今從通義故名法師品.
72) 『대반열반경』 제8 「四依品」(T12) p. 639a18-b16.

이때에 '타인을 위해 자세히 해설할 수 있는 능력[爲他廣說]'이 중요한 기준이 된다. 지의대사는 이 '타인을 위해 자세히 해설할 수 있는 능력[爲他廣說]'을 스승의 요건으로 본 것이다. 『대반열반경』의 교설과 그것을 바탕으로 한 지의대사의 주석은, 법사에게 경전의 내용을 해설하고 지도하는 스승의 역할이 요구됨을 명확하게 제시하고 있다는 점에서 중요하다. 즉 법사란 말 그대로 법(法)의 스승[師]이며, 대승불교[法]의 지도자[師]였던 것이다.

이러한 법사의 역할과 위상을 고려할 때, 본고에서 법사의 정의로 제시한 법의 체화(kāyagata)는 어느 정도 타당성을 갖는다고 생각된다. '법의 체화'라는 개념은 법사의 가장 기본적인 임무인 경전의 '암송'에서부터, 무수한 반복을 통해 경전의 내용을 깊게 이해하여 '해설'로 나아가는 일련의 과정을 포괄한다. 또한 이 개념은 단순한 경전의 (일부 혹은 전체의) 암송자에 대해 여래와 동일시하는 맥락(수동적인 의미에서의 동일시)과, 경전을 깊이 이해하여 해설하는 스승을 여래와 동일시하는 맥락(능동적인 의미에서의 동일시)에 모두 적용 가능하다. 따라서 법을 몸에 지닌다는 '체화'는 법사를 이해하는 데 있어 주요한 키워드로 간주할 수 있다.

대승불교를 개념적으로 정의할 때 그 본질을 경전에서 찾는 것은 타당하다고 생각되나, 구체적인 운동으로서의 대승불교를 논할 경우에, 스승이요 지도자인 법사의 존재는 결코 간과되어서는 안 된다. 오히려 법사는 자신의 몸에 경전을 담지(암송)하고 있으며, 또한 법을 해설하고 중생을 제도하면서 대승불교를 주도해 나갔다는 점에서 대승불교의 실질적인 인적(人的) 기반이요, 경전과 더불어 대승불교의 한 축이라고 말할 수 있다. 신앙으로서의 대승불교, 즉 살아있는 현상으로서의 대승불교에 있어서 법사의 위상을 문학적으로 표현하자면, 법사란 곧 붓다가 부재하는 시기에 붓다를 대리하는 '리틀 붓다(little buddha)'가 아닐까 한다.

서역편

서북인도 — 서역 신앙형성에 나타난 법화신앙적 요소
한지연

서역에서의 법화신앙 전개
−천산남로와 양주를 중심으로−
한지연

서북인도 – 서역 신앙형성에 나타난 법화신앙적 요소

한지연

Ⅰ. 들어가며

　서북인도 지역은 역사적으로 쿠샨왕조의 점령지임과 동시에 불교가 동아시아로 전파되는 과정에서 중요한 거점지 역할을 했던 곳이다. 뿐만 아니라 동서양을 연결해주는 지정학적 위치로 인해 불교사상뿐만 아니라 새로운 문화를 양산하고 확산을 주도한 지역이기도 하다. 그리고 형성된 불교문화는 서역(西域)이 주도(主道)로 이용되어 중국, 한국, 일본에 이르게 된다. 때문에 서북인도–서역–중국에 이르는 불교사상의 흐름과 문화의 확산은 동아시아 불교의 특성을 연구하는데 중요한 지역 불교사라 할 수 있겠다. 하지만 지역 특성상 연구의 어려움으로 인해 쉽게 접근되지 못하고 있는 형편이다.
　지금까지 법화신앙이라 함은 크게 두 가지 요소로 분류될 수 있을 것이다. 첫째는 『법화경』(Saddharmapuṇḍarika-Sūtra) 그 자체에 대한 신앙이고, 둘째는 『법화경』 내에서 언급되고 있는 신앙적 요소가 문화적으로 발현하는 것이다. 첫 번째에 해당되는 방식으로 주로 수지독송을 비롯하여 그 외의 소신·소지공양, 문경공양(聞經供養) 등이 중심적으로 거론될 수 있다. 여기서는 주로 두 번째에 해당하는 부분을 다루고자 한다. 그리고 범위는 지역적으로는 서북인도 및 고대 오아시스 국가였던 구자국을 중심으로 법화신앙적 요소를 밝혀보고자 한다.

서북인도 가운데서도 특히 간다라 지역은 불상 탄생지의 하나로 수많은 불교문화가 이룩된 지역이다. 때문에 이 지역에 대해 그간 많은 학자들이 발굴 조사 및 미술사적 접근방식에 입각한 논문을 배출해내었다.[1] 또한 서역 지역에 대한 연구는 19세기 말·20세기 초에 이르는 서구 열강의 탐험대에 의해 쓰여진 보고서[2] 위주로 미술사적 접근이 주로 이루어졌다. 이에 반해 불교사적 접근에 있어서는 그 연구가 미비한 측면이 있는 것은 부정할 수 없다. 이에 동아시아 전반에 걸쳐 신앙적 측면에 있어 가장 큰 기반이 되었다 볼 수 있는 법화신앙을 중심으로 서북인도와 서역 지역의 법화적 요소를 찾아보고자 한다.

---

1) The connecticut Academy of Arts and Sciences, *Gandharan Art in Pakistan*(Archon Books, 1971); John Marshall, *A Guide to Taxila*(Karachi; Sani Communications, 1960); 이주형, 『간다라미술』(사계절, 2003); 최근에는 Ashraf Khan박사가 *Gandhara sculptures in the swat museum*(swat; Archaeological Museums, 1993) 및 *Buddhist shrines in swat*(swat; Archaeological Museums, 1993) 등을 통해 스와트 지역 불교유물 및 유적을 적극적으로 소개하고 있다.
2) 대표적으로 영국의 Aurel Stein의 *Sereindia, Ancient Khotan* 등을 꼽을 수 있을 것이다.

II. 서북인도의 법화신앙

간다라(Gandhara)는 인더스 강 상류에 위치한 만큼 인도 본토와는 다른 문화적 특질을 갖고 있다. 현장(玄奘)에 의한 간다라의 범위는 아프카니스탄 쿠나르강과 파키스탄의 인더스 강 사이로 지금의 페샤와르(Peshawar)에 속한다.[3] 그리고 현재는 그 범위를 넓혀 탁실라, 페샤와르 분지 북쪽 너머의 스와트, 아프가니스탄 동부까지 간다라 지역으로 확대하고 있다. 이는 동일성을 지닌 문화성격을 바탕으로 지역 분류를 한 것으로 볼 수 있다.

이러한 간다라 문화는 서북인도 문화권으로 대표되고 있는데, 바로 이 지역을 중심으로 쿠샨왕조가 성립되었기 때문이다. 쿠샨왕조의 문화 발현이 곧바로 간다라 미술로 이어져 있다 보니 이와 같은 개념이 형성된 것으로 볼 수 있다. 따라서 논문 전개에 있어 주로 간다라 지역에 역점을 두도록 한다.

1. 간다라 지역의 사원 형태와 법화신앙의 관계

간다라(Gandhara) 지역에서의 사원 형태는 주로 주탑(主塔)을 중심으로 하는 탑지와 승원지의 두 공간으로 분류되는 형태를 갖고 있다. 대표적으로 탁티바히(Takhti-Bahi), 붓가라(Puggala) 제Ⅰ·Ⅲ사원지, 달마라지카(Dharmarajika) 사원지 등을 들 수 있는데, 이들 모두 중앙의 주탑과 주탑을 둘러싼 소형탑의 탑지와 승원지로 구분되는 양식을 지니

---

3) 玄奘, 『大唐西域記』(『大正藏』 51, 879b).

고 있다. 이러한 형식은 인도 초기에서는 볼 수 없는 것인데, 시기적으로는 쿠샨왕조 이후부터 형성된 것으로 볼 수 있을 것이다.[4] 그리고 이와 같은 형태의 사원지가 형성된 근거를 찾는다면 아마도 『법화경』에서 찾아볼 수 있지 않을까 한다. 「분별공덕품」에서 다음과 같은 내용을 찾을 수 있다.

 아일다여, 이 선남자 선여인이 혹 앉고 혹 서고 혹 경행하는 곳, 이 가운데 다시 마땅히 탑을 세워야 할 것이다. 모든 천인이 모두 마땅히 공양하는 것이 불탑과 같아야 할 것이다.[5]

위의 내용에서 등장하는 '선남자 선여인'은 앞서 이미 『법화경』을 수지독송했다는 조건이 명시되어 있다. 그리고 이러한 내용은 비단「분별공덕품」뿐만 아니라 『법화경』 곳곳에서 이와 유사한 내용이 등장하고 있다. 그런데 여기서 언급되는 '불탑'이 산스크리트 원전의 내용과 다르다는 점은 유의해야 할 사항이다.

 yatra cājita sa kula-putro vā kula-duhitā vā tiṣṭhed vā niṣīded vā caṅkramed vā tatrājita tathāgatam uddiśya caityaṃ kartavyaṃ tathāgata-

---

[4] J. Marshall은 그의 책에서 달마라지카의 경우 기원전 3세기에 圓形 基壇의 主塔만이 존재하다가 기원전 1세기에서 기원후 2세기 사이에 증축이 되어 현재의 주탑원과 뒤편에 위치한 승원 부분이 형성되었다 하고 있다. 또한 탁티바히 사원지 역시 기원후 1세기에 건립이 시작되어 2~4세기 무렵에는 사원지 내에 모든 공간이 형성되었다 하고 있다.(*A Guide to Taxila*, Karachi; Sani Communications, 1960).

[5] 『妙法蓮華經』「分別功德品」(『大正藏』9, 45c). "阿逸多 是善男子善女人 若坐若立若行處 此中便應起塔 一切天人皆應供養如佛之塔"

stūpo 'yam iti ca sa vaktavyaḥ sadevakena lokeneti

(아지타여, 이 선남자 선여인이 주하고, 앉고, 가는 곳에는 아지타여, 그 곳에는 여래를 위한 caitya가 건립되어야만 한다. 이것은 여래의 탑이다 라고, 제천을 위시한 세간사람들에 의해 말해져야만 한다.)[6]

산스크리트 원전에서는 caitya와 stupa를 엄격하게 구별하고 있으나 한역본에서는 이를 구별하지 않고 동일한 개념, 즉 탑으로 일관하고 있다. 이에 대해 쓰카모토 게이쇼는 「법사품」 이전에는 탑에 유골 안치를 언급하고 있으나, 점차 사리(śarīrāṇi)를 부정하고 여래의 전신(śarīram)인 경전을 봉안한 사당(caitya) 건립과 공양을 권장한다는 사실을 밝힌 바 있다.[7] 물론 법을 모아놓은 경전과 여래법신(dharma-kāya)을 동일하게 보는 경향은 초기부터 존재해왔다. 하지만 『법화경』에서 경전에 대해 구체적으로 여래의 전신이라 간주[8]하면서 이에 대한 신앙적 측면을 제시하였다. 위의 「법사품」 내용에서뿐만 아니라 「여래신력품」에서도 다음과 같은 내용을 찾을 수 있다.

이 때문에 그대들이여, 여래가 멸한 후에 마땅히 일심으로 수지하고 독송하고 해설하고 서사하고 설한 바대로 수행해야 할 것이다. 머무는 국토에서 혹 수지하고 독송하고 해설하고 서사하고 설한 바대로 수행하는 자가 있으면 혹은 경전이 소재한 곳이라면 혹은 동산에서도 혹은 숲에서도 혹은 나무 아래서도 혹은 승방에서도 혹은 재가자의 집에서도 혹은 전각이 있어

---

6) Wogihara and Tsuchida本, p. 288.
7) 塚本啓祥, 이정수 역, 『법화경의 성립과 배경 : 인도문화와 대승불교』(운주사, 2010), pp. 170~171.
8) 『妙法蓮華經』「法師品」(『大正藏』 9, 30-31).

서도 혹은 산·계곡·광야에서도 이 가운데 모두 마땅히 탑을 세워 공양해야 할 것이다.[9]

위에서 탑을 건립하고 공양하는 것에 대한 내용을 담고 있는데, 그 장소가 경전이 소재한 곳이면 어느 곳이든 관계없음을 시사하고 있다. 큰 틀에서 보면 이 내용은 앞선 인용문과 같이 경전을 중심으로 한 탑원의 건립에 있다. 그런데 위의 인용문에서 특이할 만한 사항은 『법화경』을 수지독송하는 이외에도 탑원을 건립함으로써 신앙의 범위를 넓히고 있다. 게다가 건립 장소의 범위를 '승방 혹은 재가자의 집' 까지 포함시키는 부분을 볼 수 있다. 이는 탑원의 건립 요건, 장소를 기존의 범위보다 좀 더 확대했다는 인상을 주고 있다. 이는 곧 『법화경』을 법신화(法身化)시키면서 동시에 이에 대한 신앙이 형성될 수 있는 여건을 『법화경』 내에서 제시한 것으로 볼 수 있지 않을까 한다.

이와 같은 경전에 대한 신앙과 더불어 앞서의 caitya와 stupa의 엄격한 구분 속에서 보면, 경전에 대한 신앙적 측면뿐만 아니라 탑의 건립 및 승원의 구조를 구체적으로 나누고 있다고 보아야 할 것이다. 사실상 『법화경』을 제외한 여타의 대승불교 경전에서는 조탑, 승원의 건립, 이에 대한 장엄 등과 관련된 구체적 내용이 언급되지는 않는다. 『잡아비담심론(雜阿毘曇心論)』에서 "또한 가령 탑을 세우거나, 사방승사를 세우거나, 혹은 승방(僧房)이나 별방(別房), 정원, 누관(樓觀),

---

9) 『妙法蓮華經』「如來神力品」(『大正藏』 9, 52a). "是故汝等於如來滅後 應一心受持 讀誦 解說 書寫 如說修行 所在國土 若有受持 讀誦 解說 書寫 如說修行 若經卷所住之處 若於園中 若於林中 若於樹下 若於僧坊 若白衣舍 若在殿堂 若山谷曠野 是中皆應起塔供養"

욕지(浴池)를 만들거나, 다리배를 만드는 등 이와 같은 것들은 세 가지 인연이 있다"라는 구절을 찾을 수 있다.[10] 그리고 이러한 내용이 바탕이 되어 탑원과 승원 등의 구조가 성립되었을 가능성을 배제할 수는 없다.

그런데 시기적으로 대승불교의 흥기 이후에 간다라 지역 곳곳에서 주탑원과 승원의 기본 형태를 갖고 각종 시설이 등장하고 있는 점은 비단 『잡아비담심론』에 국한되어 해석할 수는 없는 문제일 것 같다. 물론 대승불교 흥기와 불탑신앙과의 관계성이 언급된 바 있다.[11] 히라카와 아키라의 문제 접근은 재가신자의 집단화-불탑교단과 대승불교, 그리고 불타관(佛陀觀)이라는 관점이 더 부각된 점을 볼 수 있다. 하지만 좀 더 세부적인 측면에서 경전신앙과 탑원 및 승원의 구조라는 관계의 성립이라는 관점에서 접근하는 것은 어떨까 한다.

인도 내륙에서는 특히 석굴사원을 중심으로 하고 있으며, 이들 석굴사원은 주로 인도 중서부 지역에 치중되어 있다. 그리고 이들 석굴은 기본적으로 caitya와 vihara의 두 가지 구조로 이루어져 있다. 그런데 현 시점에서 보았을 때, 대승불교의 문화적 측면과 밀접한 연관이 있는 쿠샨왕조는 서북인도에 건립되고 특히 간다라 지역을 바탕으로 불교문화가 발전하는 양상을 보이고 있다. 즉, 인도와 서북인도 간에 나타나는 지역적·민족적 배경을 바탕으로 문화의 차이를 보이고 있다. 때문에 쿠샨왕조가 존립했던 간다라 지역에서 사원의 건립

---

10) 『雜阿毘曇心論』(『大正藏』 28, 892c). "若起塔 若四方僧舍 若僧舍 若別房 若園觀浴池 若橋船 如是等有三因緣"
11) 平川彰 外, 정승석 역, 『大乘佛敎槪說』, 김영사, 1984; 沈法諦 역, 『초기 대승불교의 종교생활』, 민족사, 1989; 平川彰, 李浩根 역, 『印度佛敎의 歷史』, 민족사, 1989.

근거를 찾지 않을 수 없는 것이다.

당시 새로운 불교문화 창출은 어떠한 분야든 근거를 내세우고 있었던 것은 흔히 찾아볼 수 있다. 가장 쉬운 예로 불상 조성을 들 수 있다. 4아함 가운데 『중일아함경』에 등장하는 우전왕 전설[12]의 불상 조성의 내용이 없었으면 사실상 불상 조성은 불가능한 것이었다. 이는 불상 조성을 할 시점에 맞추어 근거를 만들고자 전설을 각색했을 가능성이 높다고 할 수 있다. 때문에 사원의 형태 역시 경전에 근거하여 조성했을 가능성이 매우 높다. 그런데 앞서도 보았듯이 그 근거가 될 만한 부분들이 바로 『법화경』 내에서 언급되고 있는 것이다. 실제 간다라 지역의 사원 내부에 거주했던 출가자들 및 재가자들이 『법화경』에 근거한 생활을 했다는 부분까지 언급할 수는 없다. 그러나 거주 토대의 역할을 했던 사원지 형성에 있어서 『법화경』에서 제시한 방식이 절묘하게 현실화되어 나타나고 있음은 부정할 수가 없다. 승사, 승방, 욕지 등의 장소가 건립되는 것에 있어 도시계획이 이루어진 장소에 탑지를 만들거나 혹은 평야 지대에 건립되는 방식은 기존의 사원건립과는 차별화된 형식으로 볼 수 있다.

이와 같은 서북인도 지역의 사원 건립 형태를 통해 당시 사상적으로 부파불교가 주를 이루고 있는 가운데 대승, 특히 『법화경』을 위시로 한 신앙단체가 형성되었다는 점을 추정해볼 수 있다. 그리고 경전에서의 근거를 중시했던 당시 풍조에 따라 『법화경』에서 제시되는 사원의 건립 형태는 석굴사원을 중심으로 하는 인도 내륙과는 다른 발전상을 형상화했던 것 같다. 이는 문화적 현상으로 발현하기까지 신앙적 측면도 부단한 발전을 이룩했을 것이라는 점을 추정해볼 수

---

12) 『增一阿含經』 28 「聽法品」 (K18, 531a-b).

있는 부분이라 하겠다.

2. 간다라 이불병좌상(二佛並坐像)과 『법화경』과의 관계

간다라 지역에서 사원의 형태에서뿐만 아니라 불상의 형태에서도 법화적 요소를 찾아볼 수 있다. 간다라 지역은 오랜기간 사상사적 측면에서 부파불교 세력이 지극히 강성했다.[13] 대승불교 흥기나 불상 조성의 시작과 밀접한 관련이 있는 쿠샨왕조의 카니슈카왕 때부터 이미 부파논서가 활발히 발전하는 것은 간다라 지역이 불교사상적으로 부파와 대승이 공존하는 양면성을 지닌 곳이라 볼 수 있을 것이다. 때문에 이 지역의 많은 불교사원의 성격을 부파사원으로 규정하기도 한다.

그렇지만 내부에 존재하는 다수의 불상 및 보살상들이 부파적 성격을 지녔다고 할 수는 없을 것이다. 때문에 본고에서는 불상이 대승불교 흥기 및 발전과 밀접한 관련이 있다는 전제 하에서 간다라 불상조성의 성격을 전개하고자 한다. 간다라 지역에서의 법화적 요소로 불상이 조성된 흔적은 '이불병좌상(二佛並坐像)'을 들 수 있을 것이다. 한 예로 모란모라두 사원지에서 볼 수 있는 이불병좌상은 『법화경』「견보탑품(見寶塔品)」의 대표적인 문화적 현상으로 꼽을 수 있을 것이다. 그 내용을 보면 다음과 같다.

---

13) 玄奘의 기록에 의해 보면, 탑이나 불상에 관한 기록과 더불어 부파불교 계통의 논서들이 이곳에서 집중적으로 완성됨을 알 수 있다. 다시 말해 부파불교적 성향을 가진 이들이 주로 활동한 중심 지역이기도 하고, 더불어 대승불교가 흥기 혹은 발전할 수 있는 여건도 갖추어져 있는 무대라 할 수 있겠다.(『大唐西域記』, 『大正藏』 51, 879~881).

이에 석가모니불께서 오른 손가락으로 칠보 탑문을 여시니, 큰 성문의 자물쇠가 풀리어 열리는 것과 같이 큰 소리가 났다. 그 때 거기 모인 모든 대중들은 보배탑 안의 사자 자리에 산란치 않으시고 선정에 드신 다보여래를 보며, 또 그의 음성을 듣고 "거룩하시고 거룩하시도다! 석가모니불께서 이 『법화경』을 쾌히 설하시니 이 경을 듣기 위하여 이곳에 이르렀노라."고 하였다. … 그때 보배탑 가운데 계신 다보불께서 자리를 반으로 나누어 석가모니불께 드리고 이렇게 말씀하셨다. "석가모니불께서는 이 자리에 앉으소서." 그러자 곧 석가모니불께서 그 탑 가운데로 드시어, 그 반으로 나눈 자리에 가부좌를 틀고 앉으시었다.[14]

모란모라두 사원은 앞서의 여타 사원지와 비슷한 시기에 형성되고 이후 보수과정을 거친 사원이다. 다시 말해서 초기 대승불교 경전의 출현 이후 본격적으로 형성된 사원지인 셈이다. 때문에 이불병좌상이 등장하는 것은 역시 간다라 지역의 사원지에서 『법화경』을 중심으로 하는 신앙이 전개되었음을 알려주는 중요한 단서라 할 수 있다.

앞서도 보았듯이 히라카와 아키라가 이미 여러 책과 논문에서 대승의 흥기와 불탑교단과의 관계를 언급하였다. 하지만 불탑교단이 대승 흥기에 영향을 준다는 방향성보다는 오히려 초기 대승경전에서 나타나는 신앙적 요소로 인해 탑원과 승원의 이원화가 확고하게 자리잡으면서 이와 더불어 '불탑교단'이 성립될 수 있지 않았을까 하

---

14) 『妙法蓮華經』「見寶塔品」(『大正藏』 9, 33b-c). "於是釋迦牟尼佛 以右指開七寶塔戶 出大音聲 如却關鑰開大城門 卽時一切衆會 皆見多寶如來於寶塔中坐師子座 全身不散 如入禪定 又聞其言 善哉善哉 釋迦牟尼佛 快說是法華經 我爲聽是經故而來至此 … 爾時多寶佛 於寶塔中分半座與釋迦牟尼佛 而作是言 釋迦牟尼佛 可就此座 卽時釋迦牟尼佛入其塔中 坐其半座 結加趺坐"

는 추정을 해볼 수 있었다. 그리고 그 중심에는 여타의 경전이 아닌 『법화경』이 자리잡고 있었다 볼 수 있을 것이다.

이불병좌상이 본격적으로 조성되는 것은 오히려 중국이라 볼 수 있다. 중국에서는 불교 초전기부터 여러 차례 이불병좌상을 조성한 흔적이 보이고 있다. 운강 석굴에서 보이고 있는 법화신앙적 요소는 확연하게 이불병좌상으로 드러나고 있다. 태화(太和) 연간(477~499)에 조성된 2기 석굴 군[15] 가운데 특히 9·10굴은 법화신앙의 배경 속에서 조성되었다고 보는 경향이 있다.[16] 9굴 주존은 미륵불의좌상(彌勒佛倚坐像)이고 10굴 주존은 교각미륵불보살상(交脚彌勒佛菩薩像)이다. 그리고 상층에는 이불병좌상이 부조되어 있어 지극히 『법화경』에 의거해 조성된 석굴임을 알 수 있다. 또한 같은 2기의 석굴 가운데 7·8굴 역시 7굴 후실 북벽의 상층에는 교각미륵상이 존재하고 하층에는 석가·다보 이불병좌상이 조성되어 있다.

이밖에도 태화 연간에 조성된 소형금불상 가운데 법화신앙이 배경이 되어 완성된 불상들이 보이고 있다. 예를 들어 북경 수도박물관에 소장되어 있는 '태화8년(484)명(銘) 금동관음보살입상(金銅觀音菩薩立像)'이나 태화 9년명 금동관음보살입상을 비롯해 네즈미술관 소장 '태화13년(489)명 이불병좌상'은 북위시대 법화신앙이 사회에 만연되어 있음을 알려주는 중요한 단초이다. 이와 같이 『법화경』을 근거로 한 불상 조성은 모두 중국불교 초전기에 집중적으로 나타나고 있다.

---

15) 楊泓, 「討論南北朝前期佛像服飾主要變化」(『考古』6, 1963, pp. 330~337); 宿白, 「雲岡石窟分期試論」, pp. 25~28.; 「平城實力的聚集和"雲岡模式"的形成和發展」(『中國石窟 雲岡石窟1』, 文物出版社, 1991), pp. 176~197 등에서 운강 석굴의 시기 구분을 하고 있다.
16) 李靜傑, 「雲岡第九·一〇窟の圖像構成について」(『佛敎藝術』267, 2003), pp. 33~58.

그리고 중국의 수당시대 이전까지는 중국적 요소가 가미되었으나 기본적으로는 간다라 양식의 영향을 받고 있다는 점도 간과할 수 없을 것 같다. 불상 조성에 있어 양식적인 측면이 전해졌을 때, 각 불상이 가지고 있는 고유의 성격이 전래되었을 가능성도 배제시킬 수는 없을 것이다. 때문에 간다라 지역에서 드문드문 발견되고 있는 이불병좌상 형태가 『법화경』에 근거한 조성 형태일 가능성이 높다고 보여진다.

Ⅲ. 서역 지역의 법화신앙

1. 구자국의 법화사상

『법화경』이 서북인도를 비롯해 서역 지역, 중국에까지 그 영향력이 상당했다는 사실은 『법화경』 산스크리트본이 길기트, 카쉬가르, 네팔 등지에서 발견되고 있다는 것만으로도 충분히 설득력이 있다고 보여진다. 『법화경』 구성의 문제로 인해 이미 중국에서도 경전에 대한 논의가 있었다.[17] 이러한 문제는 『법화경』 한역과도 깊은 관련이 있다고 보여진다. 우선적으로 한역된 『정법화경(正法華經)』과 이보다 늦은 시기에 한역된 『묘법연화경(妙法蓮華經)』의 구성, 그리고 범본(梵本) 및 티베트장경과의 비교를 통해 문제점이 발견되고 있기 때문이다.

그런데 『정법화경(正法華經)』과 『묘법연화경(妙法蓮華經)』의 공통점

---

17) 智顗, 『法華文句』(『大正藏』 34, 114); 吉藏, 『法華義疏』(『大正藏』 34, 452) 등을 비롯해 관련 연구가 계속되고 있다.

이 바로 구자국이라는 점이 특이하다. 법화신앙의 근간이 되는 『법화경』은 『정법화경』이라는 이름으로 축법호(竺法護)에 의해 3세기 후반 처음으로 한역된다. 그리고 약 100여 년 후에 구마라집에 의해 『묘법연화경』이라는 이름으로 재한역된다. 이 두 가지 역본(譯本)에 대한 구성 및 내용의 동이에 대해 좀더 접근할 수 있는 내용은 후대의 또 다른 역본인 『첨품묘법연화경(添品妙法蓮華經)』 서문에서 볼 수 있다.

  옛날 돈황 사문 축법호는 진나라 무제의 치하에서 『정법화』를 번역했다. 후진 요흥은 다시 나집에게 청해 『묘법화경』을 번역했다. 이 두 가지 번역을 살펴볼 때 하나의 원본이 아니다. 축법호 역은 다라잎과 비슷하다. 나집의 번역은 구자의 글과 닮았다. 나머지 경장을 검토하여 이 두 본을 봄에 다라잎은 곧 『정법화경』과 부합하고 구자의 글은 곧 『묘법법화경』과 공통된 점이 많고 동일하다. 축법호의 글에는 오히려 남는 바가 있고, 나집의 글은 오히려 번뇌가 없는 듯하다. 그리고 축법호의 다라잎에 빠진 것은 「보문품」의 게송이다. 나집의 번역에서 빠진 것은 「약초유품」의 후반, 「부루나」 및 「법사」 등 2품의 처음, 「제바달다품」, 「보문품」의 게송이다. 나집의 문장은 또 「촉루품」을 옮겨 「약왕」의 앞에 놓았다. 2본의 「다라니품」은 「보문품」의 후반에 병치된다. 그 사이의 동이는 언급할 수가 없다.[18]

위의 내용을 통해 구마라집 역의 『묘법연화경』이 『정법화경』보다

---

18) 『添品妙法蓮華經』(『大正藏』 9, 134b). "昔燉煌沙門竺法護 於晉武之世譯 正法華 後秦姚興 更請羅什譯 妙法蓮華 考驗二譯 定非一本 護似多羅之葉 什似龜茲之文 余撿經藏 備見二本多羅則與正法 符會 龜茲則共妙法允同 護葉尚有所遺 什文寧無其漏 而護所闕者 普門品偈也 什所闕者 藥草喩品之半 富樓那及法師等二品之初 提婆達多品 普門品偈也 什又移囑累在藥王之前 二本陀羅尼並置普門之後其間異同 言不能極"

늦은 시기에 번역되기는 하지만, 그 범본에 있어서는 어떤 것이 더 오래된 것인지 혹은 새로운 구성 체제를 가진 것인지는 알 수 없다. 그렇지만 중국에서 한역된 경전을 교정하는 작업의 내용을 보면 특이할 만한 사항을 발견할 수 있다.

축법호가 『정법화경』을 한역한 286년 이후 원강(元康) 원년(元年)(291)에 이에 대한 교정 작업이 이루어진다. 당시 교정 작업에는 서역의 구자국 출신 백원신(帛元信)이 참여하고 있다.[19] 경전이 번역된 이후 5년 만에 곧바로 이루어진 작업인 만큼 당시 서역의 구자국에서는 이미 『법화경』에 대한 인지가 확고했던 것으로 보인다. 뿐만 아니라 교정 작업에 참여하는 만큼 경전에 담긴 사상을 이미 숙지하고 있었다는 전제를 둘 수 있어, 구자국에서의 불교사상을 엿볼 수 있는 대목이기도 하다. 게다가 부파불교가 대세를 이루고 있었던 구자국에서의 이와 같은 경전의 유포는 서역의 불교사상 흐름도 바꾸어 놓고 있다.[20] 결국 5세기 초반 무렵 구자국 출신인 구마라집에 의한 『묘법연화경』의 한역을 통해 사상적인 완성도를 높이고 있다.

이와 같은 역사적 사실 외에 『법화경』 구성 체제에 대한 연구를 진행하여 라집 역본이 축법호 역본보다 오래된 형태를 지니고 있었을 것이라는 결과를 찾아볼 수도 있다. 그리고 이에 대한 추정으로 천산남로를 경유해 구자에 전해진 『법화경』 원본은 구자국에 그대로 남겨지고, 그 후 새로운 형태를 가진 『정법화경』의 원본이 사막남도에 위치한 우전국을 경유해 돈황에 도달함으로써 축법호에 의해 번

---

19) 僧祐, 『出三藏記集』(『大正藏』 55, 56c).
20) 구마라집 이전까지 구자국에서는 카쉬미르 및 카쉬가르 등지의 불교 성향을 그대로 이어받는 경향을 보이고 있다. 하지만 3세기 중반 무렵부터 『반야경』 및 『법화경』의 유포를 통해 국가적 차원에서 대승적인 성향으로 돌아섰을 가능성이 보이고 있다.(졸저, 『서역불교 교류사』, pp. 95-98. 은정불교문화진흥원, 2011)

역된 것이라는 견해도 보이고 있다.[21]

따라서 3세기 중반부터는 『법화경』에 대한 인지도가 고취되고, 사상의 완성도 역시 높아졌을 가능성이 매우 높다고 보여진다. 그리고 이러한 사상의 완성도와 함께 나타나는 현상이 바로 신앙의 발전이다. 그 흔적은 비단 구자국에서뿐만 아니라 중국 내에서도 종종 발견되고 있다. 사본의 발견뿐만 아니라 불상의 조성 등을 통한 일련의 활동에서 나타난 문화적 측면에서도 상당수 발견되고 있다. 특히 서북인도에 해당되는 간다라 지역과 타클라마칸 사막 위에 자리잡고 있는 고대 오아시스 국가였던 구자국에서 이러한 신앙의 흔적이 다수 발견되고 있다. 따라서 서역이라는 광범위한 지역에서도 특히 구자국에 집중해 법화신앙적 요소를 찾아본다.

2. 구자국 석굴의 법화신앙적 요소

간다라 지역 외에 타클라마칸 사막을 중심으로 한 고대 오아시스 국가에서의 법화신앙적 요소를 찾아보면 대표적으로 구자국을 들 수 있을 것이다. 앞서 잠시 언급했던 바와 같이 구자국 출신 승려들이 『법화경』 역경 작업에 대거 참여하고 있었던 점은 사상사적인 측면에서 이미 구자국과 법화사상의 흐름은 밀접한 연관관계를 갖고 있었다. 이러한 구자국에서의 법화신앙적 요소는 주로 석굴 내에서 찾아볼 수 있다.

구자국의 대표적인 석굴은 키질(Kizil, 克孜爾) 석굴과 쿠무툴라

---

21) 塚本啓祥, 위의 책, pp. 542~546.

(Kumutula, 庫木吐拉) 석굴을 들 수 있다. 특히 키질 석굴의 경우 쿠무툴라에 비해 비교적 이른 시기에 개착되었기 때문에 유입 경로에서의 모든 불교사상과 문화를 엿볼 수 있는 곳이다. 키질 석굴의 개착 연도는 대략 3세기 말에서 4세기 중엽으로 보고 있다.[22] 초기 개착된 석굴 군과 이후 발전된 양상으로 전개되는 석굴 군 공히 하나의 특징을 갖고 있다. 기악천도(伎樂天圖)를 상세하게 묘사하는 것을 특징으로 한다. 이는 이후 돈황 막고굴 개착에도 많은 영향을 끼치고 있는데, 기악천도의 첫 등장은 바로 구자의 석굴 군인 셈이다. 이러한 부분에 관해 현재까지는 주로 구자국이 음악이 발전한 고대 국가로, 그 영향 아래 조성된 석굴이므로 이러한 현상이 나타난다고 보고 있다. 그러나 이 부분에 관해 좀더 논의될 필요성이 있다.

  구자국의 건국 시기 및 불교전래 시점은 뚜렷하지 않다. 하지만 타클라마칸 남쪽에 위치한 호탄(Khotan, 和田)의 경우 건국 연도는 차치해두더라도 불교전래 시점이 기원전이라는 점은 많은 학자들에 의해 밝혀진 바이다.[23] 이같은 관계성을 토대로 구자국의 불교전래설을 기원전 3세기에서 기원후 2세기설에 이르기까지 다양한 학설이 제기되어 있다.[24] 호탄과 비슷한 시기에 불교가 전래되었다고 한다면 늦

---

22) 宿白의 경우 제1단계 4세기 초~4세기 중엽, 제2단계 4세기 말~5세기 중엽, 제3단계 6세기~7세기 중엽의 총 3단계로 보고 있으며「キジル石窟の形式區分との年代」(新疆ウイグル自治區文物管理委員會, 中國石窟, 『キジル石窟』1, 東京, 平凡社, pp. 162~178)], 이에 대해 張廣敏雄은 벽화 벽면 밑의 壁土 기준으로 제기되었던 宿白의 주장에 벽화 형성 연대를 그보다 늦은 시기로 잡아야 한다는 주장을 하고 있다「中央アジア佛敎美術とキジール石窟」(『東洋學術研究』 25-2, pp. 121~123)]. 이밖에 霍旭初 등은 「克孜爾石窟의 分期問題」에서 키질 석굴 개착 시기를 총 4기로 나누어 초창기, 발전기, 번영기, 쇠락기로 보고 있으며 초창기의 경우 3세기 말~4세기 중엽으로 그 시기를 제시하고 있다(『西域研究』 10, pp. 58~68).
23) 黃文弼, 「佛敎傳入鄯善與西方文化의 輸入問題」(『黃文弼歷史考古論集』, 文物出版社, pp.345~347); 中村 元, 김지견 譯, 『불타의 세계』, 1984, pp. 393~395 등.

어도 기원전 1세기에 구자 역시 불교를 받아들였을 가능성이 크다. 그리고 구마라집 이전, 구자국의 불교는 지극히 부파불교적 성격을 띠고 있었을 것이다.[25] 그 와중에도 대승경전의 유입이 이루어졌을 가능성은 상당히 높다. 특히 『법화경』 역경과 관련지어 축법호가 태강(太康) 7년(286) 역출한 이후, 원강(元康) 원년(291)에 구자 거사 백원신(帛元信)이 교정 작업에 참여했다는 점은[26] 이를 반증해주는 근거라 할 수 있다. 즉 3세기 후반에 이미 『법화경』이 구자국에서 유행했다는 것인데, 이 시기가 키질 석굴의 개착시기와 동일하다.

불교의 동전(東傳) 문제에 있어 사상과 문화 발생의 시기가 언제나 동일하지는 않는다. 하지만 이미 서북인도 지역에서의 법화신앙적 문화 발생이 급격하게 이루어진 상태이고, 구자국의 경우 풍습, 언어, 문화적으로 서북인도권에 속해있는 것[27]임을 고려하지 않을 수 없다. 서북인도에서 유행하던 경전이 유입됨과 동시에 문화적 현상 역시 유입되었을 가능성을 배제시키지 못하는 것이다. 그 가능성을 열어둔 상황에서 앞서 제기했던 문제, 즉 키질 석굴의 기악천도 조성의 배경을 『법화경』에서 찾아보는 시도를 하고자 한다. 기악천의 모습은 키질 석굴의 벽화와 천정화에서 자주 등장하고 있다. 키질 벽화 초기굴에서의 벽화 주제가 주로 석가의 본생담인데 그 가운데 기악천의 모습이 보이고 있는 것이다. 이와 관련해 『법화경』 「법사품(法師

---

24) 朱英榮, 『龜玆石窟』, 新疆大學出版社, 1990; 李裕君, 『古代石窟』, 2003; 趙莉, 『龜玆石窟』, 新疆美術攝影出版社, 2003 등.
25) 慧皎, 『高僧傳』(『大正藏』 50, 330b). "什年九歲 隨母渡辛頭河至罽賓 … 從受雜藏中 長二含凡四百萬言"
26) 僧祐, 『出三藏記集』(『大正藏』 55, 56c). "天竺沙門竺力龜玆居士帛元信 共參校 元年 二月六日重覆"
27) 玄奘, 『大唐西域記』(『大正藏』 51, 870a). "風俗質 文字取則印度"

品)」에서는 탑과 사당에 대한 공양 방식에 대해 다음과 같이 묘사하고 있다.

　　이 탑을 마땅히 모든 꽃, 향, 영락, 회화, 당번, 기악, 노래로 공양하고 공경하고 존중하고 찬탄해야 할 것이다.[28]

한역본에서 기악, 노래로 공양하는 내용이 나온다면 범본에서는 다음과 같이 기록하고 있다.

　　stūpe sat-kāro guru-kāro mānanā pūjanā 'rcanā karaṇīyā sarva-puṣpa-dhūpa-gandha-mālya-vilepana-cūrṇa-cīvara-cchattra-dhvaja-patākā-vaijayantībhiḥ sarva-gīta-vādya-nṛtya-tūrya-tāḍāvacara-saṃgīti-sampravā ditaiḥ pūjā karaṇīyā

　　(모든 향목, 향수, 화만, 향유, 향분, 의복, 산개, 치번, 표지에 의해 모든 가곡, 음악, 무용, 악기, 무용의 합창, 합주에 의해 공양되어야 할 것이다.)[29]

이와 같이 악기나 음악과 관련된 공양 방식은 『법화경』 외에 『반니원경』에서 "탑을 세우고 찰간을 세우고 비단 번기를 높이 달고 향을 피우고 등불을 켜고 꽃을 뿌리며 악기를 연주하고"[30]라는 구절을 찾을 수 있다. 그러나 『법화경』에서 언급하고 있는 바와 같이 가곡,

---

28) 『妙法蓮華經』「法師品」(『大正藏』9, 31b). "此塔 應以一切華 香 瓔珞 繪蓋 幢幡 伎樂 歌頌 供養恭敬 尊重讚歎"
29) Wogihara and Tsuchida本, p. 201.
30) 『般泥洹經』卷下(『大正藏』1, 186c). "立塔起廟, 表刹懸繒, 奉施華香, 拜謁禮事"; 『般泥洹經』卷下(『大正藏』1, 190c). "燃燈華香伎樂"

음악, 무용, 악기, 무용의 합창, 합주 등과 같은 구체적 사항들은 다른 경전에서 찾아볼 수가 없다. 게다가 구자국과 관련하여 중국 측 사서류에서는 악기가 발달되어 있다는 내용은 찾을 수 없는 데 반해 현장(玄奘)은 구자국에서 관악기 및 현악기를 다룬다는 사실을 기록하고 있다.31) 이미 『한서(漢書)』에서부터 구자국에 대한 기록이 남겨져 있는 데 비해 이같은 구자국 민족의 특성 가운데 특이할 만한 점이 기록에서 빠져있다는 점은, 기록 당시에는 악기의 발달이 심화되지 않았거나 혹은 전무했다고 볼 수 있을 것이다.

이와 같은 경전 상의 내용을 근거로 한 벽화 내용뿐만 아니라 교각미륵보살상이 새겨진 벽화도 역시 찾아볼 수 있다. 이는 「보현보살권발품(普賢菩薩勸發品)」에 등장하는 내용을 바탕으로 조성된 것으로 볼 수 있다.

> 만일 받아 지니고 읽고 외고 뜻을 해설하면, 이 사람은 목숨이 마칠 때에 천불(千佛)이 손을 내미니 두렵지도 않고 악취에 떨어지지도 않고, 곧 도솔천상의 미륵보살 계신 데 가서 미륵보살은 삼십이상을 갖추고 대보살들에게 둘러싸여 백천만억 천녀(天女)권속들이 있는 가운데 왕생하리라.32)

『법화경』내에서 등장하고 있는 미륵을 통해 법화신앙의 새로운 부류가 형성되었다 볼 수 있을 것 같다. 특히 이 지역 특성상 짧은 기간 동안 왕조가 흥망을 거듭하면서 그들이 살고 있는 땅을 불국토로

---

31) 玄奘, 『大唐西域記』(『大正藏』 51, 870a). "管絃伎樂"
32) 『妙法蓮華經』「普賢菩薩勸發品」(『大正藏』 9, 61c). " 若有人受持 讀誦 解其義趣 是人命終 爲千佛授手 令不恐怖 不墮惡趣 卽往兜率天上彌勒菩薩所 彌勒菩薩 有三十二相大菩薩衆所共圍繞 有百千萬億天女眷屬 而於中生 有如是等功德利益"

구현하고자 했던 열망이 과거-현재-미래의 불(佛)을 조성하는 데 이른 것으로 풀이될 수 있다.[33]

구자국에서의 『법화경』 유행은 이미 불교사서류 내에서 언급되고 있고, 이를 통해 3세기 후반부터는 법화신앙이 어떤 형태로든 나타났을 것이라 추정할 수 있다. 그리고 앞서 전개한 내용과 같이 현존하는 유적(遺跡)에서 이미 법화신앙적 요소를 찾아볼 수 있었다. 따라서 서북인도에서 전개·발전되었던 신앙 형태가 천산남로를 따라 중국 내까지 전해졌을 것이라 생각된다.

IV. 마치며

간다라 지역은 7세기 이후에도 끊임없이 부파불교 세력권 하에 있었던 곳이다. 뿐만 아니라 대승불교가 흥기하고 발전하여 교류하는 시작점이기도 했다는 점을 고려해본다면 부파불교와 대승불교가 혼합되어 발전하는 과정 속에 있었다 볼 수 있다. 이 가운데서도 『법화경』은 대승사상의 전개에 있어서 중요한 위치를 점하고 있었을 뿐만 아니라 신앙적으로도 대단히 많은 역할을 했던 것을 볼 수 있다. 더욱 중요한 점은 새로운 문화 형성의 시도에 밑거름이 되었다는 점이다.

서북인도 지역에서의 사원 건립 형태에 근거가 되어 이를 전개해 나아갔고, 더 나아가 불상 조성에 있어서도 『법화경』의 영향력이 존

---

33) 이러한 과거-현재-미래 삼세불의 현상화는 비단 구자국뿐만 아니라, 돈황 막고굴에서도 볼 수 있다. 즉 전생(과거)을 담고 있는 벽화와 현세(현재)의 부처를 담고 있는 불상 및 열반상, 미래를 담고 있는 미륵불의 벽화이다. 이는 돈황과 구자의 역사에 공히 나타나는 전란이라는 부분이 상당한 영향을 준 것으로 풀이되는 부분이기도 한다.

재했다. 이는 아마도 불사리가 안치된 불탑 조성이 더 이상 이루어질 수 없게 되자, 이를 해결하기 위한 방법을 『법화경』 내에서 상세하게 제시해주었기 때문으로 추정할 수 있다. 이미 대표적인 법화신앙으로 경전의 수지독송 및 사경은 지속적으로 언급되었다. 그러나 이뿐만 아니라 사원 형성에 있어서도 『법화경』 내에서 자세한 방식을 제시함으로써 당시 불사리를 구하지 못하는 난국을 해결해주었던 것이다. 따라서 서북인도 지역에서의 새로운 사원 형태는 법화신앙의 단적인 예가 될 수 있겠다.

그리고 이러한 신앙 형태는 중국으로의 불교 유입경로 속에서 더욱 발전된 형태로 나타나게 된다. 서역 천산남로에 위치한 구자국 지역에서 발견되고 있는 석굴 내부의 교각미륵보살상 및 기악천도의 벽화 내용을 비롯해 지속적으로 조성된 이불병좌상 등은 지극히 법화신앙적 요소라 볼 수 있다.

서북인도, 더 면밀하게 말하면 간다라 지역에서의 사원 구조와 구자국 등지의 불상 조성에는 아무런 연관성이 없어보일 수 있다. 하지만 법화신앙의 측면에서 본다면 두 지역 간 신앙체계가 동일했다고 보여진다. 특히 경전에 근거한 문화 형상화는 후에 전개되는 중국 불교 전개 과정에 신앙사 및 문화사 형성에 중요한 영향을 끼친 것으로 볼 수 있을 것이다.

서역에서의 법화신앙 전개
-천산남로와 양주를 중심으로-

한지연

I. 머리말

종교라는 용어에는 수많은 의미가 내포되어 있다. 또한 수행자 측면인지 신도의 측면인지에 따라 종교를 대하는 태도나 생각에는 분명 차이가 있을 것이다. 특히 신앙적 측면을 파고든다면 아마도 신도를 비롯한 일반인들의 측면에서 진행된 부분이 더 크다 할 수 있겠다. 때문에 대승불교 흥기 이후 신앙의 전개 방식은 매우 다양화되었다. 부파불교 시대의 경직된 신앙체계에서 좀 더 자유롭고 다양화된 방식으로 전개된 대승불교의 신앙체계는 동아시아에서 더욱 발전된 형식으로 나타나고 있다. 인도의 기존 신화 및 신상들과 결합하면서 그 내용이 풍부해졌고, 동아시아가 갖고 있는 활발한 교류의 여건 속에서 더욱 견고해지는 결과를 낳았다. 특히 대승불교 초기에 나타난 경전 속의 내용을 중심으로 신앙 형태가 급속도로 전개되는 양상은

인도보다 오히려 중앙아시아를 거쳐 중국에 이르는 지역에서 볼 수 있다.[1]

　대승의 신앙 형태 가운데 특히 법화신앙은 상당히 이른 시기부터 광범위한 지역에서 성립·발전된 것으로 추정된다. 법화신앙이라 함은 기본적으로 『법화경』의 내용을 중심으로 한 신앙 형태를 말한다. 그리고 초기 불교전파 및 문화적 변용과정에서 가장 빈번하게 등장하고 있는 것이 곧 법화신앙일 것이다. 이에 본 논문에서는 전파과정 위치에 있는 서역의 천산남로와 현 감숙성에 위치한 돈황을 비롯한 일대의 법화신앙에 관해 전개해본다.

　첫 번째로 천산남로를 대표하는 고대 오아시스 국가였던 구자국(현 신장위그르자치구 쿠차현)은 『묘법연화경(妙法蓮華經)』을 한역한 구마라집의 출신국인 만큼 법화신앙과 밀접한 관계가 있음은 짐작할 수 있는 바이다. 그러나 현존하는 기초자료가 부족한 만큼 이 지역 석굴에서 보여지고 있는 문화적 발현을 통해 신앙 형태를 짐작해 볼 수 있을 것이다. 『법화경』 내에서 묘사되어지는 상당 부분이 이곳 석굴 내부에서 발견되고 있으며, 시대에 따라 신앙 형태를 가늠해볼 수 있는 부분들이 존재하므로 이를 바탕으로 천산남로 상의 법화신앙을 고찰한다. 또한 지금까지 흔히 『관경』을 바탕으로 얘기되고 있는 도솔왕생의 문제를 『법화경』에 입각한 미륵신앙과의 연관성 문제로 재해석하는 것을 시도해본다. 그리고 이를 통해 신앙 체계의 견고성을 더해 나아가는 초기 불교전파 및 당시 교류 상황을 짚어본다.

　두 번째로 전파경로 가운데 중국 내륙으로 들어오는 바로 직전 관

---

[1] 이와 같은 논의는 졸고, 「西北印度と西域の信仰形成に現れた法華信仰の要素」, 『法華文化研究』38(立正大學 法華經文化硏究所, 2012)에서 한 차례 밝힌 바 있다.

문인 돈황 등의 지역에서 드러나는 법화신앙을 함께 다루도록 한다. 천산남로에서 보여지는 법화신앙은 교류의 측면에서 접근되어져야만 이해되는 부분이 상당수이므로 이에 대한 비교지역을 현 감숙성 지역으로 한정하며, 시기 역시 중국 역사 전개에 있어 수당시대 이전까지로 한정함으로써 전파 초기의 신앙 형태를 고찰하고자 한다.

　논문을 전개해 나아가는 방식에 있어서 미리 밝혀둘 점은 중앙아시아, 특히 천산남로 상의 법화신앙적 요소를 한 차례 논의한 바 있기 때문에 여기서는 중국으로 전파되는 과정과 신앙 형성의 비교 내용을 주로 다룬다. 또한 본 논문에서는 중국에 불교가 전래된 시점부터 동진십육국(東晉十六國) 시대까지를 '초전기'로, 수·당시대를 '발전기'로 시대 구분하여 이를 바탕으로 전개해 나아가도록 하겠다. 물론 이와 같은 시대 구분법이 일반화된 것은 아니며, 논문 전개의 편의상 시대 구분을 한 것임을 밝혀둔다.

II. 천산남로의 법화신앙

　서역으로 명명될 수 있는 지역에서 불교가 전해지는 루트 가운데 하나인 천산남로에는 고대 거대 오아시스 국가인 구자국이 존재했다. 구자국에 불교가 전해진 것은 대략 기원전 1세기로 추정될 수 있다.[2] 일찍이 불교가 전래된 구자국에서 『법화경』에 근거한 신앙 형태

---

2) 이 문제에 대해 학자들은 기원전 3세기부터 기원후 2세기설까지 다양한 학설을 내놓고 있는데, 중국 사서의 기록에 근거해 본고에서는 기원전 1세기로 보고자 한다. 朱英榮, 『龜玆石窟』, 新疆大學出版社, 1990 ; 李裕君, 『古代石窟』, 2003 ; 趙莉, 『龜玆石窟』, 新疆美術攝影出版社, 2003.

가 존재했다는 기록 자체는 찾을 수 없다. 그러나 『법화경』의 한역화 작업과 현 쿠차 지역에서 발견되고 있는 문화적 현상을 통해 역추적 해볼 수 있는 근거들은 제시할 수 있을 것이다.

따라서 이 장에서는 『법화경』과 관련된 부분들을 추려내어 그 특징들을 토대로 신앙의 발전 양상을 살펴보고자 한다. 물론 구자국에 법화신앙만 존재했을 리는 없다. 구자국에서 조성된 석굴들에서는 다양한 신앙 형태를 엿볼 수 있다. 그 가운데 법화신앙은 이른 시기부터 문화적으로 형상화되었고, 이를 바탕으로 동아시아 전반에 큰 영향을 끼쳤기 때문에 『법화경』에 근거하여 발전된 양상들을 보도록 한다.

1. 『법화경』의 문화적 발현

구마라집(鳩摩羅什)이 『묘법연화경』을 5세기 초반 역출한 것은 의심할 여지없는 사실이지만, 구마라집에 의한 역출 경전 수가 방대한 만큼 이 사실 하나만으로 구자국과 『법화경』과의 관계를 추측하기에는 무리가 따른다. 그런데 축법호(竺法護)에 의해 태강(太康) 7년(286) 『정법화경』 번역이 이루어지고, 이에 대한 교정 작업이 10여 년 후에 구자국 출신 백원신(帛元信)에 의해 이루어지는 사실만큼은[3] 구자국과 『법화경』 관련성이 이른 시기부터 존재했음을 짐작하게 하고 있다. 그러나 경전의 번역 및 교정의 문제만으로 지역불교의 특성을 논하기에는 무리가 따른다. 게다가 신앙의 형태는 경전의 번역 여부와 밀접한 관계가 있다고 보기 어려우므로 문화적 발현의 측면을 통해

---

3) 僧祐, 『出三藏記集』(『大正藏』55, 56c)

지역과 법화신앙과의 관계성 여부를 밝히고자 한다.

구자국 지역에 형성된 석굴 내부는 수많은 불상과 벽화를 담고 있으며, 개착된 석굴의 숫자도 다른 지역에 비해 상당수에 이른다. 이 가운데 키질 석굴을 제외한 대다수 석굴의 개착 연도가 5세기 이후이며 왕실 조성의 석굴이었음을 본다면 키질 석굴을 주로 다룰 수밖에 없다. 키질 석굴의 개착 연도는 대략 3세기 말에서 4세기 중엽으로 보고 있다.[4] 키질 석굴의 개착 시기와 대승불교 경전의 본격적인 유통 시기가 비슷하게 일치하고 있는 점도 특이하지만, 본고에서 다루고자 하는 『법화경』의 유통 시기와도 일치하고 있다. 이러한 키질 석굴 내에 조성된 벽화의 내용은 거의 대부분 본생고사(本生故事)로 논해지고 있는데, 그 표현 방식에 대해서는 아직 구체적으로 논의된 바가 없다. 그러나 인도와는 다른 특이점을 갖고 있는 서역 지역에서의 석굴 군에 대해 좀 더 면밀히 분석할 필요가 있기에 특히 법화신앙적 요소를 거론해본다.

키질 초기 석굴은 기본적으로 중심주굴(中心柱窟)의 형식을 취하고 있으며 모든 벽면에 벽화를 등장시키고 있다. 벽화 내용은 기본적으로 본생담을 비롯해 기악천(伎樂天), 부처님의 일대기 등으로 구성되어 있다. 그리고 천장화로는 한가운데 천상도(天相圖)를 기본으로 양

---

4) 宿白의 경우 제1단계 4세기 초~4세기 중엽, 제2단계 4세기 말~5세기 중엽, 제3단계 6세기~7세기 중엽의 총 3단계로 보고 있다[「キジル石窟の形式區分との年代」(新疆ウイグル自治區文物管理委員會, 中國石窟, 『キジル石窟』1, 東京, 平凡社, pp. 162~178)]. 이에 대해 張廣敏雄은 벽화 벽면 밑의 壁土 기준으로 제기되었던 宿白의 주장에 벽화 형성 연대를 그보다 늦은 시기로 잡아야 한다는 주장을 제기하기도 하였다[「中央アジア佛敎美術とキジール石窟」, 『東洋學術硏究』25-2, pp. 121-123]. 이밖에 霍旭初 등은 「克孜爾石窟的分期問題」에서 키질 석굴 개착 시기를 총 4기로 나누어 초창기, 발전기, 번영기, 쇠락기로 보고 있으며 초창기의 경우 3세기 말~4세기 중엽으로 그 시기를 제시하고 있다[『西域硏究』10, pp. 58~68).

측에 짐승의 모습, 본생고사, 혹은 천불5)로 장엄되고 있다.6) 구도상의 마지막 특징은 입구 위의 아치형 공간에 교각미륵상을 형상화한 것이다. 마지막 특징에 대한 것은 도솔왕생과 관련되어 있으므로 이에 대한 자세한 논의는 뒤로 미룬다.

위에서 언급한 바와 같은 기본 특징을 지닌 초기 석굴에서 『법화경』을 형상화했다는 것은 어디서도 찾아볼 수 없다. 이유는 아직 연구의 초기 단계이기도 하고, 더 큰 이유는 상당 부분이 훼손되었기 때문에 이에 대한 구체적 논의를 하기에는 시기상조인 탓도 있다. 그렇다 하더라도 모든 벽화의 내용을 본생고사에만 초점을 맞추기에는 구자국 불교의 성향 문제가 걸림돌이 된다고 보여진다. 본생고사를 제외한 다른 표현 방식에서는 『법화경』 내용을 묘사한 부분들이 발견되고 있다.

그 첫 번째는 가루라(金翅鳥라고도 표현된다)의 표현이다. 키질 초기 석굴을 비롯해 7세기 이전의 석굴에서는 대부분 천상도가 표현되고 이 안에 네 마리의 가루라가 표현되고 있다. 이는 4세기에서 7세기에 이르는 약 300여 년의 기간 동안 개착된 굴에서 주로 보이고 있다.

구자국의 석굴이 여러 요인으로 훼손되어 현존하는 벽화의 수가 많지 않음을 감안해본다면 7세기까지 꾸준히 네 마리의 가루라가 등장하는 것은 당시 일반화된 경향임을 추정해볼 수 있다. 그렇다면 이

---

5) 천불과 관련된 부분은 『賢劫經』과 밀접한 관련이 있는 것으로 보이는데, 이에 대한 자세한 내용은 본고에서 다루지 않는다.
6) 이는 기본형의 예이며 6세기 이후부터는 말각조정식 천장도 부분 나타나면서 연화문과 공명조로 장식하는 경우도 나오며〔대표적으로 키질 167굴〕, 穹窿形 천장은 立佛와 보살을 원 안에 표현하는 새로운 방식이 등장하기도 한다. 〔키질의 경우 6세기에 조성된 123굴, 쿠무툴라는 5세기 조성된 20, 21굴에서 보여진다.〕

처럼 가루라가 등장하는 배경은 어디서 찾을 수 있을까?

석굴명	굴 번호와 시기
키질 석굴	171굴 천상도(4세기 중엽) 38굴 천상도(5세기) 167굴 복두형 천장 네 귀퉁이를 각기 채움(6세기) 신1굴 천상도(7세기)
쿠무툴라 석굴	23굴 천상도(5-6세기)
키질가하 석굴	16굴 천상도(6세기) 11굴 천상도(6-7세기) 46굴 천상도(6-7세기 초)

【표 1】 가루라 관련 벽화 굴번호

초기에 번역된 대승경전에서 가루라의 등장은 빈번하다.[7] 그러나 이들의 공통점은 부처님 설법에 참여하는 여러 무리들 가운데 하나로만 명기되어 있다는 점이다. 때문에 가루라에 관한 자세한 설명은 그 어떤 경전에서도 찾아보기 힘들다. 그러나 『법화경』에서는 다른 설명방식을 취하고 있다. 『법화경』 「서품」에서는 다음과 같은 묘사가 있다.

---

7) 『放光般若經』(西晋 無羅叉 譯; 『大正藏』 8, 50b), 『光讚經』(西晋 竺法護 譯; 『大正藏』 8, 197a), 『道行般若經』(後漢 支婁迦讖 譯; 『大正藏』 8, 434b), 『小品般若經』(後秦 鳩摩羅什 譯; 『大正藏』 8, 544b), 『大方廣佛華嚴經』(東晋 佛馱跋陀羅 譯; 『大正藏』 9, 417b), 『大般涅槃經』(北涼 曇無讖 譯; 『大正藏』 12, 369b), 『虛空藏菩薩經』(姚秦 佛陀耶舍 譯; 『大正藏』 13, 649b), 『般舟三昧經』(後漢 支婁迦讖 譯; 『大正藏』 13, 897c), 『維摩詰所說經』(後秦 鳩摩羅什 譯; 『大正藏』 14, 537b), 『首楞嚴三昧經』(後秦 鳩摩羅什 譯; 『大正藏』 15, 629b), 『佛說觀佛三昧海經』(東晋 佛馱跋陀羅 譯; 『大正藏』 15, 645c) 등의 초기 번역 경전에서 거의 동일하게 가루라가 등장하고 있다.

네 가루라왕이 또 있었으니, 대위덕(大威德)가루라왕, 대신(大身)가루라왕, 대만(大滿)가루라왕, 여의(如意)가루라왕이 각기 약간의 백천 권속들과 함께 하였다.[8]

용왕이나 긴나라, 아수라에 관해서도 각기 8, 4, 4종류와 그 이름을 상세히 거론하고 있는데, 「서품」에서 한 차례 언급한 이후부터는 다른 여타의 경전과 같은 방식으로 거론되고 있다. 다시 말해서 가루라에 대한 자세한 묘사는 오로지 『법화경』에서만 이루어지고 있다는 것이다. 따라서 구자국에서의 『법화경』 독송 및 이에 따른 신앙 형태가 석굴 내 벽화 속에 고스란히 스며들었다 볼 수 있을 것이다.

두 번째는 불상 주변의 장식물을 들 수 있다. 불상의 경우 현재는 상당수가 훼손되었고, 그 주변의 벽화를 부분적으로 확인할 수 있다. 구자국 석굴 벽화의 특징 가운데 하나는 앞서 보았던 천상도의 구성뿐만 아니라 벽화 배경에 항상 꽃이 등장하는 것이다. 이는 키질의 초기 석굴에 해당되는 3세기 조성 굴에서도 드러나며 이후 8세기까지 꾸준히 보이고 있는 부분이다. 그리고 본생고사를 표현한 벽화에서도 빠짐없이 등장하는 배경은 바로 불탑이다. 그런데 인도나 간다라와 비교했을 때, 불탑 앞에 불상이 표현되는 방식과 불탑과 불탑 사이에 불상이 표현되는 두 가지 방식이 존재하는 특징을 갖고 있다. 즉, 인도에서는 불탑 앞에 안치되는 불상의 위치를 확인할 수 있으나, 구자국에서는 두 가지 방식으로 반드시 불탑을 표현하고 있다는 차이점을 지니고 있다. 불탑 조성의 공덕은 『법화경』을 기반으로 하였다는 점은 다른 논문에서 이미 밝힌 바 있다.[9] 이러한 벽화 속 불탑

---

8) 구마라집 역, 『묘법연화경』「서품」(『大正藏』 9, 2a). "有四迦樓羅王 大威德迦樓羅王 大身迦樓羅王 大滿迦樓羅王 如意迦樓羅王 各與若干百千眷屬俱"

의 표현 양식이 다양화된 점뿐만 아니라 꽃의 등장은 『법화경』「분별공덕품(分別功德品)」에서 그 근거를 찾아보고자 한다.

> 부처님께서 이 많은 보살마하살이 큰 법의 이익을 얻었다고 말씀하실 때, 만다라꽃과 마하만다라꽃을 내려서 한량없는 백천만억 보리수 아래 사자좌에 앉아계신 여러 부처님 위에 흩으며, 칠보탑 속의 사자좌에 앉으신 석가모니불과 멸도하신 지 오래인 다보여래의 위에도 흩으며, 또한 모든 큰 보살대중과 사부대중에게도 흩으며…. [10]

꽃의 장식은 인도나 중국 어디에서도 찾아볼 수 없는 것이다. 물론 부분적으로 나타나는 것은 보이지만, 구자국에서 형성된 석굴 군 모두에 배경이 되는 것과 같은 현상은 없다. 그런데 이를 굳이 『법화경』 내에서 찾는 이유는, 구자국에서 소승불교가 유행했다는 것[11] 이외에 대승경전 가운데 특히 『반야경』 계통과 『법화경』 계통에 상당히 정통했다고 보여지기 때문이다.[12] 때문에 이러한 장식적 부분에서 경전 상의 근거를 찾고자 한다면 그 범위가 축소되어 반야계와 법화계 경전이 우선적으로 검토될 수 있을 것이다.

따라서 석굴 벽화의 배경이 되는 부분부터 천상도에 표현되는 상세한 부분까지 모두가 『법화경』 내에 있는 내용을 바탕으로 조성된 흔적을 엿볼 수 있을 것이다. 이는 경전의 수지독송이라는 차원을 넘

---

9) 졸고, 앞의 논문.
10) 구마라집 역, 『묘법연화경』(『大正藏』 9, 44a), "佛說是諸菩薩摩訶薩得大法利時 於虛空中 雨曼陀羅華 摩訶曼陀羅華 以散無量百千萬億衆寶樹下 師子座上諸佛 幷散七寶塔中師子座上釋迦牟尼佛及久滅度多寶如來 亦散一切諸大菩薩及四部衆"
11) 玄奘, 『大唐西域記』(『大正藏』 51, 870a), "習學小乘敎說一切有部"
12) 졸저, 『서역불교교류사』, 서울; 도서출판 해조음, 2011.

어 문화적 형상화를 통한 발원 혹은 수행의 개념으로 볼 수 있다. 그리고 당시 왕실이나 출가자 집단뿐만 아니라 상인 계층을 비롯한 여러 계층에서 석굴을 조성하고, 경전을 통해 익숙해진 부분들을 발현시킴으로써 그들의 방식대로 보살도를 행했다고 추정해볼 수 있겠다.

2. 도솔왕생의 법화적 요소

도솔왕생과의 밀접한 관련은 보통 『관미륵보살상생도솔천경(觀彌勒菩薩上生兜率天經)』(이하 『미륵상생경』)의 내용에서 비롯된 것으로 본다. 물론 도솔천에 생천(生天)한다는 개념으로 접근한다면 『경율이상(經律異相)』의 내용[13]도 무시하지는 못할 것이다. 하지만 『경율이상』에서 밝히고 있는 출처, 즉 『장아함경』 권1에서는 '생천'에 대한 정의가 실제 존재하지 않으며, 함께 언급한 『관정경』에서도 생천의 구체적인 내용은 찾을 수가 없다. 뿐만 아니라 경전의 개념이 아닌 양(梁) 시대에 편찬된 것임을 감안한다면, 도솔왕생의 개념적 접근에 필요한 것일 뿐, 양나라 이전 시기의 신앙 요소에 영향을 끼친 것은 아니다. 때문에 도솔왕생의 신앙적 차원은 『관경(觀經)』 계통에서 찾는 것이 대부분이다.

『미륵상생경』의 한역 연대는 455년으로 북량(北凉)이 멸망한 후, 북량의 저거(沮渠)씨 일족이었던 저거경성(沮渠京聲)에 의해 이루어진다.[14] 『미륵상생경』이 언제 어디서 한역되었는지에 관해 고혜련의 경

---

13) 寶唱, 『經律異相』(『大正藏』 53, 17c~18a). "佛言 我法中學欲修福時 當勤精進 行六波羅蜜 護持十善 可得生天 向無上道." 이와 같은 내용은 『灌頂經』 권6과 『長阿含經』 권1이라는 점을 기술하여 그 출처를 드러내고 있다. 그러나 『장아함경』 권1에서는 이 같은 내용을 찾을 수 없다.
14) 강희정의 경우 저거경성에 의해 한역되었다기보다 서역 지역에서 만들어진 위경

우, 5세기 초 고창(高昌)에서 이 경전을 입수하고 번역 후 중국으로 전해진 것으로 보고 있다.[15] 그리고 이와 같은 견해의 출처를 『출삼장기집』으로 밝히고 있다. 하지만 거저경성의 『미륵상생경』 번역과 관련된 기록은 『출삼장기집』에서는 언급하고 있지 않으며, 『개원석교록(開元釋敎錄)』,[16] 『정원신정석교목록(貞元新定釋敎目錄)』,[17] 『고금역경도기(古今譯經圖紀)』[18] 등에서 역경의 사실만을 기록하고 있다. 강희정의 경우 서역 지역에서 찬술된 위경일 가능성까지 제기하고 있다.[19] 기록에 의존하는 방식을 통해서도, 『하생경(下生經)』 계통의 경전이 구마라집에 의해 번역되는 일련의 예를 보았을 때 오히려 위경일 가능성에 무게가 더 실린다고 보여진다.

여기에 한 걸음 더 나아가 기록상의 한역 연대와 위경이라는 전제 하에서 고려해본다면, 5세기 중엽 당시 기존의 신앙에 체계성을 부여하기 위한 일련의 작업 가운데 하나였을 가능성도 제기해볼 수 있을 것이다. 북량시대에는 돈황 인근 지역에서 비교적 많은 수의 석굴을 조성하였다. 그리고 그 석굴들은 기본적으로 천산남로 상에 위치한 구자국의 석굴과 상당수 유사점을 지니고 있다. 그렇다면 어떤 신앙체계를 견고히하고자 했던 것일까?

이 문제는 5세기 이전에 개착된 구자국의 석굴 내용에서 찾을 수 있을 것 같다. 구자국의 대표적인 석굴은 앞서 보았던 키질(Kizil, 克

일 가능성이 높다는 의견도 제시하고 있다. 『동아시아 불교미술 연구의 새로운 모색』, 서울; 학연문화사, 2011, pp. 70~71.
15) 고혜련, 『미륵과 도솔천의 도상학』, 서울; 일조각, 2011, pp. 32~33.
16) 智昇, 『開元釋敎錄』(『大正藏』 55, 595b).
17) 圓照, 『貞元新定釋敎目錄』(『大正藏』 55, 924c).
18) 靖邁, 『古今譯經圖紀』(『大正藏』 55, 360c).
19) 강희정, 앞의 책, p. 74 참조.

孜爾) 석굴과 쿠무툴라(Kumutula, 庫木吐喇) 석굴, 그리고 키질가하(Kizil-Gaha) 석굴을 꼽을 수 있을 것이다. 이 가운데서도 키질 석굴은 3세기 무렵에, 쿠무툴라 석굴은 5세기 무렵부터 개착된 것으로 알려져 있다. 그리고 앞서도 언급한 바와 같이 초기 석굴군에서는 미륵보살이 벽화로 표현되고 있는 특징을 지니고 있다. 그런데 이같은 미륵보살도솔천궁설법도에 관해서는 지금까지 어떤 영향 속에서 형성된 것인지에 관해 밝혀진 바는 없다.[20] 다른 벽화에 비해 다수 등장함에도 불구하고 이 설법도에 대한 구체적 언급은 이루어지지 않고 있는 셈이다. 이 장면은 미륵보살이 많은 보살들에게 둘러싸여 설법을 하는 모습을 하고 있는 것으로, 이 장면을 경전 상에서 찾아보면 바로 『법화경』「보현보살권발품」과 『미륵상생경』에서 찾을 수 있다. 그러나 앞서 밝힌 바와 같이 『미륵상생경』은 『정법화경』 및 『묘법연화경』 번역 연대에 비해 뒤떨어지는 경향이 있으며 더욱이 양주 지역에서의 위경이라는 견해까지 나온 상황이다. 때문에 구자국의 석굴 벽화의 내용은 『법화경』에서 그 근거를 찾아야 할 것이다.

만일 어떤 이가 이 경전을 받아 지녀 읽고 외우며 그 뜻을 잘 이해하면, 그 사람은 죽은 후 일천의 부처님께서 손을 주어 두렵지 않게 해주시고, 악한 갈래에 떨어지지 않게 해주므로 도솔천의 미륵보살이 계신 곳에 태어난다. 또한 그 미륵보살은 서른 두 모양을 잘 갖추고 큰 보살들에게 둘러싸여 백천만억 많은 천녀들과 그 권속들이 있는 가운데 나온다.[21]

---

20) 北京大學考古學系, 克孜爾千佛洞文物保管所 編, 『新疆克孜爾石窟考古報告』, 文物出版社, 1997 ; 中國美術分類全集領導工作委員會, 『中國新疆壁畵全集: 克孜爾』 1·2, 1995 ; 新疆龜玆石窟硏究所 編, 『龜玆』, 新疆美術攝影出版社, 2008. 등
21) 구마라집 역, 『묘법연화경』(『大正藏』 9, 61b). "若有人受持 讀誦 解其義趣 是人命終 爲千佛授手 令不恐怖 不墮惡趣 即往兜率天上彌勒菩薩所 彌勒菩薩 有三十二相大

위의 내용에서 언급되는 바와 같이 미륵보살이 계신 도솔천에 태어난다는 내용은 훗날 『미륵상생경』에 직접적인 영향을 주는 것으로 보여진다. 그리고 『법화경』의 이같은 내용은 신앙에 직접적인 영향을 주어 석굴 내에서 형상화되는 모습을 보여주고 있다. 현존하여 확인 가능한 미륵보살도솔천궁설법도의 도상이 형성되어 있는 곳은 다음과 같다.

석굴명	굴 번호와 시기
키질 석굴	77굴(3~4세기 중엽) 171굴(5세기) 38굴(4~5세기) 17굴(6~7세기)
키질가하 석굴	14굴(6~7세기)

【표 2】 구자국 석굴 미륵보살도솔천궁설법도

위의 석굴을 비롯해 북량 석탑 등 초기 교각미륵 도상에 대해 그동안의 연구는 진행이 되었다.[22] 그러나 이들 연구 결과 키질을 비롯해 초기 교각미륵보살에 대해 기존의 미륵보살상과 밀접한 연관성을 찾아내지는 못하였다. 특히 좌상이든 입상이든 인도나 간다라 지역

菩薩衆所共圍繞 有百千萬億天女眷屬"
22) Alexander Soper, "Literary Evidence for Early Buddhist Art in China", *Artibus Asiae* 19, 1959 ; Harald Ingholt, *Gandharan Art in Pakistan*, NewYork; PantheonBooks, 1957 ; John Rosenfield, *The Dynastic Arts of Kushans*, Berkeley; University of California Press, 1967 ; 姜玟廷,「키질 석굴의 〈도솔천미륵설법도〉 연구」, 홍익대학교 석사학위논문, 2000 ; 강희정,「北凉 石塔을 통해 본 交脚彌勒 圖像의 傳來」,『중앙아시아연구』 9, 2004 등이 있다.

에서 특징적으로 드러나고 있는 물병을 들고 있는 도상학적 특징과 부합되지 않는 특이점을 중국 내에서의 새로운 미륵보살상 도상이라 하고 있다. 게다가 북량 석탑[23]에 나타나는 미륵상의 경우 교각의 자세를 취하는 것이 대부분이며,[24] 여기서도 물병을 들고 있는 형태의 미륵상은 찾을 수 없어 전통적인 미륵상과는 차별화되는 양상을 갖고 있다. 하지만 이러한 형상화에 대해 단순히 새로운 미륵보살상의 도상이라 한다는 것은 무리가 있어 보인다. 왜냐하면 모든 불상과 보살상의 조상, 혹은 벽화의 조성에는 기본적으로 경전을 배경으로 하기 때문이다.

물론 이러한 경향이 나타나는 것을 『법화경』에 한정지어 생각한다는 것은 무리가 있을 수 있다. 하지만 구자국의 초기 석굴에서 이와 같은 경향이 3세기부터 드러나고 있는 것은 『미륵상생경』의 시기와 연관지을 수 없기 때문에 해석의 여지가 한정될 수밖에 없으며, 그러한 근거를 『법화경』에서 찾을 수 있음은 지극히 관련성이 있었다고 해석할 수 있을 것이다. 그리고 이러한 영향은 돈황 막고굴 초기 굴에 해당하는 275굴의 교각미륵보살상에까지 영향을 줌으로써[25] 구자국에 한정된 법화신앙이 아닌 전파 양식을 띤 것으로 볼 수 있을 것

---

23) 북량탑의 경우 거의 대부분 420년에서 436년 사이에 조성된 소형탑으로 총 14구의 탑이 발견되고 있다.
24) 田弘塔의 경우 파손되어 볼 수가 없고, 沙山塔의 경우만 결가부좌의 자세를 취하고 있다. 또한 □吉德塔은 입상의 형태인데, 이 세 가지 경우를 제외한 11구의 탑에는 모두 교각미륵상이 발견되고 있다.
25) 이에 관해 배진달의 경우 275굴을 『미륵상생경』의 내용과 결부시키고 있다. 그러나 275굴의 경우 4세기 후반에서 5세기 전반으로 그 조성 시기를 잡고 있다. 때문에 저거경성이 번역하는 시점보다 이른 시기에 조성된 불상이므로 이는 구자국의 교각미륵보살상과 동일선상으로 보는 것이 타당할 듯하다.(『중국의 불상』, 서울; 일지사, 2005, p. 71)

이다. 하지만 이러한 양상은 『미륵상생경』의 출현과 함께 문화적 발현의 다른 양상을 불러일으킬 수밖에 없었고, 그 변화는 양주 지역에서 찾아볼 수 있을 것이다.

III. 양주 지역의 법화신앙

하서사군(河西四郡), 즉 돈황(敦煌: 沙州), 주천(酒泉: 肅州), 장액(張掖: 甘州), 무위(武威: 涼州)는 남으로는 기련산맥을 접하고 있는 자연요새지로서 군사적 요충지이면서 동시에 동서(東西) 경제·문화교류의 중심지로 볼 수 있을 것이다. 그리고 위의 군을 제외하면 산맥의 끝자락에 펼쳐진 평원으로 중국 내륙에 물자를 공급할 정도로 풍부한 자원을 가지고 있는 지역이기도 하다. 때문에 하서주랑(河西走廊) 지역은 초전기, 상인들을 비롯해 모든 불교 경전과 승려들이 반드시 거쳐갈 수밖에 없는 지역이다.

중국 당(唐)의 장안(長安)이 국제도시이자 불교 발전의 중심지 역할을 할 수 있었던 배경에는 불교 초전기에 하서주랑 지역의 원활한 교류 역할을 빼놓을 수 없을 것이다. 다시 말해서 이 지역에서의 불교 수용이 곧바로 장안으로 이어지는 교두보적 역할을 했다는 것이다. 승려의 이동 및 선(禪)불교의 전개, 불교문화의 수용, 불교 경전의 이동 경로라는 세 가지 차원에서 확연하게 드러나고 있다.

이러한 배경 속에서 자연스럽게 불교문화가 형성되고 인도나 서역과는 다른 형태의 불교신앙 형태가 특히 석굴을 중심으로 재탄생하게 되었다. 장안불교의 탄생 직전까지 불교신앙 전개의 만개지였던 양주 지역에서 특히 법화신앙을 중심적으로 다루어 본다.

1. 이불병좌상(二佛竝坐像)의 출현

이불병좌상(二佛竝坐像)은 중국 역사상 북위시대 때 가장 활발하게 조성되었는데, 탑에 석가와 다보여래가 함께 하는 모습으로 표현된다. 그리고 통상적으로 석가, 다보의 병좌상과 더불어 교각미륵보살이 동일 탑의 상층이나 중층에 함께 조성됨으로써 일렬배치의 형태를 좀더 입체적으로 표현하는 특징을 지니고 있다. 이러한 현상은 북위시대 후반기로 갈수록 이불병좌상이 단독으로 조성되는 예가 더욱 많아지고 있다. 이와 같은 이불병좌상이 조성되는 근거는 『법화경』의 「견보탑품」에서 찾을 수 있다.

> 이에 석가모니불께서 오른 손가락으로 칠보 탑문을 여시니, 큰 성문의 자물쇠가 풀리어 열리는 것과 같이 큰 소리가 났다. 그 때 거기 모인 모든 대중들은 보배탑 안의 사자 자리에 산란치 않으시고 선정에 드신 다보여래를 보며, 또 그의 음성을 듣고 "거룩하시고 거룩하시도다! 석가모니불께서 이 법화경을 쾌히 설하시니 이 경을 듣기 위하여 이곳에 이르렀노라."고 하였다. … 그때 보배탑 가운데 계신 다보불께서 자리를 반으로 나누어 석가모니불께 드리고 이렇게 말씀하셨다. "석가모니불께서는 이 자리에 앉으소서." 그러자 곧 석가모니불께서 그 탑 가운데로 드시어, 그 반으로 나눈 자리에 가부좌를 틀고 앉으시었다.[26]

---

26) 『妙法蓮華經』, 「見寶塔品」(『大正藏』 9, 33b-c). "於是釋迦牟尼佛 以右指開七寶塔戶

「견보탑품」의 내용을 토대로 이를 형상화한 결과로서의 이불병좌상은 특히 중국 북위시대 무렵을 기점으로 본격적으로 조성된다. 하서사군이 자리잡고 있는 양주 지역에는 돈황 막고굴, 유림굴, 문수산 석굴, 금탑사 석굴, 마제사 석굴, 천제산 석굴, 병령사 석굴, 맥적산 석굴 등 수많은 석굴이 현존하고 있다. 지역으로 다시 나누어 보면 다음의 표와 같다.

지역	석굴 명
돈황(沙州)	막고굴, 유림굴
주천(肅州)	문수산 석굴, 금탑사 석굴
장액(甘州)	마제사 석굴(천불동·마제북사)
무위(涼州)	천제산 석굴
난주·천수	병령사 석굴, 맥적산 석굴

【표 3】하서사군 내 석굴 분포도

이 가운데 돈황 막고굴의 경우 254, 257굴과 259굴은 북위시대 조성된 석굴로 이불병좌상이 주존으로 봉안된 곳이다. 북위시대, 이불병좌상은 지역별로 상당수 조성되고 있다. 이는 『위서(魏書)』「석노지(釋老志)」를 기초로 한 연구 결과를 보면,[27] 기사굴산은 곧 영취산이며, 『묘법연화경』의 설법장소이자 동시에 「견보탑품」의 내용에 부합

出大音聲 如却關鑰開大城門 卽時一切衆會 皆見多寶如來於寶塔中坐師子座 全身不散 如入禪定 又聞其言 善哉善哉 釋迦牟尼佛 快說是法華經 我爲聽是經故而來至此 … 爾時多寶佛 於寶塔中分半座與釋迦牟尼佛 而作是言 釋迦牟尼佛 可就此座 卽時釋迦牟尼佛入其塔中 坐其半座 結加趺坐

27) 水野淸一,「魏書釋老志の耆闍崛山殿」,『支那佛敎史學』, 6-1, 1941 ; 『中國の佛敎美術』, 東京; 法藏館, 1968, pp. 336~344.

되는 장소이기도 한 곳이다. 때문에 이곳에 봉안된 불상을 이불병좌상으로 추정하고 있으며, 북위시대 초기 신앙의 형태를 보여주는 내용이기도 하다. 이러한 영향 속에서 돈황 막고굴 경우에도 이불병좌상이 출현하게 되는데, 물론 기존의 미륵보살상도 여전히 조성되는 것은 분명하다. 복합적인 구조로 법화신앙을 표현하였는데, 양주 지역에서는 특히 이불병좌상의 숫자가 급속도로 늘어나게 된다.

　돈황 막고굴 초기굴에서 보여지는 것 이외에도 무위에 위치한 천제산 석굴에서도 이불병좌상을 찾을 수 있다. 이곳 역시 북위시대 때 조성된 132굴은 입구에서 정면으로 보이는 곳에 이불병좌상이 안치되어 있는데, 이 불상을 제외한 나머지 벽화 부분은 모두 명나라 때 덧붙여진 것이다. 그리고 천제산 석굴의 경우 무위보다 동쪽에 위치한 병령사 석굴 개착과 상당히 관련성이 있어 보이는데, 바로 132굴에 안치된 열반상의 위치이다. 보통 열반상은 중심주굴 후실에 안치되는데, 이곳 천제산 석굴의 경우 입구 바로 윗부분에 조성되어 있는 특징을 지니고 있다. 이유는 석가불 열반을 표현할 때 머리의 방향을 천제산의 위치와 함께 고려함으로써 후실에 두지 않고 머리가 동쪽을 향할 수 있도록 주실 입구 윗부분에 안치한 것이다. 이러한 현상은 천제산과 병령사에서만 볼 수 있는 현상으로 두 석굴의 개착이 밀접한 연관을 지니고 있음을 알려주는 좋은 단서이기도 하다.

　이러한 천제산 석굴의 영향 하에 조성되었을 병령사 석굴에서는 이불병좌상이 곳곳에서 발견되고 있다. 외부로 노출되어 있는 불감이나 안으로 깊이 파들어간 석굴에서도 이불병좌상은 조성되어 있다. 특히 중국 석굴 최초 조성 기록이 남아있는 병령사 169굴에는 건홍(建弘) 연간(420~428) 전후의 불교 신앙사를 가늠할 수 있는 내용을 풍부하게 담고 있다. 이곳에서도 이불병좌상이 보이고 있다.

천수 지역에 위치한 맥적산 석굴은 북위시대 조성되기 시작해 후대에 이르기까지 막고굴이나 여타의 석굴과 동일하게 조성된 석굴이다. 이곳에서는 이불병좌상을 얼마나 조성했는가에 대해 현재 확실하게 알 수는 없다. 하지만 133굴에 보존되어 있는 북위시대 비석에는 특이한 것을 볼 수 있다. 이를 표로 나타내면 다음과 같다.

고행의 장면	이불병좌상	사유의 장면
탄생의 장면	교각미륵보살상	도솔천 하강 장면
연등불 수기의 장면		성도의 장면

【표 4】 북위 조성 비석 내용 도표

이러한 상·하 복층구조는 운강 석굴이나 공현 석굴 등의 내부에서도 볼 수 있는 장면이다. 그런데 다른 석굴에서 나타나는 복층구조에서 주로 교각미륵보살상이 상층, 이불병좌상이 중층에 배치되는데 비해 맥적산에서 발견되고 있는 것은 반대의 구조를 취하고 있다. 이에 대해 특이할 만한 사항이라 할 수는 없지만 중국 내부에서 법화신앙이 전개되는 방식이 매우 자유로웠음을 짐작해볼 수 있다.

그런데 이른 시기 한역되었던 『법화경』을 토대로 완성되었던 교각미륵보살상이 아닌 이불병좌상으로 대체되었을까라는 것에 의문을 품지 않을 수가 없다. 흔히 양주(涼州)로 불리던 이 지역의 불교신앙에 관해서는 『위서』「석노지」에서 "양주 지역은 장궤 이후로 불교를 믿었다"라고 기록하고 있다.[28] 즉, 4세기 초반 전량(前涼)의 장궤 이래

---

28) 『魏書』 권114 "涼州自張軌以來 世信佛教"

로 불교는 대중적인 신앙이 된 것으로 보인다. 그리고 미륵보살 조상이 상당히 많은 숫자를 차지하고 있는 가운데 북위시대를 기점으로 점차 이불병좌상의 조성으로 문화적 변이가 일어나고 있다. 북위가 돈황을 점령한 시기는 442년이다. 북위의 돈황 점령 이후 개착된 대표적인 석굴로는 앞서도 언급했던 259, 254, 257 등의 석굴을 들 수 있다.[29] 이 가운데 259굴 중심탑주 정면의 불감에는 이불병좌상이 조성되어 있다. 이는 앞서 기술한 『법화경』「견보탑품」의 내용을 형상화한 것인데, 막고굴 내에서는 처음 확인되는 예이다.

뿐만 아니라 소형 불상 조성에 있어서도 이불병좌상이 차지하는 비율은 상당히 높은데, 이들에는 모두 명문제기가 존재한다. 예를 들어 북경 수도박물관에 소장되어 있는 '태화 8년(484)명『금동관음보살입상(金銅觀音菩薩立像)』'이나 '태화 9년명 금동관음보살입상'을 비롯해 네즈미술관 소장 '태화 13년(489)명 이불병좌상'은 북위시대 법화신앙이 사회에 만연되어 있음을 알려주는 중요한 단초이다. 또한 공현 석굴 등에서는 추선공양의 의미가 담긴 명문이 다수 발견되고 있어 법화신앙에 의거한 본격적인 추선공양도 시작되었음을 짐작해 볼 수 있다. 이러한 현상은 북위의 양주 점령 시기와 저거경성에 의한 『미륵상생경』 번역 시기가 거의 일치하고 있다. 즉 미륵보살상이 주로 법화신앙을 대표하는 문화현상이던 것이 북위에 의한 중국 북방의 통일과 불교신앙에 변화가 일어나는 시점이 맞아떨어지면서 이와 같은 이불병좌상으로 대체되는 형식으로 바뀌는 것으로 해석할 수 있을 것이다.

---

29) 樊錦詩, 馬世昌, 關友惠, 「敦煌莫高窟北朝洞窟的分期」, 敦煌文物研究所 編, 『中國石窟 敦煌莫高窟1』, 文物出版社, 1981, pp. 177~189.

2. 『법화경』 변상도의 유행

경전의 내용을 근거로 한 변상도의 출현은 중국 수당시대에 본격적으로 출현한다. 물론 그 이전에 구자국에서 본생고사의 내용을 벽화로 조성한 예도 일종의 변상도에 해당하기는 하지만, 하나의 경전 가운데 일정 부분 혹은 하나의 품(品)을 표현하는 경변상도는 수당시대에 이르러 본격화되었다 할 수 있겠다.

현재 벽화가 잘 보존되어 있는 곳은 돈황 막고굴이 대표적이다. 그리고 막고굴 내의 『법화경』을 근간으로 하는 변상도는 대략 총 309굴에 이르고 있다. 경변 형성의 비교적 이른 시기라 볼 수 있는 수나라 때는 주로 「서품(序品)」(420굴), 「비유품(譬喩品)」(419, 420굴), 「견보탑품(見寶塔品)」(276굴), 그리고 「관세음보살보문품(觀世音菩薩普門品)」(303, 420굴)에 집중해 형성되었다. 이후 당나라 시대에 들어서면서 「서품」(331굴), 「견보탑품」(68, 202, 331, 332, 335, 340, 341굴), 「제바달다품」(331굴), 「종지용출품」(331굴), 「묘음보살품」(331굴)으로 그 숫자가 늘어나고 있다. 초당(初唐) 시기의 이러한 현상은 성당(盛唐), 중당(中唐), 만당(晚唐) 시기에는 그 숫자가 폭발적으로 증가하고 이후 오대 시기, 송대까지 꾸준히 법화경변이 형성되었다. 그리고 이 가운데 가장 많은 비율을 차지하고 있는 것이 바로 「견보탑품」의 변상도이다. 반대로 「수학무학인기품(授學無學人記品)」과 「권지품(勸持品)」의 경우는 각기 오대 시기에 한 번씩 조성하고 있다.

돈황 막고굴 420굴의 천장 동측면에는 「관세음보살보문품」의 내용이 벽화로 조성되어 있는데, 그 내용은 다음과 같다.

만일 어떤 여인이 아들을 낳기 원하여 관세음보살을 예배하고 공경하면 곧 복덕과 지혜가 있는 아들을 낳게 되고, 만일 딸을 낳기를 원한다면 곧 단정하고 아름다운 모양을 갖춘 딸을 낳게 되리니, 덕의 근본을 잘 심었으므로 여러 사람의 사랑과 공경을 받으리라.[30]

위의 내용뿐만 아니라 「관세음보살보문품」상에 나타나는 많은 에피소드가 형상화되는 예는 곳곳에서 찾아볼 수 있다. 이는 내용을 형상화시키는 데 있어 용이함과 한 장면으로 표현할 수 있는 단편성이 큰 장점으로 작용한 탓도 있을 것이다. 이런 이점을 이용해 수나라 때까지는 품별 형상화에 주력하였기 때문에 당나라의 것과 비교했을 때 완벽한 구조라고 볼 수는 없다. 오히려 이와 같이 단편적인 것을 시작으로 벽면 전체를 등분하여 각기 다른 품의 내용을 담고 있는 예는 당 시대에 들어서면서 찾아볼 수 있다.

초당 시기에 형성된 것으로 추정되는 331굴의 동쪽 측벽은 상·중·하로 총 3등분하여 경변을 조성하기도 한다. 이 가운데 상층은 중앙에 다보탑을 조성하고 그 안에 석가·다보가 결가부좌한 자세로 앉아있는 내용으로, 「견보탑품」을 변상화한 것으로 볼 수 있다. 중층은 '법화회'를 상징하는 내용으로 「서품」에 해당된다. 하층[31]은 관세음보살이 받은 영락을 둘러 나누어 석가모니불과 다보불탑에 바치는 장면으로 「관세음보살보문품」의 내용[32]을 형상화한 것으로 여겨진다.

---

30) 『妙法蓮華經』「觀世音菩薩普門品」(『大正藏』9, 57a). "若有女人 設欲求男 禮拜供養 觀世音菩薩 便生福德智慧之男 設欲求女 便生端正有相之女 宿殖德本 衆人愛敬"
31) 施 萍婷, 賀 世哲의 경우 331굴의 하층 내용을 본 논문에서 주장하는 바와 같이 보기는 하지만 이의 근거를 「妙音菩薩品」으로 보고 있어 차이점이 있다.(「敦煌壁畵の法華經變について」, 앞의 책, p. 19 참조)
32) 『妙法蓮華經』「觀世音菩薩普門品」(『大正藏』9, 57c). "受其瓔珞 分作二分 一分奉釋

즉, 변상도를 구조화시키고 경전상의 각 품별 특징적 내용을 조직적으로 엮는 작업까지 완성시키는 시기인 셈이다.

초당 시기를 넘어가면 벽면 자체를 하나의 『법화경』으로 형상화시키는 예도 찾을 수 있다. 331굴과 같이 구획에 각 품을 변상도로 표현한 것에 비해 각 품을 서로 어울리게 배치함으로써 경전 자체를 심어놓은 듯한 인상을 주는 석굴도 나타난다. 231굴의 경우 총 19품을 배치하였는데, 331굴과 같이 3단 구조가 아니라 2단 구조를 기본적으로 취하고 있으며 하단에는 「관세음보살보문품」만을 단독으로 조성하였다. 그리고 상단에는 따로 구획을 나누지 않고 다만 중앙에 원형구도로 볼 수 있는 구역에 「서품」, 「제바달다품」, 「종지용출품」, 「방편품」이 조성되어 있음을 볼 수 있다. 원형구도 이외의 구역에는 다시 「서품」이 한 차례 등장하고, 「신해품」, 「약왕보살본사품」, 「안락행품」, 「비유품」, 「여래수량품」, 「견보탑품」, 「다라니품」 등이 중앙 원형구도를 꾸며주는 형태로 조성되어 있다.

불교사상 및 신앙이 최고조에 이르는 당나라 때에는 아미타불을 비롯한 다른 불상의 조성 및 내용도 풍부해지지만, 『법화경』을 기본으로 하는 석굴 벽화가 상당수 차지하기 때문에 초기부터 존재했던 법화신앙이 400여 년에 이르는 기간 동안 변함없이 발전되었음을 짐작해볼 수 있다.

迦牟尼佛 一分奉多寶佛塔"

IV. 맺는말

　신앙의 대상은 시대별로 지역별로 변화하는 모습을 보인다. 특히 대승불교에서 나타나는 수많은 부처님과 보살은 각기 시대상황에 맞춰 신앙의 중심에 서기도 한다. 그러나 신앙의 대상 모두 경전 상에 등장하며, 특정 경전 가운데서도 일부분이 특별히 형상화되는 경우가 많기 때문에 각 경전별 신앙의 형상화 문제를 논하는 것은 상당히 어려움이 많을 것이다. 그 가운데서 『법화경』은 초기 대승경전이면서 동시에 여타의 대승경전보다 문화적으로 형상화시키기 적절한 요소가 많다고 보여진다. 그 동안 법화신앙에 대해서는 탑신앙, 경전의 사경, 수지독송 등으로 대표되는 경우가 많았으나, 문화적 형상화라는 부분을 통해 시대별로 혹은 지역별로 발전되는 양상을 볼 수 있었다. 이러한 발전 양상을 정리해보면 다음과 같다.

　첫째, 서역 지역 특히 천산남로 상에서는 『법화경』 유행과 함께 석굴 조성시 경전의 내용이 형상화되기 시작하였다. 그리고 이는 『법화경』에 입각한 불교문화 조성이 서역에서 본격적으로 시작되었음을 알려주는 것이기도 하다.
　둘째, 『미륵상생경』이 5세기 중후반 등장하기 이전까지는 『법화경』에 입각한 도솔왕생신앙이 존재했고, 이는 주로 서역불교의 특징으로 볼 수 있을 것이다.
　셋째, 『미륵상생경』의 등장으로 기존의 미륵보살 형상화는 이불병좌상으로 대체되는 양상을 보인다. 또한 이불병좌상 조성은 본격적인 추선공양의 신호탄으로 볼 수 있을 것이다.

넷째, 지역별로 법화신앙의 형상화는 차별화가 존재하지만, 다른 신앙의 발전에 밑거름이 되는 역할을 했음은 시대적 발전 양상으로 추정해볼 수 있는 부분이다.

이와 같은 네 가지의 결론을 잠정적으로 내릴 수 있겠지만, 신앙의 측면에서 보았을 때 출가자가 아닌 집단에서의 보살도는 여러 형태로 나타날 수 있다는 부분도 볼 수 있다. 문화적으로 발현시키는 집단 역시 발원이 기본 배경이며, 더 나아가 경전의 내용을 최대한 시각화시킴으로써 개인에 국한된 것이 아닌 대중을 위한 수행의 차원으로 평가받을 수 있을 것이다. 그리고 이러한 접근은 인도에서도 존재했으나 동아시아에 불교가 전파되면서 견고한 신앙에 근간을 둔 새로운 문화를 창출한 것으로 볼 수 있을 것이다.

중국편

초기 중국불교사에서 법화경 연구와 법화신앙의 형태
최은영

중국 초기석굴에 나타난 법화신앙의 특징
―북위시대를 중심으로―
문무왕

관음신앙의 중국적 변용과 그 문화적 특징
차차석

초기 중국불교사에서 법화경 연구와 법화신앙의 형태

최은영

Ⅰ. 들어가는 말

천태지의(天台智顗, 538~597)에 의해서 가장 먼저 중국불교적 특색을 갖추었다고 하는 천태학은 『법화경(法華經)』을 소의경전으로 한다. 이때 『법화경』이라고 지칭하는 것은 구마라집(鳩摩羅什)에 의해서 한역된 『묘법연화경(妙法蓮華經)』을 의미한다. 지의는 이 경 제목의 다섯 글자를 해석하면서 『법화현의(法華玄義)』를 강의하였다. 그러나 이 『묘법연화경』보다 110여 년 이전에 축법호(竺法護)에 의해서 『정법화경(正法華經)』이 한역되어 있었다. 실제로 『정법화경』의 유통이 어떠했는지는 잘 알려지지 않았지만, 『묘법연화경』이 성립된 이후에는 비교적 많은 『법화경』 주석서가 나오고, 법화수행자의 신앙이 병행하였다고 볼 수 있는 상황들이 전개되었다.[1] 이것은 『출삼장기집(出三藏記

---

1) 포凱[2011]는 이것은 매우 일반적인 사실로, 이역본이 100년 이전에 번역되어 있었지만 구마라집 번역본이 나온 후에 『법화경』이 사상과 신앙에서 미친 영향은 생각 이상으로 폭발적이었다고 짐작된다고 기술하고 있다.

集)』, 『고승전(高僧傳)』 등의 기록에서 『법화경』 관련 부분을 검토해보면 파악할 수 있다.

본 논문은 중국불교사에서 『법화경』 연구 혹은 법화신앙이 내포한 다양한 스펙트럼과 그 전개가 이후 불성론(佛性論)이나 일승사상(一乘思想)에 미치는 영향을 연구하려고 하는 시작점이 될 것이다. 법화신앙이란 『법화경』 그 자체를 신앙하는 것을 포함하여 『법화경』의 내용을 중심으로 한 신앙 형태를 말한다.[2] 본 연구는 초기[3] 중국불교사에 있어서 『법화경』 연구와 『법화경』의 보살과 관련된 법화신앙을 『고

---

[2] 한지연[2012: 109]은 "법화신앙이라 함은 기본적으로 『법화경』의 내용을 중심으로 한 신앙 형태를 말한다"고 하였다. 박광연[2010: 85]은 "법화신앙이란 『법화경』에 의거한 신앙 행위"라고 밝힌다. 지금까지 국내에서 법화신앙과 관련된 논문은 상당히 발견되지만, 법화신앙에 대한 정의를 내리고 있는 글은 한지연과 박광연을 제외하고는 찾아볼 수 없다. 아직까지 공인된 정의가 없는 한, 논자도 "『법화경』 그 자체와 그 안의 관련 내용을 중심으로 한 신앙형태"를 법화신앙이라고 정의하고 글을 전개하고자 한다. 특이하게도 국내에서의 법화신앙과 관련된 연구는 지금까지 주로 한국의 법화신앙연구가 중심이 되었다. 법화신앙과 관련된 연구논문으로는 종범, 「법화신앙과 관음신앙」(『석림』 17, 1983), 김영태, 『삼국시대의 법화수용과 그 신앙』(『한국천태사상연구』, 1983), 박광연, 「신라 법화사상사 연구』(이화여자대학교 박사논문, 2009) 등 국내 법화사상과 법화신앙에 대한 다수의 연구가 있다. 중국 법화신앙에 관한 최근의 연구논문은 한지연, 조凱가 있다. 또한 일본에서는 『법화사상』(平川彰 외, 1996 번역서), 『法華經の受容と展開』(田賀龍彦편, 1993), 『法華經の思想と展開』(勝呂信靜편, 2001) 등 법화사상에 대한 연구가 많으며, 법화신앙이 생활 속에 크게 자리잡고 있지만 법화신앙에 관련된 연구논문은 일본 안에서의 史傳에 관해서 연구가 집중되어 있는 상황이다.

[3] 鎌田茂雄[1992: 78-88]에서는 常盤大定 등의 중국불교사 시대구분에 대해 소개하면서 모두 크게 네 시기나 다섯 시기로 나누고 있으며, 이러한 구분은 편의상에 의한 것임을 밝히고 있다. 이때 傳譯을 비롯하여 남북조 말기까지를 중국불교사의 기반을 잡는 하나의 시기로 볼 것인가 나눌 것인가가 네 가지와 다섯 가지의 차이를 결정한다. 본 연구에서는 검토된 내용이 불교가 전래된 한나라 말기에서 『고승전』이 쓰인 남북조시대 500년대 초에 걸친 시기를 다루고 있으므로, 중국에 불교가 전래된 초기라는 의미에서 편의상 '초기'라는 용어를 사용하였다.

승전』, 『출삼장기집』 등에 기록된 내용을 중심으로 살펴보는 것을 목적으로 한다.[4] 이것은 『열반경』의 전역(傳譯) 이후 불성에 대한 논쟁이 활발해지기 이전에 이미 『법화경』이 크게 유행하면서 불성에 대한 논의를 이끌 수 있는 단초를 부여했는지의 여부를 가늠해보고자 하는 것이다. 나아가 중국불교사에 있어서 『법화경』 사상·교리·신앙적 측면에서 가장 큰 영향을 주었다고 할 수 있게 된 원인을 궁구해보는 계기가 될 것이라고 생각한다.

II. 초기 중국불교에서 법화경 연구

1. 『법화경』 주석의 두 가지 관점

1) 불지견(佛知見)과 불성(佛性)

『정법화경』은 돈황 출신으로 낙양이나 장안에서 활약한 축법호에 의해서 286년에 한역되었고, 구자국 출신 백원신(帛元信)의 교정으로 291년 완성되었다.[5] 구마라집이 장안에 들어와 『묘법연화경』을 한역한 것은 홍시(弘始) 8년(406)이다. 여러 역경목록이 제작된 것이 이미

---

4) 종범(1983)은 『법화경』의 두드러진 특징은 신앙을 강조하는 것이라고 하면서, 법화신앙의 체재를 간추린다. 그 내용은 석가모니 본존불 신앙과 일승성불사상, 석가불의 分身으로 인지되는 관세음보살신앙, 『법화경』 경전에 대한 신앙이라고 정리하고 있다. 논자도 『법화경』을 읽어보면 다른 유행한 대승경전보다 특히 신앙을 강조하고 있다는 점에 대해서 깊은 느낌을 받은 적이 있으므로, 이 주장은 주의를 요하는 대목이다. 또한 불탑신앙의 연장선에서 『법화경』이 있는 곳을 불탑이 있는 곳과 동일시하여 經卷受持와 寫經이 특히 강조되고 있는 점도 신앙이 가중되는 측면이라고 생각된다.
5) 『出三藏記集』 「正法華經記」(『大正藏』 55, 56c).

두 『법화경』이 한역된 이후이기 때문에, 『출삼장기집』과 『고승전』에서는 『정법화경』과 『묘법연화경』을 구분해서 기술하는 경향이 있다. 목록에서는 나집의 『법화경』을 신역(新譯)・신출(新出)・신법화(新法華經)이라고 하며, 『고승전』에서도 『정법화경』은 제목을 그대로 써주고 대부분은 그냥 법화라고만 표현하고 있다. 이때의 법화는 『묘법연화경』을 가리키며 이것이 기준이 된다는 것을 의미하는 것이라고 생각한다. 법현(法顯)이 서역에서 가져와 불타발타라(覺賢)와 함께 한역한 6권 『대반니원경(大般泥洹經)』이 한역된 것은 418년이다. 따라서 시기상으로 볼 때 『묘법연화경』과 6권 『대반니원경』이 중원에서 유행하게 된 것은 비슷한 시기라고 할 수 있다. 그러나 지역적으로 전자는 장안을 중심으로 퍼져나갔고, 후자는 건업(建業) 도량사(道場寺)에서 한역되어 남조에서 먼저 유행하였음을 짐작할 수 있다.

나집의 『묘법연화경』은 의역이 많지만 유려하고 운율에 잘 맞으면서도, 다른 경전에 비해 내용이 재미있고 쉽다고 알려져 있다. 『법화경』의 중요한 요지인 일승사상을 『정법화경』을 통해서도 알 수 있지만, 후에 불성과 관련되어 집중적으로 주석이 되는, 불지견을 개시오입(開示悟入)하는 것에 관해서는 나집의 번역본에서 체제가 갖추어진 것이다. 나집 이후 100여 년 후에 중국에 온 천축 승려 보리유지(菩提流支)와 늑나마제(勒那摩提)가 세친(世親)의 『법화론』을 한역하면서, 경 부분을 모두 나집의 번역문 체제에 따라서 번역하고 있는 것으로 보아서 나집역 이후에는 그것이 주로 유통되었음을 유추할 수 있다. 또한 수당시대(隋唐時代)의 길장(吉藏)은 "불지견이 바로 불성을 말한다"[6]고 직접적으로 기술하고 있다. 천태지의도 "중생을 위하여 불지

---

6) 『法華玄論』(『大正藏』 34, 367a). "佛知見者謂佛性之異名."

견을 여는 것이 곧 (삼종불성의 하나인) 요인불성(了因佛性)"[7]이라고 하며, 『법화문구(法華文句)』나 『유마경현소(維摩經玄疏)』에서는 "불지견을 여는 것이 불성을 보는 것"이라고 한다.[8] 『천태소지관(天台小止觀)』에서는 초심(初心)에 일체불법이 갖추어져 있음을 경증하면서, 대품의 아자문(阿字門)과 법화의 불지견을 여는 것과 열반의 불성을 보는 것을 나란히 제시하고 있다.[9] 불지견을 여는 것이 불성을 보는 것과 맥락적으로 연관되어 해석되는 것은 모두 나집의 『묘법연화경』 번역 이후의 전개임을 쉽게 알 수 있게 된다. 불지견과 불성이 관련되는 현전하는 최초의 문증은 『출삼장기집』 「유의(喩疑)」에 있는 승예(僧叡)의 글이다.

그러므로 또한 일찍이 이 땅에서 먼저 어떤 경에서 일체중생이 모두 붓다가 될 것이라고 말했는데, 어째서 그런가 질문했다. 답하기를 『법화경』에서 불지견을 연다고 말한 것이 또한 모두 불성이 있는 것이 된다고 할 수 있다. 만약 불성이 있다면 다시 어떻게 모두 붓다가 되지 않을 수 있겠는가! 다만 이 『법화경』에서 밝힌 것은 그것이 오직 불승만 있어서 이승도 없고 삼승도 없는 것을 밝힌 것이지, 일체중생이 모두 붓다가 될 것임을 밝히지는 않았다. 모두 붓다가 될 수 있다는 것(문장)은 나는 아직 보지 못했으나, 또한 없다고 말할 수는 없다.[10]

---

7) 『法華玄義』(『大正藏』33, 803a). "爲令衆生開佛知見, 卽了因佛性."
8) 『維摩經玄疏』(『大正藏』38, 530b). "開佛知見名見佛性, 卽大乘也."
9) 『脩習止觀坐禪法要』(『大正藏』46, 473a). "如是等經皆明初心具足一切佛法, 卽是大品經中阿字門, 卽是法華經中爲令衆生開佛知見, 卽是涅槃經中見佛性故住大涅槃."
10) 『출삼장기집』(『大正藏』55, 42a-b). "而亦曾問此土先有經言一切衆生皆當作佛, 此云何. 答言法華開佛知見, 亦可皆有爲佛性. 若有佛性, 復何爲不得皆作佛耶. 但此法華所明, 明其唯有佛乘無二無三不明一切衆生皆當作佛, 皆當作佛我未見之, 亦不抑言無也."

승예는 『열반경』이 한역된 뒤, 일체중생실유불성이라는 것과 관련하여 논쟁이 일어난 후에 이 글을 지었다. 『열반경』에서 말한 모든 중생이 붓다가 될 수 있다고 하는 것은, 『법화경』에서 불지견을 연다고 한 것과 같은 맥락이 되므로, 모두 불성이 있는 것이 된다고 승예는 간단하고 분명하게 의심을 깨우쳐 준다. 승예는 당시 법현에 의해 한역된 『대반니원경』의 일체중생개유불성과 붓다의 진아(眞我)에 대한 논쟁에 대해 『묘법법화경』에 나오는 불지견과 불법신(佛法身)을 가리키는 것이라고 말하고 있다. 이 내용은 『법화경』의 불지견과 『열반경』의 불성을 직접적으로 관련시켜서 이해한 현전하는 최고(最古)의 문장이 아닐까 생각한다.

그러나 불성논쟁의 당사자였던 도생(道生)의 『법화경소』[11]에서는 불지견에 중점을 두지 않고 관련 단락을 묶어서 일의(一義)를 밝히면서 설명하고 있다.

> 그러므로 말한다. "일대사인연으로 세간에 출세하여 중생들로 하여금 불지견을 열게 하려고 하기 때문이다." 미묘한 말과 깊은 뜻이 있으니, 의미는 여기에서 나타난다. 이 사구의 처음부터 끝까지 하나의 뜻(一義)이 될 뿐이다. 진실로 중생으로부터 본래 불지견의 부분이 있다. 다만 허물과 장애 때문에 드러나지 않을 따름이다. 붓다는 (허물과 장애를) 열어서 곧 이것을 온전하게 한 것이다. 하나의 뜻(一義)으로 말한다면, 초주에서 7주에 이르기까지 점점 번뇌를 제거하는 것을 개(開)라고 한다. 나오지 않고도 비추어서 빛나는 것을 청정이라고 한다. 중생들에게 붓다의 지견을 보여주고자 일찍이 본래 그 (붓다의 지견의) 부분이 있다고 말했다. 이제 가르쳐서 (온

---

11) 『法華經疏』(卍속장경150, 807c-808a)/(X27, 5a).

전하게) 이루게 하니, 이루어지면 가르침에 의한 것이다. 그렇다면 이것이 밖으로 보여진다. 보이는 것은 반드시 깨닫게 하며, 깨달으면 반드시 그 도에 들어가리라. 하나의 뜻(一義)으로 말한다면, 8주는 관불삼매를 얻고, 항상 불혜를 즐거이 나타내고, 지견을 깨닫는다. 하나의 뜻(一義)으로 말한다면, 9주의 보살은 선혜가 있으니 붓다의 지견을 깊이 깨닫고, 불지견에 들어간다. 하나의 뜻(一義)으로 말한다면, 10주의 보살은 금강삼매로 번뇌와 습기를 무너뜨리고 불혜에 전입한다. (십주)론[12]의 체와 상황으로부터 (보면) 단계가 이와 같으니, 크게 이것을 밝힌다. 수행자가 한번 깨달으면 곧 이 네 가지 뜻이 있는 것이다.[13]

"以一大事出現於世, 欲令衆生開佛知見"의 문장에 대해 네 가지로 해석하지만, 일의(一義)라는 것과 보살의 10주의 계위에 맞추어서 "개시오입불지견"을 해석하는 데 초점이 있음을 알 수 있다. 중생에게는 본래 불지견의 부분이 있으나 허물과 장애로 드러나지 않는 것

---

12) 『출삼장기집』에 의하면 구마라집은 『십주경』을 불타야사와 함께 공역하고, 또한 『십주론』 10권도 한역하였다. 이 기록은 『歷代三寶紀』[十住論一十卷(龍樹菩薩造弘始年譯未詳第一)(혹은 5)卷末. 似六度集經. 見二秦錄]에서도 발견되지만, 이후의 경록에서는 보이지 않는다. 다만 다른 문헌을 소개하는 가운데 『십주론』이 등장하는 것으로 보아 일실되었을 가능성이 있다. 본문에서 해석하는 데 인용된 것은 십주보살에 의한 것이므로, 『십주경』과 관련된 것으로 추정된다. 만약 『역대삼보기』에서 언급한 것과 같이 『십주론』이 『六度集經』과 유사한 문헌이었다면 본문에서 설명하는 문헌과는 다를 것이라고 짐작된다.
13) 『法華經疏』(X27, 5a). "故言以一大事出現於世, 欲令衆生開佛知見故. 微言云(云疑玄)旨, 意顯于茲, 此四句始終, 爲一義耳. 良由衆生, 本有佛知見分. 但爲垢障不現耳. 佛爲開除, 則得成之. 一義云, 初住至七住, 漸除煩惱日開, 無出照耀日淸淨. 欲示衆生佛之知見, 向言本有其分, 由今敎而成. 成若由敎, 則是外示, 示必使悟, 悟必入其道矣. 一義云, 八住得觀佛三昧, 常樂示佛慧悟知見. 一義云, 九住菩薩爲善慧, 深悟佛之知見也. 入佛知見. 一義云, 十住菩薩, 以金剛三昧, 散壞塵習, 轉入佛慧. 由論體況, 階級如此. 丈而辨之. 就行者一悟, 便有此四義也."

을 붓다의 노력에 의해서 온전하게 한다는 것이다. 도생도 간접적으로는 불지견을 불성과 연관시켜 해석한다. 곧 네 가지 해석을 이끌어 가는 내용 가운데, 중생에게는 본유불지견분(本有佛知見分)이 있지만 번뇌와 장애로 드러나지 않을 따름이며 붓다는 이것을 없애도록 열어서 곧 불지견을 이룰 수 있게 한다는 견해는 공통된 것으로 보이고, 이것이 바로 모든 중생이 불성이 있다는 것과 연관하여 생각할 수 있는 내용이다. 도생이 사용한 '본유불지견분'이라는 용어는 불지견이 본유이기는 하지만, 중생에게 있는 불지견은 원만하게 갖추어진 것이 아니라 불지견의 '부분(分)'으로 이해했다고 생각한다. 『법화경소』 안에서 불성이라는 용어가 전혀 발견되지 않는 것으로 보아, 아마도 도생이 아직 『열반경』을 접하기 전에 『법화경』을 주석했을 가능성이 있다. 그러나 이때에도 이미 모든 중생에게 붓다가 될 공통분모가 있다고 생각했다고 추정할 수는 있다.

　승예를 이어서 『법화경』의 불지견을 주석하는 것은 이보다 100여 년 훨씬 넘어서 천태지의와 길장에 이르러야 나타나고, 당시 최고의 법화학자였던 광택사 법운(法雲)의 『법화경의기(法華經義記)』에서는 보이지 않는다. 다시 말해서 나집의 제자인 승예에 의해서 일찍부터 불지견을 불성이라고 보는 해석이 있었지만, 이러한 견해는 『열반경』을 우위에 두고 『법화경』을 해석하는 광택사 법운을 비판하기 위해서 다시 재등장하고, 이후 법화와 열반을 관련시켜 해석하는 쪽으로 흘러가게 되었음을 짐작할 수 있다. 불성(佛性)과 상주(常住)를 최우선에 두고 교상판석에서 『법화경』을 『열반경』보다 낮게 자리매김하였던 광택사 법운은, 『법화경』의 불지견과 불성을 연관시키지 않음으로써 지의와 길장에 의해서 비판받게 된다.

2) 일승사상(一乘思想)

『법화경』이 한역된 이후 이 경전의 요지는 일승(一乘)이라는 것이 널리 알려졌는데, 이것은 『정법화경』 속에서도 파악되는 내용일 것이다. 부처님은 오직 일승의 가르침만을 설하지 삼승(三乘)의 가르침을 설하지 않으며, 모든 붓다는 오직 일승만을 위한다는 내용이 경전에 나타나기 때문이다. 그러므로 이 일승이 무엇인가에 대해 관심이 있었을 것이다. 또한 이러한 일승사상을 담고 있는 경전으로 『화엄경』[十地經類], 『열반경』을 들기도 한다. 또한 구나발타라가 원가(元嘉) 13년(436) 한역한 『승만경』도 일승을 중심사상으로 하고 있다. 나집의 제자였던 혜관(慧觀)은 『법화경』의 서(序)에서 승 혹은 일승을 붓다의 지혜와 관련하여 해석하고 있다.

> 진실을 열어서 종지를 드러내며, 방편의 웅함이 이미 드러난다면 편벽된 마음은 저절로 없어진다. 종치가 이미 드러나면 참된 깨달음이 저절로 생겨난다. 그러므로 능히 만류가 합하여 물길을 가니, 삼승이 함께 간다. 함께 가는 것은 셋이 모여 하나가 되는 것이니, 승의 시작이다. 각혜가 완전하며 가득한 것이 승의 가득함이다. 대상이 멸하고 정신이 깨끗한 것이 승의 끝이다. 비록 만법이 승이 되지만 이것을 다스리는 것은 주인이다. 그 종요를 들면 혜(慧)로 그 명칭을 받는다. 그러므로 경은 참된 지혜[眞慧]를 체로 하는데, 묘한 하나[妙一]라고도 부른다. 이러므로 석가의 현음으로 처음에 붓다의 지혜의 깊고 깊음을 찬탄하였고, 다보는 평등대혜를 칭탄하였다. 게송에 이른다. 붓다의 지혜를 설하려고 모든 부처님은 세간에 나오신다. 오직 이 한 가지만이 진실이고, 나머지는 진실이 아니다. 그렇다면 오직 붓다의 지혜라야 하나인 중도의 진실이며, 승의 체를 완성한 것이다.[14]

혜관(慧觀)은 『법화경』의 요지를 붓다의 참된 지혜를 체로 한다고 밝히면서, 이 참된 지혜만이 진실이며 이것이 승의 체를 완성한 것이라고 한다. 참된 지혜와 묘한 하나는 같은 이름이면서, 이 참된 지혜를 완성하는 것이 유일한 진실이 된다고 밝히는 것이 『법화경』의 종요가 된다는 서문이다. 길장은 『법화현론』에서 당시까지의 13명의 『법화경』 주석가를 평가하고 있는데, 이 가운데에서 본문을 인용하면서 혜관의 이해가 뛰어나다고 논평하였다.[15]

후대의 『법화경』 해석에서 3거가와 4거가의 논란이 되는 중요한 키워드가 바로 일승이다. 곧 성문승, 연각승, 보살승 이외에 불승(佛乘)이라고 하는 것을 따로 설정하면서, 이것을 일승이라고 하면 4거가이고 성문, 연각 이외에 다른 승이 없다고 하면서 곧바로 불승만을 거론하면 3거가가 되는 것이다. 도생(道生)도 또한 혜관과 같은 입장에서 『법화경』 주석을 남기고 있다.

> 이치상으로는 둘이 없다. 여래의 도는 하나이지만 사물에 어긋나면 셋이라 한다. 삼승은 사물의 성정에서 나오는 것으로서 이치상으로는 항상 하나인 것, 구름과 비가 하나인 것과 같다.[16]

"비유하면 어떤 사람이 갈증이 나서 물을 찾는 것과 같이"라는 것은, 『법

---

14) 『출삼장기집』, 「法華宗要序」(『大正藏』55, 57a). "則開實以顯宗, 權應旣彰, 則扃心自廢. 宗致旣顯, 則眞悟自生. 故能令萬流合注, 三乘同往. 同往之三會而爲一, 乘之始也. 覺慧成滿, 乘之盛也. 滅景澄神, 乘之終也. 雖以萬法爲乘. 然統之有主. 擧其宗要, 則慧收其名. 故經以眞慧爲體, 妙一爲稱. 是以釋迦玄音始發讚佛智甚深, 多寶稱善歎平等大慧. 頌曰, 爲說佛慧故, 諸佛出世間, 唯此一事實, 餘二則非眞. 然則佛慧乃一之正實, 乘之體成."
15) 『法華玄論』(『大正藏』34, 379c-380a).
16) 『법화경소』(X27, 10b). "理必無二, 如來道一, 物乖謂三. 三出物情, 理則常一, 如雲雨是一."

화경』을 수지하여 불도를 구하여 깨달아 원하는 곳에 이르는 것이다. 갈증이 나서 물을 찾는 것은 이것을 비유한다. 『법화경』을 지닌 사람이 비유하는 것은, (이해의) 얕고 깊음과 얻고 잃음이 있는 것이다. 위에서 『법화경』을 보거나 들을 수 없다고 말한 것은, 지닐 수 없다는 것을 말한 것이 아니라 다만 아직 일승(一乘)의 뜻을 이해하지 못한 것을 말하는 것일 따름이다.[17]

이것은 이치[理]상으로 볼 때 본래 붓다의 가르침은 하나이지만 중생의 근기에 따라 나누어질 수 있으며, 하나인 일승은 여래의 도[佛乘]라고 주석하고 있는 것이다. 또한 도달해야 할 곳이 불도(佛道)임을 밝혀주고 있다는 점에서 일승이 불승이라고 보는 것임을 짐작할 수 있다.

혜관은 『승만경』에 대해서도 서문을 지었다. 그는 『승만경』에서의 일승은 궁극의 제일의승(第一義乘)이고, 본래는 하나여서 구분없는 것들이 의미상 구분이 있게 된다[18]고 해설하고 있다. 「승만경서」에는 일승의 묘함이 잘 드러나지 않지만, 「법화경서」에서 붓다의 지혜를 일승이라고 하면서 오직 그것이 진실임을 드러내는 것이 『법화경』의 핵심사상이라고 보는 혜관의 안목은 매우 뛰어나다. 이것은 나집에게서 반야중관사상을 직접적으로 수학한 결과라고도 할 수 있지만, 『법화경』의 핵심사상을 이해하는 데 있어서 중국불교사에서 큰 영향을 주는 해석이라고 말할 수 있다. 혜관은 당시의 구마라집의 제자들

---

17) 『법화경소』(X27, 12c). "譬如有人渴乏須水. 受持法花, 求悟佛道, 欲得之至. 如渴須水, 此譬. 譬持法花人, 有淺深得失也. 上云不能得見聞法花經者, 非日不得卷, 但未領一乘之旨, 謂之爾耳."
18) 『출삼장기집』「勝鬘經序」(『大正藏』55, 67a). "期運剋終誕登玄極. 玄極無二, 故萬流歸一. 故日三乘皆入一乘, 所謂究竟第一義乘. 一誠無辯而義有區分. 名由義生, 故稱謂屢轉三五之興, 蓋由此也."

가운데에서 "通情則生融上首, 精難則觀肇第一"이라고 일컬어질 정도로 승조와 더불어 글의 이치를 잘 파악하는 뛰어난 인물이었다. 따라서 그의 「법화종요서」에 대해서 구마라집이 칭찬하였다는 내용[19]은 상당히 유의미한 것이었다고 짐작된다.[20]

이처럼 법화사상과 관련해서 거론되었던 중심 내용은 불지견과 일승이었음을 최초의 『법화경』 주석이나 경서(經序)를 통해서 알 수 있다.[21] 또한 이것은 이후에 중국불교사의 불성론 전개와 관련하여 중요한 키워드가 된다는 점에서 『법화경』의 영향력을 가늠할 수 있다.

2. 『고승전(高僧傳)』에 나타난 『법화경』 신행양상

1) 『고승전』 「의해(義解)」에 기술된 『법화경』 주석[22]

지금까지 현전하는 『법화경』 관련 문헌을 중심으로 『법화경』 연구

---

19) 『高僧傳』(『大正藏』50, 368b). "通情則生融上首. 精難則觀肇第一. 迺著法華宗要序以簡什. 什曰, 善男子. 所論甚快"
20) 『출삼장기집』「구마라집전」에서는 나집에게 소승을 가르쳐준 계빈국의 스승 槃頭達多에게 대승을 가르쳐주는 대목에서 '爲其師槃頭達多具說一乘妙義'를 가르쳐 주어 감복하게 했다는 내용이 있다. 그러나 『고승전』에는 이 부분을 반두달다는 대승의 法空에 대해서 긴 문답을 주고 받는 내용으로 하고 있는데, 일승이라는 용어는 쓰지 않았고 한 달 정도 나집의 설명을 듣고 마침내 감복하게 된 것으로 되어 있다. 따라서 『출삼장기집』의 기록은 大乘法空의 내용을 일승묘의로 정리하고 있음을 알 수 있다. 이것은 혜관의 「법화종요서」 해석과 같이 일승을 佛慧로 정리하는 것이 일반적인 것이 아니었음을 알게 하는 것이다.
21) 도생의 경우 일승을 일불승으로 보고 있다는 점이 중요한 관점이기는 하지만, 일승을 대승이라고 보는 견해도 있었기 때문에 단순히 일승이 일불승과 관련되었다고만 볼 수는 없다. 일승에 관한 논의는 여기서는 구체적으로 다루지 않지만, 길장의 경우를 통해서 이 문제를 거론한 졸고, 「일승에 대한 길장의 사유체계 고찰」(2012) 참고.
22) 이밖에 도생의 『법화경소』가 남겨져 있고, 혜룡의 『법화소』, 승인의 『법화소』, 현창의 『법화소』, 하서 도랑의 『법화통략』 등의 『법화경』 주석서가 있었다고 하지

를 살펴보았고, 이제부터는 『고승전』 안에 나타난 『법화경』 주석 상황을 검토하여 다른 경전들과 비교해보자. 『고승전』 각편에서 역경(譯經)과 망신(亡身)/경사(經師) 등 편목을 제외하고, 유행했던 경전과 직접적으로 관련 있는 인물들을 표로 만들어 보면 다음과 같다.[23]

경전명\편명	義解	習禪/明律	誦經
법화	竺潛, 于法開, 慧遠, 法崇(법화의소4권), 法義, 法曠, 道融(법화의소), 曇影(법화의소4권), 僧叡(法華經序), 慧觀(법화종요서), 僧含(법화종론), 曇諦, 僧導, 慧亮, 僧鏡(법화의소), 超進, 法珍[24](법화의소), 道慈, 道登, 曇度, 弘充, 僧慧, 慧基(법화의소3권), 僧印, 寶亮, 法通	法緖, 法晤[25], 僧審, 僧隱, 道營	曇邃, 僧生, 法宗, 道冏, 慧慶, 普明, 法莊, 慧果, 僧覆, 慧進, 弘明, 慧豫, 超辯, 法慧, 僧候, 慧溫, 道琳
유마/ 사익	도융(유마의소), 승예(유마사익서), 慧靜(유마사익주), 曇諦, 僧鏡(유마의소), 道慈, 담도, 승혜(정명경), 혜기, 보량, 法安(정명의소)	법서, 승은,	법종, 혜경, 보명, 법장(정명), 승후, 혜온, 도림
열반	혜정(涅槃略記), 승경(니원의소), 법진(열반의소), 도등, 담도, 승혜, 보량, 僧鍾, 법안		법장(대열반), 혜예(대열반), 도림(열반)

만, 여기서는 『고승전』에 표기된 것만을 기록하기로 한다.
23) 강경 위주로 한 사람은 명칭만 언급하고, 주석서는 문헌 제목 포함하여 기술하였다. 같은 사람이 여러 문헌을 주석하였으므로, 처음 나올 때만 한자를 사용하였다.
24) 다른 판본에는 '珍' 이 '瑤' 로 되어 있다.
25) 다른 판본에는 '晤' 가 '悟' 로 되어 있다.

경전명\편명	義解		習禪/明律	誦經
대(소)품/방광/금강반야	竺潛, 于法開, 도융(대품의소), 승예(대소품서), 혜정(대품지귀), 담제, 慧亮, 법진(대품의소), 담도, 혜기(소품, 금강반야), 보량, 법통, 曇斌(소품)		법오(대소품)	승복(대품), 초변(금강반야)
승만	법진(승만의소), 道猷, 도자(승만 2권), 혜기, 보량		법오(대소품)	승복(대품), 초변(금강반야)
십지	도융(십지의소), 혜량, 홍충, 승혜(십주경), 보량, 담빈, 승종, 법안(십지의소)			혜경, 혜과, 혜예
기타	도융(금광명의소), 승예(선경등서), 승경(비담종론), 초진(비담), 승혜(잡심), 보량, 승종(성실삼론), 법안(성실론, 승전 5권)		법서(금광명), 승심(수능엄), 도영(금광명)	법진(십송율), 혜진(금광명), 승후(금광명), 혜온(수능엄)

【표 1】

　　표에서 볼 수 있듯이 독송자들이 가장 많이 독송한 경전은 단연 『법화경』이며, 이 가운데는 오직 『법화경』 독송만 했던 인물들도 다수이다. 습선자(習禪者)와 계율을 잘 수행했던 인물들도 법화를 병행하는 경우가 많았다.[26]
　　의해(義解)의 경우는 대소승 경전이 많았음에도 불구하고, 특히 『법화경』에 대한 주석서가 다른 대승경전에 비해 두드러지게 많음을 알 수 있다.[27] 이 가운데 혜기의 『법화의소』에 대해서는 다음과 같이

---

[26] 조凱[2011]는 『續高僧傳』 등 수당대의 기록에서 보면 『법화경』과 관련된 法華三昧가 禪法과 觀法에서 활발하게 수습되었다고 밝히고 있다. 그러나 『고승전』에서는 직접적으로 現一切色身三昧에 해당하는 법화삼매를 수련한 인물에 대한 기록이 없다.

핵심을 요약하는 내용이 있다.

　　사도 문선왕은 그 덕을 흠모하여 은근하게 치서를 보내어 법화의 종지를 질문하였다. 혜기는 이에 『법화의소』를 지었는데, 모두 3권이고, 문(門)을 나누고 뜻을 가르치며 33과로 서(序)를 지었다. 아울러 방편의 지취를 간략하게 펼쳐서 공유(空有)의 두 가지를 회통하게 하였다.[28]

　　이처럼 『법화경』 관련 주석이 다른 경전에 비해 월등히 많지만 모두 3권 혹은 4권으로 되어 있었던 것으로 보아, 7권인 『법화경』의 문장을 따라서 주석하는 형식이 아니었음을 알 수 있다. 부연하면 종론(宗論)이나 주(注) 등도 있었지만 대부분 경전 주석을 '의소(義疏)'라고 하는 것은, 이후에 현의(玄義), 현론(玄論), 의기(義記), 의해(義解) 등 다양한 주석류 명칭이 등장하는 것과 대비하여 두드러지는 점이다.[29]

　　또한 일승을 설하는 대표적인 경전인 『승만경』이나 『열반경』, 그

---

27) 『고승전』과 『출삼장기집』에는 기술되지 않았지만, 『법화문구』와 『법화현론』을 보면 智顗, 吉藏 이전까지 많은 『법화경』 주석가가 있었음을 짐작할 수 있다. 『법화현론』에서는 『법화경』 강경과 저술자를 구마라집의 신역 이후 道融–도생–담영–유규의 계보를 밝히고 있다. 또한 『법화문구』의 직접 인용에 의하면 生師(도생), 觀師(혜관), 基師(혜기), 印師(승인), 光宅(법운), 劉虯(注), 河西道朗 등의 글을 찾아볼 수 있다. 또한 유영, 승조, 양무제 등은 다른 경을 주석하면서 『법화경』의 일승을 언급하였다. 상세한 것은 『법화사상』(1996, pp.140~141) 참조.
28) 『高僧傳』(『大正藏』50, 379b). "司徒文宣王欽風慕德, 致書慇懃. 訪以法華宗旨. 基乃著法華義疏, 凡有三卷, 及製門訓義序三十三科. 幷略申方便旨趣會通空有二言."
29) 菅野博史[2012: 30-34] 후한부터 위진시대까지 고전 주석의 형식은 注이고, 남북조시대에 성립하여 주류을 점하는 주석 형식은 의소이다.(古勝隆一[2006] 재인용) 『법화경』에 대해서 네 차례 주석서를 낸 길장의 경우 『법화의소』가 현전하는데, 본문은 경문을 죽 따라가면서 주석을 하는 내용으로 전개된다. 그러나 『고승전』에 보이는 '의소'의 형태는 경의 요지를 중심으로 중심 문장을 설명하는 것이 아니었을까 짐작된다.

리고『십지경』등에 대한 주석서가『고승전』의 기록에는 그다지 많지
않았던 것을 쉽게 알 수 있다.『법화경』주석이 크게 유행한 이유를
알 수 있는 전거는 없지만,『법화경』번역 이후 다른 대승경전에 비
해 승려들 사이에서도 이 경전이 매우 유행했음은 분명하게 확인할
수 있다.

    2)『출삼장기집』・『명승전초』[30]에 보이는『법화경』관련 내용
   『출삼장기집(出三藏記集)』(518년)은 양나라 승우(僧祐)에 의해서 7년
여에 걸쳐서 완성된 것이며,『고승전』(519년 이후)은 중국에 불교가 전
래된 후 519년까지의 승전기록이므로 두 문헌에서 다루고 있는 기록
과 내용들의 시대가 거의 유사하다. 앞의 표 가운데에서 나왔던 내용
가운데『출삼장기집』에서 직접 발견할 수 있는 것은 승예의「법화경
서(法華經序)」나 혜관의「법화종요서(法華宗要序)」[31]와 같은 중요한 글
도 있지만, 대부분은「정법화경기」와 같이 사상적 내용을 담고 있지
않은 단순한 경기(經記)이다.
   『출삼장기집』에서『법화경』을 언급하는 인물들은『고승전』과는 다
르게 다양하다. 자세히 말하면 주옹(周顒)의「초성실론서」(抄成實論序),
혜원(慧遠)의「묘법연화경서」(妙法蓮華經序),「법화경론(法華經論)」, 지도

---

30) 이 抄集은 뒤의 宗性의 글을 보면 文曆 2년(1235) 미륵 감응의 내용만을 뽑아내어
    만든 것이다. 따라서 일본에서 글을 뽑아내어『명승전초』를 만든 시기를 기준으
    로 하면 '초기 중국불교사' 자료에 들어가지 않겠지만,『명승전』의 내용을 그대
    로 뽑아냈다고 본다면 본 논문에서 다루기에 적합하다고 생각하여 자료로 활용
    하였다.『名僧傳抄』(X77, 359b), "文曆二年五月晦日(午時)於笠置寺福城院南堂. 書
    寫之畢. 柳宗性自去十三日參籠當山. 名僧傳三十卷中令抄出. 彌勒感應之要文之
    次. 其外至要之釋. 聊所記置之也. 此書世間流布. 惟希之間. 發慇懃大願. 抄彌勒
    要文之今. 雖似交餘事. 只爲備後覽也. 門跡之輩可哀其志矣. 仰願以此處處要文抄
    出書寫之功. 必結生生常隨彌勒値遇之緣矣. 右筆笠置寺住侶沙門 宗性."
31)『출삼장기집』(『大正藏』55, 83c). "妙法蓮華經宗要序(釋僧慧觀)."

림(支道林)의 「변삼승론」(辯三乘論)의 명칭이 보인다. 또한 『법화경』 이외의 경론 서문[序]의 문장 가운데에서 법화 관련 내용은 빈번하게 언급된다. 승우(僧祐)의 「세계기목록서(世界記目錄序)」에 열반과 법화의 비유를 비롯하여, 양황제(梁皇帝)의 「주해대품서(注解大品序)」, 승예(僧叡)의 「소품경서(小品經序)」, 승예의 「자재왕경후서(自在王經後序)」, 유규(劉虯)의 「무량의경서(無量義經序)」, 승우의 「법원잡연원시집목록서(法苑雜緣原始集目錄序)」에서도 『법화경』 관련 내용이 기록되어 있다.

같은 방법으로 보면 『신집의경위찬잡록(新集疑經僞撰雜錄)』에, 「초성실론서」, 「비구대계서(比丘大戒序)」를 비롯하여 「주해대품서」, 「세계기목록서」에서 『열반(니원)경』이 인용되어 있다. 한편 『송명제칙중서시랑육징찬법론목록서(宋明帝勅中書侍郎陸澄撰法論目錄序)』에서는 승조(僧肇)의 「열반무명론(涅槃無名論)」, 승종(僧宗)의 「불성론(佛性論)」, 도생(道生)의 「열반삼십육문(涅槃三十六問)」, 도생의 「석팔주초심욕취니원의(釋八住初心欲取泥洹義)」, 혜정(慧靜)의 「불성집」, 작자 미상의 「불성론」, 작자 미상의 「대열반경서(大涅槃經序)」, 범백륜(范伯倫)의 「여제도인론대반니원의(與諸道人論大般泥洹義)」 등이 있다. 또한 왕치원(王稚遠)과 나집, 도생 등의 문답인 「문열반유신불(問涅槃有神不)」, 「문멸도권실(問滅度權實)」, 「문청정국(問淸淨國)」, 「변불성의(辯佛性義)」 등의 글이 있다. 그밖에 도랑(道朗)의 「대열반경서」와 작자 미상의 「대열반경기」도 남아있으며, 도생에게 유마, 법화, 니원, 소품[32] 등 의소(義疏)가 있다는 기록이 있다. 『출삼장기집』에서는 『고승전』에서 주석서 명칭을 대부분 '의소'로 정리한 것과 달리 기(記), 의(義), 논(論) 등도 있었음을 알 수 있다. 또한 6권 『대반니원경』은 주로 '6권니원'

---

32) 상동(『大正藏』55, 111b), 『고승전』에는 이 내용이 "生乃更發深旨顯暢新異(典?)及諸經義疏"라고만 기록되어 있다.

이라는 명칭으로 정리하였다. 따라서 『니원경』이나 『열반경』으로 기록된 것은 주로 36권이나 40권을 지칭하는 것이라고 생각된다.[33]

결과적으로 『출삼장기집』으로는 『법화경』과 『열반경』이 비슷한 글에서 함께 인용되며 발견된다는 점과 『고승전』 「의해」에 기록된 승예의 「법화경서」나 혜관의 「법화종요서」를 직접 확인할 수 있다는 점에서 보완되는 면이 있다고 할 수 있다. 역으로 『고승전』과 비교할 때 『법화경』 우위를 확인할 수는 없는 구성을 지니고 있다. 그러나 승예의 「유의」를 통해서 『법화경』의 불지견과 『열반경』의 불성을 관련시킨 최초의 문장을 볼 수 있다는 점에서 유의미하다.

보창(寶唱)의 『명승전(名僧傳)』은 『역대삼보기』 기록에 의하면 『고승전』보다 5년 빨리 완성(514년경)된 것이지만,[34] 오늘날 문헌이 남아 있지 않다. 보창은 『고승전』에서는 「구나비지(求那毘地)」조에서 『아육왕경(阿育王經)』·『해탈도론(解脫道論)』을 필수한 인물로 그 명칭만 보이지만, 『속고승전』에서는 중국 승려로서는 가장 먼저 기록된 인물이다.[35] 그는 양무제의 칙명을 받아 장엄사(莊嚴寺) 승민(僧旻)과 함께

---

33) 『고승전』에서는 『열반경』과 『니원경』이 특별히 구별되는지는 알기 어렵고, 도생이나 법현, 智猛 등과 같이 직접적으로 6권 『니원경』과 관련된 인물의 경우만 '6권니원' 이라고 기록되어 있다.
34) 『歷代三寶紀』(『大正藏』49, 44a-45a), "梁(壬午)武帝衍(天監元都建康) … (己亥)十八(勅沙門寶唱撰名僧傳三十一卷)."
35) 『역대삼보기』(『大正藏』49, 94b), "又勅沙門寶唱, 更撰經目四卷. 顯有無譯證眞僞經, 凡十七科頗爲麤縷." 에 의하면 아마도 칙명을 받아서 일하는 사문이라는 직책이 있었던 것 같다. (勅沙門僧旻寶唱) 勅沙門, 슈사문이라는 부류가 따로 있었던 것이 아닌가 짐작된다. 한지연[2011: 1-2]에서는, 『고승전』은 당시까지 불교사상에 큰 흐름을 형성한 인물을 중심으로 편성되어 있다면, 『속고승전』은 황제의 명으로 역경이나 저술을 한 사람들을 중심으로 기록되어 있는 구성적 차이가 있음을 밝히고 있다. 따라서 중국 승려로는 가장 먼저 기술된 보창의 신분이나 위치를 예측할 수 있다.

『경율이상』을 편찬했으며, 『명승전』 30권[36]을 편찬하였다. 오늘날 속장경에는 『명승전초(名僧傳抄)』가 전하고 있는데, 『명승전초』를 편집한 사람은 보량(寶亮)[37]으로 되어 있다. 책의 구성 형식은 『명승전』 전체 목록을 소개하면서, 그 가운데에서 한 부분씩 뽑아낸 것이므로, 보량의 편집이라고는 해도 보창의 글이 그대로 옮겨져 있을 가능성이 높다고 생각한다. 『명승전초』에는 30여 명의 승전 기록과 불사(佛事)의 내용이 있지만, 원문을 줄여서 그대로 옮겨놓지 않았을 가능성도 있다. 『명승전초』는 집성 목적이 미륵 감응 관련 내용을 초록한 것이지만, 『명승전초』에서도 『법화경』과 관련된 내용은 많다. 그러나 미륵 감응사와 관련하여 법화신앙자와 연관된 경우는 보이지 않는다. 이 가운데 기록이 남겨진 『법화경』과 관련된 인물은 법의(法義), 혜경(慧慶), 혜과(慧果)이며, 그밖에 설처(說處)에서 제목으로 드러난 것으로는 "曇諦講法華大品維摩各十五遍事, 僧印稱法華經二百五十二遍事, 道忠誦大品法華金光明經事, 惠印洞鑒法華深明十誦事, 法悟誦法華大小品經事, 普明誦法華見普賢乘象事, 超辨加勤禮懺法華彌陀事, 法明誦法華無量壽事, 法定誦法華藥王觀普賢觀事, 通儒唯以讀誦法華首楞嚴勝鬘淨名爲業事" 등이 있다. 이 가운데 법명과 법정은 『고승전』에서는 초변전(超辯傳)에서 송경하면서 절개가 있었던 승려들로 간략하게 기술되어 있으며,[38] 통유는 『고승전』에 나오

---

36) 『역대삼보기』나 『속고승전』에 의하면 『명승전』은 31권이지만 『衆經目錄』 등 후대의 경록에는 30권으로 되어 있다.
37) 『고승전』에는 寶亮傳이 있지만, 이 가운데 보창에 관한 내용이 전혀 없으며, 보량전 안에 청주사문 보량이라는 또 다른 인물이 있는데, 이 가운데 누구를 지칭하는 것인지 정확하지 않다.
38) 『고승전』(『大正藏』50, 408b). "時有靈根釋法明. 祇洹釋僧志. 益州釋法定. 並誦經十餘萬言. 蔬苦有至德."

지 않은 인물이다. 담제(曇濟), 각세(覺世), 담빈(曇斌)은 『열반경』에 뛰어나거나 강독을 하였고, "道生曰稟氣二儀者皆是涅槃正因闡提是舍生何無佛性事"는 유명한 불성논쟁과 관련된 내용이다.

『고승전』, 『출삼장기집』, 『명승전초』를 통해서 볼 때, 520년 이전까지 여러 경전 가운데에서 『법화경』이 가장 많이 독송·주석되고, 습선자들에게도 인기가 있었던 주요한 경전임을 간파할 수 있다. 양대(梁代)의 강렬한 학문적 풍토에서 『묘법법화경』은 사상적으로도 『열반경』의 불성설과 관련시킬 수 있는 불지견의 내용이 있었기에 점점 연구가치가 높아졌을 것이다. 송경자들에게는 쉽게 읽히는 구마라집의 유려한 번역도 큰 역할을 했을 것이라고 생각할 수 있다. 또한 초기 대승경전인 『법화경』에는 법화삼매에 대한 내용도 있었으므로, 습선자들에게도 인기가 있었을 것으로 추정된다. 나아가 『묘법법화경』에는 미륵, 보현, 관음, 문수(文殊)[39] 등 신앙의 대상이 되는 대표적인 보살들이 모두 등장하고 있어서, 법화신앙적인 측면에서도 역할을 크게 했다고 생각한다. 여기에 관해서 다음 장에서 살펴보기로 한다.

III. 『고승전』에 나타난 법화신앙의 경향

특정한 어떤 가르침[經典]만을 받아들이고 귀의하는 강력한 마음이 생기는 것을 신앙이라고 보는 경향이 있다. 『법화경』은 경전의 특성

---

39) 특이하게도 『고승전』 안에서는 문수보살신앙은 거의 발견되지 않으며, 『속고승전』에서는 문수신앙자를 발견할 수 있다. 이것은 문수신앙이 미륵, 보현, 관음보다 늦게 출발했음을 알 수 있는 문증의 하나가 되지 않을까 생각한다. 문수보살은 석가모니불의 협시보살인데, 보현이 일찍부터 신앙된 것에 비해 문수가 늦은 이유에 대해서는 염두에 둘 만한 부분이라고 생각한다.

상 오늘날까지도 『법화경』 자체를 신앙하는 풍토가 상당히 팽배해 있다. 본고에서는 다른 요소를 제외하고 『법화경』과 관련된 주요 보살들-미륵, 보현, 관음-을 신앙하는 것을 『고승전』의 승려들의 행적을 통해 검토해보려고 한다.[40]

1. 『법화경』 안의 미륵신앙적 요소와 보현보살의 관계성

『법화경』과 신앙을 관련시키려고 할 때 가장 먼저 눈에 띄는 인물은 미륵이다. 일찍이 『중아함경』, 『증일아함경』[41] 등에서 미륵의 도솔천 상생과 사바세계에 하생하여 용화수 아래에서 성불하는 내용이 있다. 그리고 구마라집에 의해서 『미륵성불경(彌勒成佛經)』과 『미륵하생경(彌勒下生經)』이 한역되어서 미륵신앙은 미륵정토사상에 그 연원이 있었다고 생각할 수도 있다. 그러나 실제로 『고승전』 내에서 미륵경전과 관련된 내용은 보량(寶亮)이 『미륵하생경』을 10여 회 강의했다[42]는 것을 제외하고는 전혀 찾아볼 수 없다. 따라서 승전의 내용으로 볼 때는 미륵신앙이 『미륵성불경』이나 『미륵하생경』을 통해서 유행하게

---

40) 조개[2011]에서는, 『弘贊法華傳』, 『法華傳記』를 중심으로 『법화경』의 사상 가운데에서 법화삼매와 혜사의 『법화경』 주석서를 중심으로 『법화경』을 중심으로 한 신앙 형태를 연구하였다. 이 가운데에서 보살과 관련하여 살펴본 것은 보현보살과 참회에 관한 것을 중심으로 하였다. 또한 조개는 구마라집의 『법화경』 한역 이후 북조에서 釋迦·多寶 二佛竝坐像이 막고굴과 기타 석굴 양식에서 급속도로 많이 발견되는 것도 법화신앙 유형의 한 형태로 밝히고 있다. 이것은 한지연[2012]도 밝힌 바 있는 내용으로, 불교문화사적으로 『법화경』과 법화신앙의 영향의 비중을 알려주는 내용이라고 생각한다.
41) 『中阿含經』(『大正藏』1, 511a-c), 『增一阿含經』(『大正藏』2, 787c-789c).
42) 『고승전』(『大正藏』50, 381c). "講大涅槃凡八十四遍. 成實論十四遍. 勝鬘四十二遍. 維摩二十遍. 其大小品十遍. 法華十地優婆塞戒無量壽首楞嚴遺教彌勒下生等亦皆近十遍."

되었다고 볼 수 있는 가능성은 낮다. 그러나 다른 미륵계 경전인 『불설관미륵보살상생도솔천경(佛說觀彌勒菩薩上生兜率天經)』을 근거했다고 볼 수 있으며,[43] 이와는 다른 아미타정토 계통의 『무량수경(無量壽經)』과 『법화경』에 근거한다고 볼 수 있다.[44] 구마라집이 번역한 『(소)아미타경[(小)阿彌陀經]』에는 미륵이 등장하지 않으며, 『대아미타경』에도 미륵은 그다지 많이 등장하지 않는다. 그러나 강승개(康僧鎧)가 번역한 『무량수경』 하권에서 붓다는 미륵보살을 대상으로 계속해서 서방 극락정토와 그곳에 태어날 조건에 대해서 설법을 한다. 그러나 『무량수경』에 등장한 미륵보살은 미륵상생정토인 도솔천이나 미래의 미륵불정토로 연관될 수 있는 내용은 보이지 않는다. 따라서 『무량수경』을 통해서 미륵신앙을 갖게 된다는 것은 어렵다고 추정된다.

그런데 『법화경』 안에 등장하는 미륵은 항상 시의적절한 순간에 법을 청하거나, 질문을 하는 중요한 상대자로 등장하고 있다. 「서품(序品)」에서 미륵은 석가모니불이 『법화경』을 설하시려고 삼매에 든 후, 여러 가지 상서가 일어나는 것에 대해 문수보살에게 질문을 하였고, 문수보살은 앞으로 『법화경』을 설하실 것을 알려준다. 더불어 미륵이 과거생에 이양(利養)을 추구하던 구명(求名)비구였음을 알려준다. 「종지용출품(從地踊出品)」에서도 땅에서 솟아오른 4행보살(상행, 무

---

43) 최근에 미륵 관련 도상학과 관련된 책에서 고혜련은 455년 저거경성이 한역한 『佛說觀彌勒菩薩上生兜率天經』에 근거하여 미륵신앙 관법이 북조시대에 유행했음을 밝히고 있다.(고혜련[2011: 242~249]) 이것은 매우 중요한 연구 결과이며, 이것을 바탕으로 해서 남조에서 편찬된 『고승전』의 史傳 기록을 보면, 꿈속이나 선정에서 미륵을 만나고자 하는 것은 관법과 통하는 모습이라고 생각된다. 따라서 미륵에 관한 관법, 사유법 등에 관한 보다 상세한 연구가 요망된다.
44) 강희정[2006: 206~228]은 남북조시대의 미륵상과 미륵신앙에 대한 연구를 통해서 그 당시에 『법화경』을 매개로 하여 미륵과 관음, 二佛竝坐像 등이 종합적으로 표현되면서 신앙되고 있음을 지적하고 있다.

변행, 정행, 안립행)이 있었는데, 이들이 누구인지 어디에서 왔는지 석가모니불에게 질문하는 상대자가 미륵보살이다. 「여래수량품(如來壽量品)」에서는 여래가 실은 멸도한 것이 아니라 수명이 장원하다는 설법을 청할 때, 미륵보살이 상수가 된다. 「분별공덕품(分別功德品)」과 「수희공덕품(隨喜功德品)」에서 여래의 수명이 길다는 설법을 들은 중생이 얻는 공덕과 이익에 대해서 붓다는 미륵보살에게 말해준다. 미륵은 붓다에게 『법화경』을 듣고서 따라서 기뻐하는 공덕이 무엇인지 질문하는 역할을 하고 붓다는 그에게 답한다.[45]

그러나 미륵신앙과 관련하여 가장 중요한 내용이라고 할 수 있는 부분은 「보현보살권발품(普賢菩薩勸發品)」이다. 보현보살은 후후오백세(後後五百世)에 『법화경』을 믿는 자를 보호하기 위해 다라니를 설해주면서, 만약 『법화경』을 수지(受持) · 독송(讀誦) · 정억념(正憶念) · 해기의취(解其義趣)하는 사람은 부처님이 그의 머리를 어루만지시는 것이라고 알려준다. 다만 서사(書寫)만 하여도 죽어서 도리천에 태어나고, 수지 · 독송 · 해기의취하는 사람은 죽으면 부처님 손에 이끌려서 악취에 떨어지지 않으며, 도솔천의 미륵보살이 있는 곳으로 간다고 설명하고 있다.[46]

---

45) 양주 지역에서의 도솔왕생의 법화적 요소에 대해서는 한지연[2012]이 상세히 논문에서 밝힌 바 있지만, 그밖에도 키질 석굴 등에는 미륵이 청법하는 벽화나 부조가 있는데 이것도 또한 『법화경』과 관련성이 있는 것임을 알 수 있다.
46) 『妙法蓮華經』(『大正藏』9, 61b-c). "世尊. 若有菩薩得聞是陀羅尼者, 當知普賢神通之力. 若法華經行閻浮提, 有受持者, 應作此念. 皆是普賢威神之力. 若有受持 讀誦, 正憶念, 解其義趣, 如說修行, 當知是人行普賢行, 於無量無邊諸佛所深種善根, 爲諸如來手摩其頭. 若但書寫, 是人命終, 當生忉利天上. 是時八萬四千天女作衆伎樂而來迎之, 其人即著七寶冠, 於婇女中娛樂快樂. 何況受持 讀誦, 正憶念, 解其義趣, 如說修行. 若有人受持 讀誦, 解其義趣, 是人命終, 爲千佛授手, 令不恐怖, 不墮惡趣. 即往兜率天上彌勒菩薩所. 彌勒菩薩, 有三十二相大菩薩衆所共圍繞. 有百千萬億天女眷屬, 而於中生, 有如是等功德利益."

이것은 『법화경』을 받아들여 지니고 독송하고 그 뜻을 이해하는 사람은 죽어서 미륵보살이 있는 도솔천에 태어나게 되고, 보현보살은 그런 법화행자를 수호하겠다는 내용이다. 「보현보살권발품」의 내용은 『법화경』 안에서 보현보살과 미륵보살을 연결시키고 있다. 다시 말해서 『법화경』을 신앙함으로써 미륵상생의 정토가 가능해지고 험악한 환경에 처했을 때 보현보살의 힘에 의해 온갖 험난함에서 보호를 받을 수 있다. 미륵정토신앙을 가진 사람들이 특별히 『미륵경』을 중심으로 해서 미륵신앙을 가진 것이 아니라는 점은 『고승전』의 예를 통해서 직접 살펴볼 수 있다.

2. 『고승전』에서의 미륵신앙과 보현신앙, 그리고 관세음신앙

1) 『고승전』의 미륵신앙 : 『명승전초』와 비교하여

실제로 중국 초기 승려들의 미륵보살과 보현보살에 대한 신앙 형태를 『고승전』에서 살펴보기로 하자. 먼저 미륵과 관련된 내용을 살펴보면 다음과 같다.

불타발타라의 친구인 승가달다는 도솔천에 가서 미륵을 공경하고 왔다는 기록이 있으며, 지엄(智儼)은 선정에 들어 도솔천에 올라 미륵보살에게 자신이 계를 얻을 수 있는지 질문하고, 미륵은 그가 계를 얻을 것이라고 답을 해주는 내용이 있다. 「도안전(道安傳)」에는 전진왕 부견이 통치할 때, 법회를 할 때 설치하는 여러 금박을 한 상(像) 가운데 결가부좌한 미륵상이 있었다[47]는 기록이 있다. 한편 도안은

---

47) 『高僧傳』(『大正藏』50, 352b). "又金坐像. 結珠彌勒像 金縷繡像. 織成像各一張每講

제자들과 함께 항상 미륵(상) 앞에서 도솔천에 왕생하기를 서원하였으며, 어느 날인가는 홀연히 서북에서 온 승려에 의해서 도솔천의 모습을 보기도 하였다.[48] 그후에 머지않아 도안이 사망하였으므로 이렇게 미륵을 만나거나 도솔천을 보았다는 것은 죽기 전의 원생(願生)을 보여주는 기사라고 생각한다. 석담계(釋曇戒: 慧精)는 병이 들자 계속해서 미륵을 염했다. 제자가 왜 아미타불의 안양에 태어나기를 원하지 않는가 질문하자, 도안을 따르면서 도솔천에 왕생하기를 서원했기 때문이라고 답하는 내용[49]이 있다.

석혜람(釋慧覽)은 어려서부터 서역을 유람하며 공부하다가 계빈에서 달마비구에게 수계를 받았다. 달마비구는 선정에 들어서 도솔천에 올라 미륵에게 보살계를 받았다고 알려진 인물이었다.[50] 이후 혜람은 우전(于闐)을 비롯한 여러 나라에서 승려들에게 계법을 전수해준다. 석도법(釋道法)은 항상 선법에 힘쓰면서 벌레와 짐승에게도 자비행을 실천했다. 하루는 선정에 들어가 미륵을 만나서 3세의 과보를 비추어 보게 되었다. 이후에는 더욱 열심히 실수(實修)하면서 눕지 않았다고 한다.[51] 석승호(釋僧護)는 석성산 은악사 북쪽 푸른 벽에 산을 둘러서 불상을 조성할 것을 서원할 때, 미륵의 천척(千尺)의 자태가

會法聚."
48) 『고승전』(『大正藏』50, 353b-c). "安每與弟子法遇等, 於彌勒前, 立誓願生兜率 … 安請問來生所住處. 彼乃以手虛撥天之西北, 卽見雲開, 備覩兜率妙勝之報. 爾夕大衆數十人悉皆同見."
49) 『고승전』(『大正藏』50, 356c). "後篤疾常誦彌勒佛名不輟口. 弟子智生侍疾. 問何不願生安養. 誡曰, 吾與和上等八人同願生兜率. 和上及道願等皆已往生. 吾未得去. 是故有願耳."
50) 상동(『大正藏』50, 399a). "從達摩比丘諮受禪要. 達摩曾入定往兜率天, 從彌勒受菩薩戒. 後以戒法授覽."
51) 상동(『大正藏』50, 399b). "後入定見彌勒放齊中光照三途果報. 於是深加篤勵. 常坐不臥."

나타나는 것을 세 번이나 목격한다. 축승보(竺僧輔)는 도솔천에 왕생하여 미륵(자씨)을 보기를 서원하였다고 한다.[52]

　전반적인 내용을 살펴볼 때 미륵신앙이라고 할 만한 것은 특별히 경전과 관련된 것이 아님을 알 수 있다. 그들은 주로 꿈이나 선정에서 미륵을 만나 계시를 받고, 현실에서는 주로 미륵불상을 조성했다는 것을 알 수 있다. 특히 계율과 관련해서 미륵이 중요한 위치를 차지하고 있음을 여러 인물들의 예에서 살펴볼 수 있다는 점도 특징이다.

　『고승전』과 중복되지 않는 내용을 『명승전초』에서 살펴볼 수 있다. 30여 명의 인물 가운데 불타발타(각현), 도안, 혜람, 혜정(慧精), 도법, 지엄은 『고승전』에서 미륵 관련 내용이 나왔던 인물이지만, 담빈(曇斌)·보운(寶雲)·법성(法盛)·승인(僧印) 등은 『고승전』에서는 미륵과 관련한 내용이 보이지 않았던 인물이다. 특히 『고승전』의 승인은 삼론과 법화를 배웠지만, 법화의 종지를 널리 퍼뜨리면서 『법화경』만 252회 강의를 하였다고 전한 인물이다. 『명승전초』에서는 『고승전』에서의 승인 이외에 서방정토보다 도솔천왕생을 기원하면서 죽은 또 다른 승인에 대한 기록을 전하고 있다. 한편 도교(道矯),[53] 담부(曇副)는 『고승전』에 등장하지 않은 인물이었다. 오늘날 『명승전』이 남아있지 않으므로, 『명승전초』는 『고승전』이 제작될 당시의 미륵신앙을 잘 보여주는 귀중한 자료라고 할 수 있다.

　보운은 지엄, 법현과 함께 서역의 여러 나라로 구법을 하는 중에 타력국(陀歷國)에 머물 때 금박의 미륵불상 아래에서 깊이 참회법을 행하였다. 50일째 되자 밤에 대낮처럼 환한 빛이 비쳐서 많은 사람이

---

52) 상동(『大正藏』50, 355b). "誓生兜率仰瞻慈氏."
53) 『名僧傳抄』(X77, 359a). "共起佛殿三間, 并諸花幡, 造夾苧彌勒佛倚像一軀. 高一丈六尺, 神儀端儼, 開發信悟."

함께 이것을 보았다. 법성은 천축으로 가는 길에 한 나라에서 우두전단으로 만든 미륵상 앞에서 참회하였는데, 이처럼 미륵상 앞에서 참회법을 행하는 사람은 반드시 미륵을 보았다고 한다.[54] 보운과 법성을 통해서 미륵상 앞에서 참회법을 행하는 것이 있었음을 알 수 있으며, 『고승전』에서 이러한 내용이 없는 것과 대조된다.

담부는 사문 보지(寶誌)가 그에게 "그대는 죽은 뒤에 도솔천에 태어나 미륵을 섬기면서 본원에 부합할 것이다."라고 한 말을 듣고, 재산을 출자하여 『법화경』, 『무량수경』, 『미륵경』, 『사천왕경』, 『유교경』, 『현겁천불명경』 외에 『승니계본』 1천부를 만들었다. 이를 유포하며 두루 다니면서 홍교를 하는 도중에, 어느날 꿈에서 어떤 사람이 "그대는 도솔의 업을 다 이루었으니 근심하지 말라"는 말을 하기도 하고, 하루는 꿈에서 미륵불이 이마를 어루만져서 몸에 향기가 가득 하기도 하였다. 이렇게 12년을 하다가 죽었다고 한다.[55] 담부가 재산을 털어서 여러 경전을 만들 때, 『법화경』・『무량수경』・『승니계본』을 만들어 유포했던 사실에서 이들 경전이 모두 직접적으로 미륵신앙과 관련된 것이었음을 쉽게 짐작할 수 있다. 담부의 사례를 통해서 미륵신앙은 『관미륵보살상생도솔천경』에 나오는 미륵신앙 관법(觀法)

---

54) 미륵상 앞에서 참회법을 실천하는 것은, 고혜련[2011: 19]이 밝힌 것과 같이 수행자들이 예배 대상과 관불을 목적으로 미륵상을 조성하였다는 것과 관련이 있을 수도 있다. 그러나 이것은 다른 主尊을 세우고 참회법을 행하는 것과 어느 정도의 차이성이 있는지에 대해서도 지역적・정치적・신앙적으로 고려가 되어야 할 부분이라고 생각한다.
55) 『명승전초』(X77, 359a-b). "常言此人五法城之侶也, 每記之云, 君當生兜率勤慈氏, 符其本願. 會其夙心, 乃捨貲財, 造法花無量壽彌勒四天王遺敎, 乃賢劫千佛名, 僧尼戒本, 各一千部. 作布薩籌十萬枚, 傳布遐方, 流化殊域, 開暢微遠. 竭財弘敎. 盡思幽深. 應門到广. 戒行精峻. 唯至唯勤, 乃通夢想. 有人語之曰, 若兜率之業已辦. 無所復慮也. 又夢彌勒佛手摩其頂, 天香幡氣神龍現體, 一二年中靈應想襲."

이 유행했던 것만이 아니라, 미륵이 등장하는 여러 대승경전의 영향이 있었고, 당시 크게 유행했던 『법화경』이 중요한 역할을 했다고 보아도 크게 무리는 없다고 생각한다.

2) 『고승전』의 보현보살신앙과 『법화경』

『법화경』「보현보살권발품」이외에 초기 중국불교에서 보현보살신앙과 관련된 주요한 경전은 『관보현보살행법경』이다. 담마밀다(曇摩密多)는 계빈인(罽賓人)으로 선법(禪法)에 뛰어난 인물이었는데 그가 한역한 경전 가운데 『보현관경(普賢觀經)』이 들어있다. 『출삼장기집』에 의하면 이것은 『관보현보살행법경』을 가리킨다.[56] 「보현보살권발품」에 이미 21일 참회법에 대한 내용이 나오지만, 법화3부경의 결경(結經)인 『관보현보살행법경』은 보현보살의 21일 참회법을 보다 상세하게 설명하고 있다. 여기서는 6근(根)을 청정하게 하는 수행을 하여 6근의 죄업을 참회할 것을 강조하고 있다.[57] 보현신앙과 관련된 『고승전』의 기록은 다음과 같은 내용이 있다.

석승포(釋僧苞)는 21일 보현재를 지내는데, 처음 7일에는 백학이 날아와 보현의 자리 앞에 앉았다가 날아갔고, 21일이 되었을 때는 황색 옷을 입은 네 명의 사람이 와서 탑을 여러 번 돌고는 홀연히 사라졌다고 한다.[58] 석도온(釋道溫)은 대명(大明) 4년(460) 10월 8일에 보현상을 조성하여 중흥사 선방에서 재를 설치하려고 했다. 이 자리에 초

---

56) 『출삼장기집』(『大正藏』55, 12b). "觀普賢菩薩行法經一卷(或云普賢觀經下注云出深功德經中)."
57) 조凱[2011].
58) 『고승전』(『大正藏』50, 369b). "仍於彼建三七普賢齋懺, 至第七日, 有白鵠飛來集普賢座前. 至中行香畢乃去. 至二十一日將暮. 又有黃衣四人, 繞塔數匝忽然不見."

대하지 않은 신이한 승려가 나타났는데, 그는 천안(天安)으로부터 왔다는 말을 남기고 홀연히 사라졌다고 한다.[59] 석혜기(釋慧基)는 일찍이 꿈에서 보현을 보고 화상이 되기를 청하였다. 절이 완성된 후에 보현과 여섯 개 상아를 가진 흰 코끼리의 형상을 만들고 보림에 가서 21일 재참을 베풀었다. 그는 『법화의소』 3권을 짓기도 하였으므로, 그의 보현보살신앙은 특히 『법화경』과 관련이 깊다고 할 수 있다.

석도경(釋道冏)은 평소에 오직 『법화경』만을 송경하였으며, 입으로는 항상 관세음을 염하였다고 한다. 어느 날 스승의 명으로 도반 3인과 함께 하남 작산(雀山)에 종유를 채취하러 갔다가 깊은 굴에 들어가게 되었지만, 홀로 평소의 습업으로 인해 무사히 탈출할 수 있었다. 이에 습선을 성실하게 하면서 자주 보현재를 설치하였고, 위험에 처하면 정성껏 관음을 염하기도 하였다. 석보명(釋普明)은 『법화』・『유마』 두 경전을 암송하고 이것을 암송할 때 다른 옷을 입고 다른 자리에 앉았다. 매번 「보현보살권발품」을 암송할 때는 문득 보현이 코끼리를 탄 모습이 앞에 서 있는 것을 보았고, 『유마경』을 암송할 때는 허공에서 기악이 울리는 소리를 들었다고 한다.

보현신앙에 관한 내용은 혜기, 도경, 보명에 관한 기록을 볼 때, 『법화경』과 유관성이 있음을 분명하게 알 수 있다. 또한 보현에 관해서 『출삼장기집』의 내용을 보완하면, 여산혜원은 『초보현관참회법(抄普賢觀懺悔法)』 1권을 찬하였다. 도경의 경우는 관음과도 관련이 있는데, 이것도 『법화경』과의 관련성에서 나온 것임은 다음 절에서 살펴볼 것이다. 또한 승포, 혜기, 도경의 경우에서 보현재(普賢齋)가 초기

---

59) 『고승전』(『大正藏』 50, 372c). "路昭皇太后大明四年十月八日造普賢像成 … 摸造普賢來儀盛像, 寶傾宙珍妙盡天飾, 所設齋講訖今月八日, 嚫會有限名簿素定 … 答云來自天安. 言對之間倏然不見."

중국불교에서 현행하던 일반적인 예참 중의 하나였음을 알 수 있다. 미륵상과 마찬가지로 보현상도 제작되었음을 알 수 있는데, 본고를 통해서 이 둘을 하나로 묶을 수 있는 근거는 『법화경』이 없었다면 가능하지 않았을 것임이 분명하게 드러났다고 생각한다.

3) 『고승전』에 보이는 관세음신앙

미륵, 보현과 함께 『법화경』에 등장한 보살 가운데 신앙의 대상이 된 존재는 관세음이다. 『법화경』 「관세음보살보문품(觀世音菩薩普門品)」 이외에 독자적으로 관세음신앙과 관련된 이른 시기의 경전은 현전하는, 담무갈(曇無竭)이 한역한 『관세음보살수기경(觀世音菩薩授記經)』이 있다. 담무갈은 직접 천축에 가서 역경을 무릅쓰고 범본을 갖고 와서 한역하였다. 기록에 의한다면 담무참이 『관세음관경』과 『미륵관경』을 한역했다는 기록이 있지만 『출삼장기집』을 비롯한 어떤 역경목록에도 이 경들이 보이지 않는다. 또한 법헌(法獻)은 우전국에 갔다가 돌아왔는데, 거기서 붓다의 치아 1과, 사리 15신과 관세음멸죄주(觀世音滅罪呪)와 「조달품(調達品)」을 얻었다고 한다.[60] 『출삼장기집』을 비롯한 역경목록에서 실역경(失譯經)에 속해 있는 『관세음소설행법경』이라고 하는 주경(呪經)이 있는데, 『역대삼보기』는 이것이 담무갈이 한역한 『관세음멸죄주경』이라고 부기하고 있지만 신뢰하기는 어렵다.[61]

---

60) 『고승전』(『大正藏』50, 411b-c). "釋法獻 … 遂於于闐而反, 獲佛牙一枚舍利十五身幷觀世音滅罪呪及調達品."
61) 『역대삼보기』(『大正藏』49, 95c). "觀世音懺悔除罪呪經一卷(永明八年十二月出. 亦名觀世音所說行法經. 見寶唱錄及三藏記.)" 이것은 비장방이 담무갈의 전기를 이용해서 추리하여 썼을 가능성도 있어서 정확성을 검토해보아야 하지만, 아직까지는 전거가 부족하다.

『고승전』에 보이는 관세음신앙 형태를 정리하면 다음과 같다.

① 천축에 갔던 법현(法顯)은 상인들의 배를 타고 바다를 따라서 돌아오는 길에 폭풍우를 만나자 두려워하면서 경전과 조상(造像)을 버리고 오직 일심으로 관세음을 염하였다.[62] 중천축인으로 중국에 온 구나발타라[공덕현(功德賢)]가 배를 타고 올 때 바다 가운데에서 배가 멈추었다. 구나발타라는 "한마음으로 힘껏 시방불을 염하고 관세음을 부르면 어찌 감응하지 않겠는가!"라고 하며, 몰래 주경을 암송하고 간곡하게 예참을 하여 어려움을 면하였다.[63] 석혜포는 법을 설하기 위하여 관세음을 권념하였고, 위태로운 때에는 더욱 간절하게 생각하였다고 한다.[64] 도왕은 양주에서 도적에게 포위된 채 의발을 잃었는데, 제자들과 함께 한마음으로 관세음을 염했다. 잠깐 사이에 구름이 일어난 것과 같이 도왕 등의 몸을 가렸고, 도적떼가 찾았으나 보지 못하여 난을 면했다.[65] 축법순은 작은 배를 타고 호수 가운데에서 풍랑을 만났는데, 오직 일심으로 관세음을 입으로 외며 잠시도 놓지 않았다. 이에 큰 승선을 보고 그걸 타고 풍랑의 난을 피했는데 해안에 이르러 배를 살펴보니 주인이 없었다고 전한다.[66] 승홍은 죄를 짓고 상부에 묶여 있는데, 오직『관세음경』을 외우며 일심으로 불상에 귀명하였다. 밤에 꿈에 주조한 불상이 와서 머리를 어루만지며 위로하였고, 이후에 죄에서 벗어났다고 한다.[67]

---

(62)『고승전』(『大正藏』50, 338a).
(63)『고승전』(『大正藏』50, 344a-b)에서 천축에서 온 구나발타라의 경우는 '稱名 관세음'을 강조하고 있다.
(64)『고승전』(『大正藏』50, 369c).
(65)『고승전』(『大正藏』50, 371c). 道汪의 경우『명승전초』에서는 그에게 보살계를 받아 도솔천에 왕생한 벗의 이야기만 있을 뿐 관세음 관련 내용은 없다.
(66)『고승전』(『大正藏』50, 406c). 竺法純조.

② 담영은 일찍이 환부가 곪았는데 치료를 하지 않고, 방안에서 계속 하나의 관세음상을 공양하였다. 아침저녁으로 예배하며 차도가 있기를 구하여, 마침내 신이한 일을 경험하고 치료가 되었다고 한다.[68] 축법의는 특히 법화에 뛰어났는데, 홀연 병이 들었음을 알고 항상 관음을 생각하였다. 한때 꿈에서 한 사람이 배를 가르고 장을 씻는 것을 보고 꿈에서 깨어난 뒤 병이 나았다고 한다.[69] 배도자(杯度者)의 제자가 우연히 냉병이 들었는데 아무도 돌보아 주지 않자 슬피 울며 관음을 염하였다고 전한다.[70]

③ 도경(道冏)은 평소 법화를 염송하면서 오직 이 일을 성심껏 하였다. 또한 관음을 존념하였다. 한때 미로같은 굴에 들어갔는데 어떤 반딧불 같이 환한 것을 보고 좇아갔으나 잡을 수가 없다가 마침내 굴을 나오게 되었다. 빈번하게 보현재를 지냈고 서응이 있었다. 외국에 갔다 돌아온 도경은 귀국하여 관음을 성심껏 하여, 이치를 터득하였고, 항상 반주(삼매)를 업으로 하였다.[71] 백법교는 예참을 하는데 관음에게 머리 숙여서 현세의 과보를 기원하였다. 예참 7일째 될 때 활연하게 깨달았고, 이후 송경 수십만언을 하며 밤낮으로 읊었으며 90세가 되도록 바꾸지 않았다.[72]

④ 승도(僧導)는 스승이 『관세음경』을 주자 다 읽고 스승에게 이것

---

67) 상동(『大正藏』50, 410c). 釋僧洪조. 『명승전초』에는 僧供으로 기록되어 있다. 『출삼장기집』에 "瓦官寺釋僧供造丈六金像記第三"의 내용이 있지만, 宋, 元, 明본은 供＝洪으로 수정해 두었다. 이것은 『고승전』의 기록에 의한 것으로 보이지만, 『명승전초』에 의한다면 供이 올바른 명칭일 가능성이 있다.
68) 『고승전』(『大正藏』50, 415c-a).
69) 『고승전』(『大正藏』50, 350c).
70) 상동(『大正藏』50, 392a). 杯度者조.
71) 상동(『大正藏』50, 407a-b).
72) 상동(『大正藏』50, 413b-c). 帛法橋조.

이 본래 몇 권인지 질문하였고, 이것이 본래 더 많은 내용이 있어야 한다고 말하자, 스승이 기뻐하면서 『법화경』 1부를 주었다고 한다.[73]

①은 위급한 상황이나 재난(물, 불, 바람, 도적)을 당했을 때 관세음을 칭념하는 것, ②는 특히 병에 걸렸을 때 관세음의 가피를 구하는 경우, ③은 관세음을 염하여 깨달음을 얻은 경우, ④는 관세음경이 『법화경』「관세음보살보문품」에 해당하는 것이었음을 알려주는 내용이다. 「관세음보살보문품」에는 불이나 물의 재난을 만났을 때, 바다에서 풍랑을 만나거나 도적을 만났을 때, 죄를 지어 형을 받게 되었을 때, 악귀 등을 만났을 때 관세음보살의 명호를 부르면 구제를 받게 된다는 내용이 있다. 치병과 관련된 관세음에 관한 내용을 담고 있는 경[74]은 『청관세음보살소복독해다라니주경(請觀世音菩薩消伏毒害陀羅尼呪經)』[75]이 있다. 오늘날 현존하는 이 경도 관세음신앙을 증장하는 역할을 했을 것이라고 생각된다. 그러나 『관세음보살수기경』에는 관세음과 관련된 이러한 내용은 보이지 않고, 아미타불을 모시는 협시보살인 관세음과 득대세보살이 석가불이 있는 세계에 와서 회중(會衆)에 있는 대중들이 수기를 받는 모습을 보고 찬탄하는 이야기가 있다. 이처럼 관세음은 아미타불의 협시보살로서 또한 서방정토 왕생을 바라는 사람들에게 신앙되는 대상이 되기도 하였다. 그러나 승전의 내용을 종합적으로 보면서 단행본 경전의 유행이나 유통과 관

---

73) 상동(『大正藏』50, 371a). 釋僧導조.
74) 『묘법연화경』「관세음보살보문품」(『大正藏』9, 58a). 게송 "若惡獸圍遶, 利牙爪可怖, 念彼觀音力, 疾走無邊方, 蚖蛇及蝮蠍, 氣毒煙火燃, 念彼觀音力, 尋聲自迴去"가 치병과 연관될 수 있는 가장 근접한 부분이다.
75) 현존하는 본경은 東晉 거사 竺難提가 한역한 것으로 되어 있는데, 축난제는 『고승전』에서는 求那跋摩傳에 등장하는 상인이다. 경전의 저자 여부는 별도로 이 경이 당시 다른 명칭으로라도 유통되고 있었다면 관세음신앙과 관련되어 그 영향은 있었을 것이라고 짐작된다.

련하여 생각할 때, 관세음보살이 온갖 재난에서 구제해주는 신앙의 대상자가 되는 데는『법화경』의 역할이 매우 컸다고 말할 수 있다.

IV. 나가는 말 :『고승전』에 보이는 법화경 혹은 법화 관련 보살신앙의 특징

　초기 중국불교에서『법화경』이 차지하는 위치를 자리매김하기 위한 작업의 하나로,『고승전』을 중심으로『법화경』경전 관련 연구 상황과『법화경』에 나오는 보살을 중심으로 한 신앙 형태를 살펴보았다. 연구 결과 다음과 같은 내용을 정리할 수 있다.
　첫째, 교상판석에서 관주가 된 상주불성(常住佛性)과의 관련성을 고려할 때 중요한『법화경』한역본은 구마라집의『묘법연화경』이지, 축법호의『정법화경』이 아니다. 초기 중국 불교학자들에게 불성과 관련되어 언급되는 불지견은『묘법연화경』에서만 나오는 용어이며, 이후 주석가들이 활용한 것도『묘법연화경』이기 때문이다. 또한『고승전』,『출삼장기집』등을 볼 때 일승설(一乘說)을 담고 있는『승만경(勝鬘經)』,『열반경(涅槃經)』,『십지경(十地經)』등이 한역되어 있었지만, 후대에 일승사상(一乘思想)을 대표하는 경전으로『법화경』을 언급하게 되는 것으로 보아, 사상적인 면에서『법화경』의 유행은 큰 반향을 낳았음을 알 수 있다.
　둘째, 초기 중국불교에서 신앙의 대상이 되었던 미륵보살, 보현보살, 관세음보살은 모두『법화경』에서 그 역할과 관련성이 두드러지게 묘사되었다.『고승전』에서 승려들에게 신앙되었던 형태는, 동명(同名)

의 보살들이 등장하는 다른 단행본 경전에서는 설명되지 않는 내용도 있다는 것도 확인하였다. 따라서 구마라집의 『묘법법화경』은 중국불교사에서 초기부터 사상을 넘어 신앙적인 측면에도 꾸준한 영향을 주었다는 것을 확인할 수 있다.

그러나 초기 중국불교에 있어서 『고승전』이 나오기까지는 아직 법화사상적인 측면에서 뛰어난 학자가 배출되지 않은 상황이어서 최초기의 모습만을 확인할 수 있고, 법화사상의 발전적 전개는 법운 · 천태지의 · 길장 등이 출현하기를 기다려야 했다.

중국 초기 석굴에 나타난 법화신앙의 특징 -북위시대를 중심으로-

문무왕

중국의 불교신앙 전개에 있어서 법화신앙이 중요한 부분을 차지한다. 이러한 신앙 요소는 불상의 조성에 석가모니불과 미륵보살(또는 미륵불)의 조성을 중심으로 나타난다. 미륵에 대한 신앙은 『법화경』의 신앙을 중심으로 유행하게 된 것으로 보인다. 특히 당시 중국의 북쪽 지역은 전란의 시기였다. 짧은 기간 동안 왕조가 세워지고 망하기를 반복하던 5호 16국 시대였으니 혼란함 속에서도 그들은 그들이 살고 있는 땅을 정토로 구현하고자 과거와 현재 미래의 부처에게 예불하고자 한 것이다. 5호 16국 시대의 혼란기에 화북지방을 통일한 북위(北魏, 386-534)는 법화신앙을 통해 과거불의 계승자로서 석가불의 역할, 석가불의 계승자로서 미륵의 역할에 관심을 기울인 것으로 보인다. 또한 사후(死後)조차도 이러한 미래에 석가불의 계승자로서 이 땅에 도래할 미륵불을 중심으로 생각하는 지극히 현실적인 북위인들의 사고가 투영되었다고 할 수 있다.

중국에서 『법화경』이 번역된 것은 276년경 축법호(竺法護)에 의한

『정법화경(正法華經)』번역에서 시작한다. 이전 시기에 비슷한 성격의 경전이 존재하지만 신앙적으로 완비된 형태의 번역은 중국인들이 불상을 만들거나 탑을 조성하는 데 있어 매우 중요한 역할을 하게 된다. 406년 구마라집이 『묘법연화경(妙法蓮華經)』을 번역하면서 이러한 신앙의 흐름은 한층 더 중요한 역할을 하게 된 것이다.

과거–현재–미래에 대한 도식적 구조는 『법화경』상에서 등장하고 있는 다보(多寶)–석가(釋迦)–미륵(彌勒)의 출현으로 중국 내에 있어서 중요한 신앙의 요소가 되었다. 이러한 신앙적 요소를 바탕으로 중국 내에 조성된 불교문화는 중국인들의 신앙관에 녹아든 법화신앙적 요소를 보여준다. 이러한 중국 초기 신앙사에 있어서 법화신앙적 요소는 석굴 조영의 중요한 요소로 사용되었고 이러한 흔적이 고스란히 석굴 조영 속에 녹아있는 것이다. 본고를 통해 초기 불교문화에 나타난 법화신앙의 특징을 살피고자 한다.

Ⅰ. 북위 이전 석굴 조영에 나타난 법화신앙의 형태

북위시대 이전에 석굴이 조성된 흔적은 북량(北涼, 397~439) 시기에 중국 서북지방에서 석굴이 조성되면서 나타난다고 볼 수 있다. 중국 초기 석굴에 있어서 최초의 석굴로 여겨지는 것은 돈황 막고굴이다. 돈황 막고굴에 대한 기록이 남아 있는 무주성력원년비(武周聖歷元年碑)[1]에 의하면 "낙준과 법양이 불교를 포교하기 시작하였으며, 건평

---

1) 「大周李懷讓重修莫高窟佛龕碑」"莫高窟者 厥初秦建元二年寺門樂僔."

동양공[2]이 유적을 조성하였다."라고 기록하고 있다. 건원 2년은 366년에 해당되는데 4세기 후반에 이 석굴이 개착되었다면 중국에서 연대가 가장 앞서는 석굴로 볼 수 있다.

지금 현존하는 최초의 석굴은 5세기 초 이 지역을 지배했던 북량 시기에 세워진 교각미륵보살상이다. X자로 꼬인 다리가 인상적인 의자에 앉아 있는 이 보살상은 미륵보살을 새겨 놓은 것이다. 교각상은

【그림1】 돈황 막고굴 275번굴 교각미륵보살상

호좌(胡坐)라고도 하는데 책상다리 그대로 의자에 걸터앉는 것을 말한다. 이러한 풍습은 중국적인 것이 아니라 호(胡)라는 말에서 보이듯 서역의 풍습에서 유래한 것이다.

배진달은 이러한 교각보살상의 조상과 관련해서 『관미륵보살상생

---

2) 동양왕의 이름은 원영(元榮), 북위시대 황실의 성)으로 북위시대 효창 연간(525년)에 과주자사(瓜州刺史)로 봉해져 서위 대통(大統) 연간까지 약 20여 년 간 돈황 지방을 지배했던 인물이다.

도솔상생경(觀彌勒菩薩上生兜率上生經)』의 영향으로 성립되었다고 보고 있다.[3] 하지만 이는 시기상으로 이 석굴의 개착 시기를 뒤로 미뤄야 하는 문제가 있다. 저거경성(沮渠京聲)에 의해 455년 번역된 이 경전이 275번굴의 개착과 연관이 지어지기 위해서는 460년 이후 개착된 것으로 보아야 하는데, 484년에서 494년 사이의 학설을 차용한다면[4] 가능하겠지만 석굴의 조상사적인 특징을 보았을 때 그보다 편년이 앞선다고 할 수 있다. 5세기 초로 불상의 조성을 본다면『미륵상생경』과의 관련성은 문제가 있다. 물론 308년 축법호 역의『불설미륵하생경(佛說彌勒下生經)』에 이러한 요소도 등장하고는 있지만 불상조성에 있어서 교각미륵상은『하생경』의 신앙적 형태의 구현이라고 보기는 어렵다.

오히려 『묘법연화경(妙法法華經)』「보현보살발권품(普賢菩薩勸發品)」[5]의

> 만일 받아 지니고 읽고 외고 뜻을 해설하면, 이 사람은 목숨이 마칠 때에 천불(千佛)이 손을 내미니 두렵지도 않고 악취에 떨어지지도 않고, 곧 도솔천상의 미륵보살 계신 데 가서, 미륵보살이 32상을 갖추고 대보살들에게 둘러싸여 백천만억 천녀(天女) 권속들이 있으니, 그 가운데 왕생하리라.

기록과 가까운 것으로 보인다. 4세기 초반에 번역된『정법화경』과 5세기 초반의『묘법연화경』이 미륵상생신앙의 요소와 연관이 많은 것

---

3) 배진달,『중국의 불상』(서울, 일지사, 2005), p. 71.
4) 溫玉成, 배진달 편역,『中國石窟과 文化藝術』(서울, 경인출판사, 1992), p. 19.
5)『妙法蓮華經』(大正藏 권9, p. 61) "若有人受持讀誦解其義趣 是人命終爲千佛授手 令不恐怖不墮惡趣 卽往兜率天上彌勒菩薩所 彌勒菩薩有三十二相 大菩薩衆所共圍繞 有百千萬億天女眷屬 而於中生."

으로 보인다.

또 감숙 지역 중국 석굴 중 최초의 조성 기록이 남아있는 병령사의 169번 굴은 초기 신앙사의 중요한 시사점을 주고 있다. 169번 굴 안에는 "건홍 원년(420년) 3월 24구를 조성했다(建弘元年 歲在玄枵三月卄四造)."는 기록이 남아있다. 석굴이 420년 당시에 현재의 형태로 조성된 것은 아니다. 지상에서 40m 올라간 벼랑에 뚫린 이 석굴 내부의 높이는 15m이고 너비 25m로 자연 동굴에 약간의 가공을 하여 석굴을 조성하였다. 이 굴에 들어 있는 불상은 420년 이전과 이후에도 지속적으로 만들어졌다.

169번 굴에는 420년 연간에 조성된 무량수불, 관세음보살, 대세지보살만이 아니라 『법화경』「견보탑품(見寶塔品)」의 내용을 표현한 이불병좌상(二佛竝坐像)과 『유마경(維摩經)』「문질품(問疾品)」에 등장하는 유마장자와 문수사리보살이 등장하는 모습이 이 석굴에 조성된다. 이러한 내용은 석가모니불의 서원과 중생을 향해 중생의 아픔을 끌어안는 유마장자의 모습 등을 통해 중국 초기신앙의 특징적인 표현이다. 특히 『법화경』이나 『유마경』 같은 경전들은 당시 장안지역의 구마라집에 의해 번역된 중요한 경전들이다. 또한 이 경전들은 북위시대에도 석굴조영에 있어서 중요한 경전으로 사용되었다.

II. 운강 석굴 조형에 나타난 법화신앙의 요소

운강 석굴의 조성에 관한 기록은

> 담요(曇曜)는 황제에게 아뢰어, 도읍 서쪽 무주새(武州塞)의 산 석벽을 개착하여 다섯 개의 굴을 여니, 각각 불상 1구씩을 새겼다. 높은 것은 70척이나 되고 다음은 60척이며 조각의 특이하고 웅장함은 일세에 으뜸이라 하였다.[6]

라고 기술하고 있다. 대체적으로 운강 석굴이 개착되는 시기는 460년 이후로 볼 수 있다. 담요가 사문통(沙門統)에 임명된 뒤 비교적 이른 시기에 석굴 조영에 착수한 것을 추측할 수 있다. 담요의 전기가 처음으로 등장하는 것은 『고승전(高僧傳)』 권11 「현고전(玄高傳)」[7]에 덧붙여 있다. 도선(道宣)의 『속고승전(續高僧傳)』 권1의 「위북대석굴사항안사문담요전(魏北台石窟寺恒安沙門曇曜傳)」을 보면 북위의 화평(和平) 연간 소현통(昭玄統)에 임명된 기록이 있다. 담요가 북량의 지방에 있다가 북위로 오는 것은 태무제의 북량정벌 이후로, 양주 지방이 점령되면서 이주해온 3,000여 명의 승려의 무리에 끼어 있었던 듯하다. 담요는 폐불 이후 불교부흥의 선두로 파악할 수 있다.

담요는 공종의 아들인 문성제가 등극한 후 양주불교계의 인물들과

---

6) 『魏書』 卷114, 「釋老志」 "曇曜白帝 於京城西武州塞 鑿山石壁 開窟五所 鎸建佛像 各一 高者七十尺 次者六十尺 調飾奇偉 冠於一世."
7) 『高僧傳』 卷11(大正藏 50, p. 386中) "時有沙門曇曜 亦以禪業見稱 偽太傅張潭伏膺師禮."

함께 불교부흥사업에 뛰어들었다. 담요가 사문통이 된 것은 460여 년 경의 일이다. 이때부터 담요는 북위불교의 최고의 자리에 있으면서 불교부흥사업을 벌인 것으로 볼 수 있다. 담요는 약 20년 간을 사문통이 되어 북위불교를 총괄하였는데 뒤에서 언급될 운강 석굴의 개착만이 아니라, 경제사적으로 매우 중요한 승지호·불도호를 확립하였다.

쑤바이(宿白)는 평성에서 운강 석굴이 개착될 수 있었던 가능성을 세 가지로 정리하고 있다. 첫 번째는 도무제의 천도 이래로 물자와 인적 자원이 집중되었다는 점이다. 두 번째로는 평성 지역에서 태무제 말기 폐불 이전까지 불교가 급격하게 발전하였다는 점이다. 세 번째는 서역제국과의 교류 및 복속을 통해 불교문화가 유입이 되었다는 점이다. 이 세 가지 조건으로 인해 인적·물적 자원이 풍부해 공예 기술자를 비롯한 각종 인재들이 집중되어 있던 평성에서는 조상(造像)과 건립에 필요한 기초가 충실했으며, 서역제국과의 긴밀한 관계 속에서 조상이나 화상(畵像)의 전래에 유리한 조건을 갖추고 있었다. 북위황실은 중국의 입장에서 신흥 민족세력이었던 관계로 동서 문화를 융합, 새로운 석굴 양식을 창조하는 것은 결코 우연한 일이 아니라는 주장이다.[8]

당시의 북위불교는 불교부흥을 적극적으로 추진한 사문통 담요와 이를 측면에서 지지하고 담요의 종교정책을 실행시킨 문명황태후라는 두 명의 걸출한 인물들에 의하여 부흥의 전기를 맞고 있었으며, 시기의 웅혼한 기상이 이 석굴의 조형에 투영될 수 있었다.

평성시대 후기의 북위불교는 452년에 불교부흥의 조칙이 발표된

---

8) 宿白, 「平城における國力の集中と'雲岡樣式'の形成と發展」(『雲岡石窟』一, 平凡社, 1989), pp. 174~179.

이후부터 주로 사문통 담요의 활약으로 급속히 발전하였다. 『위서』 「석노지(釋老志)」에 의하면, 홍광(興光) 원년(454) 이후 태화(太和) 원년(477)에 이르기까지 수도 내의 사찰은 신구 100곳에 달했고 승려의 수는 2천여 명이나 되었으며, 지방의 사찰은 6,478곳으로 늘어나고 승려의 수는 77,258명이나 되었다고 한다.[9] 남조(南朝)에서 불교가 가장 융성했던 양대(梁代)에도 사찰이 2,846곳, 승려의 수가 82,700여 명이었다고 하는 것과 비교하면, 사찰의 수가 두 배 이상이고 승려의 수는 양대와 비교도 안 된다. 이것은 북위의 평성시대 후기, 더구나 겨우 24년 간의 추세였다. 양에 약 50년 간의 설반에 지나지 않는 기간에 이루어진 비정상적인 불교교단의 팽창과 사탑의 증가는 주목할 만하다.

양주 출신의 승려라면 석굴 수행에는 매우 익숙한 존재였을 것이다. 양주, 즉 돈황 출신 승려로서 양주 지방에 있었던 석굴 수행에 익숙한 것은 당연한 일이다. 『속고승전』 「담요전」의 제목에서 보이듯 그는 석굴을 중심으로 그의 수행의 이력을 펼쳤을 것이고, 이런 그가 석굴 조성을 북위불교 회복의 신호로 삼은 것은 당연한 일이다. 이러한 담요의 이력과 연관지어 보았을 때, 담요는 중국 내륙에 양주 지역의 발달된 불교를 이식하였을 것이고 이러한 과정에서 신앙적 특색이 드러났다고 할 수 있다.

석굴은 양식 상으로 세 시기로 나누어 구분하고 있다. 이 세 시기로 나눈 방법은 학자들 간에 견해를 달리 하는데 이것은 시기와 양식상 구분법에 따른 것이다.[10]

---

9) 『魏書』 卷114, 志 第20, 「釋老志」 "自興光至此 京城內寺新舊且百所 僧尼二千餘人 四方諸寺六千四百七十八 僧尼七萬七千二百五十八人."

II-1. 담요오굴(曇曜五窟, 460~465년경)의 조상에 나타난 법화 신앙의 특징

담요오굴의 경우는 신앙사적 언급 이전에 북위황실과 불교와의 관계를 보여주는 중요한 석굴로 여긴다.
『위서』「석노지」에 다음 두 가지 사건이 묘사되어 있다.

> 흥안(興安) 원년(452)에 불교부흥의 조칙이 내려지자 곧바로 유사(有司)에게 명하여 문성제(文成帝)와 같은 신장의 석상을 만들게 하였다. 석상이 완성되자 얼굴 위와 발 아래에는 각각 흑석이 있었는데, 그것은 문성제 신체의 아래위에 있는 검은 점과 모르는 사이에 일치하고 있었다. 논자는 순수함과 지성심이 부처님에게서 감응된 것이라고 말했다.[11]

> 흥광(興光) 원년(454년) 가을에 칙명으로 오급대사(五級大寺) 안에 태조(太祖) 이하 오제(五帝)를 위해 석가입상(釋迦立像) 5체(體)가 주조되었다. 이 상의 높이는 일장육척(一丈六尺)으로 적금(赤金) 2만 5천근이 사용되었다.[12]

---

10) 운강 석굴의 시기에 관한 논쟁은 水野淸一, 長廣敏雄의 16권으로 된 『雲岡石窟』의 「雲岡石窟序說」(제1권), 「雲岡石窟寺」(제2권), 「雲岡石窟の歷史的背景」(제3권), 「雲岡石窟次第」(제16권)에서 언급되고 있다. 이후 중국 측에서 宿白가 「雲岡石窟 分期試論」을 통해 '金碑'의 해석을 통해 제2기 석굴의 개착 연대를 달리 해석하고 있다.
11) 『魏書』卷114, 志 第20, 「釋老志」"是年 詔有司 爲石像 令如帝身 旣成 顔上足下 各有黑石 冥同帝體上下黑子 論以爲純誠所感."
12) 『魏書』卷114, 志 第20, 「釋老志」"興光元年秋 勅有司 於五級大寺內 爲太祖以下 五帝 鑄釋迦立像 各長一丈六尺."

이 기록들은 불교가 얼마나 국가불교화 되었는지를 보여주는 사건이라고 할 수 있다. 다섯 구의 석가금동불은 북위의 오제(五帝)를 대표하는 것으로, 오제에 대한 추선공양(追善供養)의 의미로 수도에 거대한 불상을 조성한 것으로 볼 수 있다. 군주에 대한 불교의 정책적 협조와 제실(帝室)의 종묘(宗廟)의 형태가 오급대사(五級大寺) 안에 결합된 것이다. 이러한 두 가지의 기사를 놓고 볼 때 담요가 운강 석굴을 개착하던 시기의 북위불교는 황제를 불교존상의 대상으로 삼고자하는 풍조가 있었던 것으로 보인다. 쓰카모토 젠류(塚本善隆)는 그의 책[13]에서 담요오굴에 조성된 불상들이 태조 이하의 5제를 상징한다고 파악하고 있다.

운강 석굴은 북위불교의 폐불이 단행되었던 446년에서 불과 14년 뒤인 460년 경에 개착되어지는데[14] 이러한 기사를 중심으로 추론을 해보면 담요오굴의 성격을 규명할 수 있다. 대체적으로 담요오굴은 제일 좌측의 굴인 20굴부터 개착되기 시작하여 서쪽에서 동쪽 방향으로 개착되었다.

도키와 다이죠(常盤大定)와 세키노 다다시(關野 貞)는 태조 이하 5제를 위해 석가주금상(釋迦鑄金像)을 만들었다는 「석노지」의 내용에서 태조를 태조 도무제의 증조인 태조 평문제로 보았다. 그래서 5제가 태조의 선대로부터 비롯된다고 생각하여 20굴을 평문제의 굴로, 19굴을 도무제, 18굴을 명원제, 17동을 태무제, 16동을 공종 경목제의 굴로 파악하고 있다.[15] 사토 치스이(佐藤智水)[16]의 경우 이러한 견해를 수용

---

13) 塚本善隆, 『支那佛敎史硏究』 北魏篇(東京: 弘文堂書房, 1942), pp. 219~225.
14) 필자는 운강 석굴의 개착 시기를 宿白, 「平城 における 國力의 集中과 '雲岡樣式'の形成と發展」, 『雲岡石窟』一, 平凡社, 1989의 견해를 따라 460년 개착되어진 것으로 파악한다.

하고 있다. 쓰카모토 젠류의 이러한 주장은 현재 별다른 반대 의견이 존재하지는 않는다. 쓰카모토 젠류는 18굴이 당시 황제인 문성제를 지칭한다고 보았다. 요시무라 사토시(吉村怜)도 「담요오굴론」에서 18굴을 중심으로 신위소목(神位昭穆)의 배열로, 가운데 18동을 태조 도무제 굴, 19굴을 명원제, 17동을 태무제, 20동을 경목제, 16동을 문성제의 것으로 추론하고 있다.[17] 미술사학계에서도 이러한 학설을 거의 정설로 받아들이고 있는데 나가히로 도시오(長廣敏雄)는 이러한 견해를 미술사적인 측면에서 수용하고 있다.[18] 곧 형태가 우람하고 장대한 용자(容姿)를 자랑하고 있다는 점이다. 넓은 얼굴, 짧은 목, 떡 벌어진 어깨, 두꺼운 가슴은 우람한 체구를 더욱 박력있게 만들고 있다. 이렇게 웅장한 체구는 북위왕실의 '왕즉불(王卽佛)'이라는 사상에 걸맞은 매우 적절한 상으로 보고 있다.[19] 즉 「석노지」에 보이는 천자(天子)를 당금(當今)의 여래(如來)라는 설에 따라 연구자들은 대개 담요오굴의 불상들을 북위황제의 형상과 흡사한 것으로 이해해왔다.[20]

담요는 439년 북위에 의해 북량이 평정되었을 때 양주 지방에서 평성으로 왔다. 이 5굴을 조성한 담요는 기본적으로 서역풍 불상 양식에 친숙했을 것이다. 운강 석굴 제1기의 석굴이 담요에 의해 주도

---

15) 최완수, 『한국불상의 원류를 찾아서』, p. 175(서울, 대원사, 2002).
16) 佐藤智水, 「雲岡佛敎の性格」, 『東洋學報』第59卷 第1·2號, 1997, pp. 29~33.
17) 최완수, 앞의 책, pp. 175~176.
18) 長廣敏雄, 『雲岡石窟』, 世界文化社, 1976.
19) 같은 책, p. 227.
20) 이러한 이론은 塚本善隆의 「雲岡三則」에서 극명하게 보이고 있다. 이러한 의견은 문성제 당시 문성제의 모양을 닮은 불상, 오급대사 내에 설치한 '太祖已下五帝'의 기사와의 연관 관계를 중심으로 담요오굴의 태조 이하 오제의 설을 논구하고 있는 것이다. 이러한 연구 태도는 「석노지」를 중심으로 연구한 학자들에 의해 계속 계승이 되어졌으며, 현재 학계에서는 별다른 이견이 보이지 않는다.

되었으니 서역풍의 양식이 나타나게 되었다.

　더욱이 담요오굴이 거대한 규모로 나타나게 되었던 배경으로 4, 5세기 경 상당히 거대한 스투코 상을 제작하고 있었던 간다라 지방의 조형 방식이 교역로를 통하여 평성에 영향을 미쳤을 것이다. 담요오굴 가운데 18·19·20굴의 조각은 대체로 같은 양식과 형식으로 이루어져 있다. 얼굴은 넓은 면들로 구성된 방형에 가깝고, 뺨에서 턱까지는 꽉 차서 터질 듯한 원만함이 나타나 있다. 이것은 북위를 지배했던 몽골계 탁발족의 이상적인 용모와도 관계가 있지 않을까 생각된다. 체구는 약간 평면적이며 어깨 폭은 넓고 양감이 뚜렷하다. 이와 같은 운강 제1기 양식의 존상들은 북위라는 국가가 흥륭했음을 말해주듯 힘이 넘친다.

　담요오굴의 주제는 석가불입상과 미륵보살상인데 기본적으로 각지면서 둥근 얼굴에 깊은 눈, 높은 코의 인상적인 얼굴과 짧은 목, 팽창된 어깨, 두꺼운 가슴 등 웅건하고 기백이 넘치는 형태를 보여주고 있어서 서방적인 요소가 짙게 나타난다고 할 수 있다. 이러한 양식적인 요소들은 북위불교가 서방의 불교를 수용하는 과정에서 필연적으로 발생한 것이라고 보인다.

　이러한 수용 과정과 더불

【그림 2】 운강 석굴 제17굴
교각미륵보살상

어 살펴보아야 할 것은 만약 이 불상의 주제가 앞서 언급했듯이 쓰카모토 젠류의 의견을 따라 황제들의 존상이라고 한다[21]면 거대한 다섯 존상의 특징이 가능하다고 본다.

원위청(溫玉成)은 담요오굴을 해석하면서 담요가 설계한 오굴은 다른 의미를 가지고 있었다고 보았다. 이들 오불이 불법이 멸하지 않고 영원히 지속되기를 바래서 조성하였던 것이라고 할 수 있고, 폐불(廢佛)에 대한 하나의 반격으로도 해석할 수 있다고 보고 "오불은 마땅히 과거삼불, 석가, 미륵이 되어야 한다."라고 보고 있다.[22] 법현(法顯)은 일찍이 승가시국(僧伽施國)에서 "과거삼불병석가문불좌처(過去三佛幷釋迦文佛坐處)"의 기념탑을 담례(膽禮)한 적이 있었다고 한다.[23] 18호굴 주존의 가사 위에 부조된 천불은 아마 현겁천불(賢劫千佛)을 표현한 듯하다고 해석하고 있다. 이미 이 시대에 구마라집에 의해 『천불인연경(千佛因緣經)』[24]이 번역이 되었으니 이러한 추측은 가능할 것이다.

이러한 석가와 미륵과의 관계를 보여주는 중요한 경전이 『법화경』임을 앞서 이미 지적한 바 있다. 담요오굴의 개착 배경에 관해서는 물론 황제와 연결된 국가불교에서 찾을 수 있지만, 구현되는 신앙적 특징은 『법화경』의 신앙임을 살필 수 있다.

18굴, 19굴, 20굴은 삼세불이며 17굴은 미륵보살, 16굴을 석가불에 배대한다면 원위청이 제기한 문제와 더불어 쓰카모토가 제기하고 있

---

21) 塚本善隆, 앞의 책, pp. 223~224.
22) 溫玉成, 앞의 책, p. 45.
23) 『高僧法顯傳』 一卷(大正藏 51권, p. 859) "及過去三佛幷釋迦文佛坐處經行處."
24) 『佛說千佛因緣經』(大正藏 14권, p. 66) "世尊 世尊與賢劫千佛 過去世時 種何功德 修何道行 常生一處同共一家."

는 북위 사상의 변천사와도 많은 연관성을 유지할 수 있다. 또한 제 17굴은 교각미륵보살이 주존인데 벽면에 "태화(太和) 13년(489)에 비구 혜정(惠定)이 병의 쾌유를 기원해 석가·다보·미륵상 3구를 조상 발원한다."는 조상기(造像記)[25]가 있어서 이 시기를 전후하여 운강 지역에 유행한 법화신앙의 단면을 볼 수 있다.

II-2. 제2기 운강 석굴(465~494년경)의 조성과 법화신앙

이 시기는 북위의 천도 시기와 연관되어 불상의 변화를 보여주고 있다. 이 시기는 북위의 정책변화와 맞물린 한족화(漢族化)된 불상이 나타나는 것이 특징이라고 할 수 있다. 한화정책(漢化政策)이 본격적으로 시작되는 시기는 연흥(延興) 원년(471)부터이다. 효문제 즉위 후 지속적인 한화정책을 실시하였는데 이러한 배경에는 문명황태후(文明皇太后)가 한족 출신이라는 점도 중요한 요인이 되었을 것이다. 또한 태화 10년(486)에 실시한 황제의 곤면복(袞冕服) 착용을 시작[26]으로 태화 18년(494) 실시한 일반인들의 호복(胡服) 착용금지[27]의 배경이 운강 석굴 2기 조영을 이해하는 중요한 단서가 된다고 할 수 있다. 양식적으로는 중국화 과정을 겪는 운강 석굴에서 법화신앙의 형태는 더 중요하게 나타나고 있다.

이 시기의 불상은 『법화경』이나 『유마경』 같은 불경에서 전거한 것인데[28] 이들은 세장(細長)하고 우아한 양식이며, 불의(佛衣)는 포의

---

25) 姜豊榮, 「對〈雲岡石窟十七窟比丘慧定造像記考釋〉一文的商榷」, 『北朝研究』 2(1990. 6), pp. 126~127
26) 『魏書』 卷7 帝紀 第7 「高祖孝文帝」 "十年春正月癸亥朔 帝始服袞冕 朝饗萬國."
27) 『魏書』 卷7 帝紀 第7 「高祖孝文帝」 "革衣服之制."

박대식(褒衣博帶式)의 특징[29]을 보여주고 있다.

7굴의 주존은 하감실(下龕室)에는 석가·다보병좌상이 봉안되었고, 상감실(上龕室)에는 중앙에 미륵보살, 양쪽에 불의좌상(佛倚坐像)이 배치되어 있다. 8굴의 주존은 아래쪽 감실에 불좌상, 위쪽 감실에는 불좌상과 양협시로 미륵보살상이 배치되고 있다. 이러한 배치는 『법화경』의 사상이 녹아있는 것이다.

【그림 3】 운강 석굴 제9굴 하부 교각미륵보살상

【그림 4】 운강 석굴 제9굴 상부 이불병좌상

제9굴의 주존은 불의좌상인데 명칭은 미륵불일 가능성이 있지만 불확실한 편이다. 제10굴의 주존은 미륵보살상인데 전실 후벽 중앙에 수미산이 조각된 것이 특이하며, 두 굴에는 모두 교각불상이 새겨져 있는 것이 또한 특징이다. 이 굴에서도 법화신앙의 요소가 강

---

28) 이것은 앞서 언급한 승연과 그 문하의 특징을 보면 자세히 나온다.
29) 李正曉,「雲岡石窟造像中의 "褒衣博帶"와 "秀骨清像": 그 변천과정과 몇 가지 문제」,『美術을 通해 본 中國史』, pp. 193~199, 배진달, 앞의 책, p. 109 재인용.

하게 나타난다고 할 수 있다.[30]

제1·2굴 주존은 후벽의 감실 안에 봉안했는데 이 아래 긴 횡렬 부조가 있고 그 아래 공양자의 행렬이 조각되어 있다. 탑주(塔柱)는 네모꼴인데 제1굴은 2층, 제2굴은 3층의 구조로서, 각 층마다 4면에 감실을 배치하였다.

제1굴의 주존은 미륵보살상이며, 탑주 하층에는 불좌상이 대부분이고, 상층에는 미륵보살상이 많은 편이다.

제2굴의 주존은 불좌상이다. 탑주 하층의 남면은 석가·다보병좌상이고 기타 3면에는 불좌상이 조각되어 있으며, 중층의 남서 2면에 불좌상, 동면에 미륵보살상, 북면에 불의좌상(佛倚座相)이 봉안되었다. 상층의 남·북 두면에 미륵보살상, 남·서 두 면에는 불좌상이 있고, 역시 이들 두 굴에는 유마·문수상이 배치되어 있다.

제11·12·13굴은 벽면에 층층으로 감실을 배열했으며, 중앙에는 방형의 이층으로 된 탑주가 서 있는데 아래층의 조각이 바로 이 굴의 주존들이다. 굴의 주존은 주실 후벽의 상하 2층의 감실 안에 새겨진 것이다. 굴의 주존은 굴 내 중앙의 약간 후방에 위치하고 있는데 기타 벽면에는 층층으로 나누어 감실이 배치되어 있다.

5굴의 주존은 굴 중앙에서 약간 후방에 위치하고 있는데 예배연도의 면에는 공양자 행렬을 새기고 있다. 6굴의 주존은 후벽 상하 2층으로 된 감실 안에 봉안되어 있다. 5·6굴의 벽면에는 층층으로 감실이 배열되어 있는데 하층 감실의 아래에 난간을 구분하여 장방형의 부조를 새겨 놓았고 아래에는 공양자 행렬이 배열되어 있다.

---

30) 李靜傑, 「雲岡石窟第九·十窟の圖相構成について」, 『佛敎藝術』 267(2003.3) pp.33~58, 배진달, 앞의 책, p. 107에서 재인용.

제5굴의 주존은 불좌상인데 좌우 협시로 불입상이 각각 배치되어 있어서 제1기의 3불 구성이 계승되고 있는 것을 알 수 있다. 제6굴의 주존은 아래쪽 감실에 불좌상, 좌우 협시로 불입상, 상감실에는 3불 입상이 봉안되어 있어서 3불 배치가 주류를 이룬다. 탑주는 4방불로 하층에는 남(南) 불좌상, 서(西) 미륵보살상, 북(北) 석가·다보병좌상이 배치되었고, 상층에는 4면에 모두 불입상이 새겨져 있다. 앞의 벽면에는 역시 유마·문수보살을 새긴 감실이 있다.

2기 석굴의 경우를 보아도 불상의 조성에 있어서 법화신앙의 요소가 강하게 나타나고 있다고 할 수 있다. 특히 중심주탑의 상부에 교각미륵상을 새기고 하부에 석가가 앉아 있는 모습을 255년 번역된 『법화삼매경(法華三昧經)』에서 찾을 수 있다고[31] 주장하기도 하지만 이것보다는 중심탑주에 있어서 하단에 배치된 석가·다보 이불병좌와 구별하기 위해 상부에 미륵을 따로 배치했다고도 볼 수 있다.

III. 용문 석굴에 나타난 법화신앙의 특징

북위의 신앙 대상의 변천은 석가불을 중심으로 한 신앙 형태에서 미륵신앙과의 조화를 이루어내는 것으로 보인다. 「석노지」안에서 석가모니가 전6불의 뒤를 이어 이 땅에 왔으며 뒤를 이어 미륵불이 올 것[32]이라고 기술된 것처럼 북위에 있어서 미륵불은 석가불의 뒤를 잇는 대상으로서 신앙의 대상이 되었던 것이다. 용문 석굴에서 이러

---

31) 배진달, 앞의 책, p. 108.
32) 『魏書』卷114, 志 第20,「釋老志」'釋迦前有六佛 釋迦繼六佛而成道 處今賢劫 文言將來有彌勒佛 方繼釋迦而降世.'

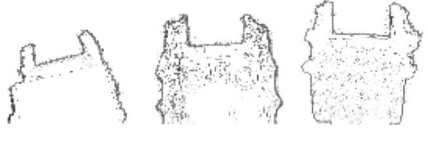

【그림 5】龍門文物研究所, 北京大學考古系 編, 『龍門石窟』(文物出版社, 1991, 北京) pp.283-4 그림 전제

한 미륵보살의 출현은 전6불-석가불-미륵불로 이어지는 신앙적 특징이 조형적으로 나타나고 있다.

용문석굴 개착에 관해「석노지」에 다음과 같이 기록하고 있다.

경명(景明) 초(500)에 대장추경(大長秋卿)인 백정(白整)에게 조칙을 내려, 대동(大同)의 영엄사(靈嚴寺) 석굴(石窟)에 준해서 낙양의 남쪽 이관산(伊關山)에 효문제와 그 황후 문소황태후(文昭皇太后)를 위해 석굴 두 곳을 조영하게 했다. 석굴은 처음에는 지면에서 석굴 정상까지 310척이었지만, 정시(正始) 2년(505)에 산을 파내어 23장(丈)이 되었다. 대장추경 왕질(王質)은 그것이 너무 높아 노동력을 다 소비해도 완성하기 힘들다고 생각하여 아래로 옮겨 평지에서 높이 100척, 남북으로 140척의 석굴로 만들 것을 요청했다. 영평(永平) 연간(508-511)에 중윤(中尹)이었던 유등(劉騰)이 상주(上奏)하여 선무제를 위해 다시 석굴 1개를 조성하여 세 곳의 석굴이 완성되었다. 경명 원년(500)에서 정광(正光) 4년 6월까지의 비용은 802,366인 분의 노동력에 상

당했다.[33]

용문 석굴의 개착은 북위의 낙양 천도 이후 바로 시작된 것으로 보인다. 용문 석굴을 개착된 시기별로 정리해 보자면, 쑤바이(宿白)는 제1단계를 효문제, 선무제 시기로 보고 있다. 이 시기는 고양동(高陽洞), 빈양중동(賓陽中洞), 연화동(蓮花洞)의 굴들이 개착되었다. 제2단계는 호태후 시기로서 화소동(火燒洞), 자향동(慈香洞), 위자동(魏字洞), 보태동(普泰洞) 등이 이 시기에 개착된 굴이다. 제3단계는 효창(孝昌) 이후 시기로 북위의 혼란이 시작된 시기이다. 이때는 노동(路洞) 등 중대형굴 1개, 중형굴 2개, 소형굴 1개 등이 개착된 것으로 보고 있다.[34]

또 원위청은 제1기를 493년에서 499년까지로 보고 있는데 이 시기는 대형굴은 조성되지 않고 소형불감이 제작되는 시기로 보고 있다. 제2기는 500~510년까지의 시기로 비로소 용문 석굴의 모양이 갖추어지고 있는 시기로 고양동의 정면 벽의 3대상이나 8대감이 완성되는 시기로 보고 있다. 제3기는 용문 석굴의 발전기로 511년~517년 사이에 연화동, 빈양중동, 화소동 등의 화려한 용문문화가 꽃피던 시기로 보고 있다. 제4기는 번영기로 518년~534년까지의 시기에 최대의 석굴이 완성되어졌다. 자향동(慈香洞), 보태동(普泰洞), 황보동(皇甫洞),

---

33) 『魏書』 卷114, 志 第20, 「釋老志」 "景明初 世宗詔大長秋卿白整 准代京靈岩寺石窟 于洛南伊闕山 爲高祖 文昭皇太后營石鑛二所 初建之始 窟頂去地三百長 至正始二年 始出斬山二十三丈 至大長秋卿王質 謂斬山太高 費工難就 妻求下移就平去地百尺 南北百四十尺 永平中 中尹劉騰妻爲世宗復造石窟一 凡爲三所 從景明元年至正光四年六月 已前 用工八十萬二千三百六十六."

34) 龍門文物硏究所, 北京大學考古系 編, 『龍門石窟』, (文物出版社, 1991, 北京), pp. 226~229.

노동(路洞)이 완성되어졌고 약방동(藥房洞), 조객사동(趙客師洞), 당자동(唐字洞) 등이 개착되는 시기다. 제5기는 쇠퇴기로 변주동(卞州洞)만이 완성되었는데 535년~580년까지의 시기로 보고 있다.[35]

용문 석굴에 있어서 북위시대에 개착된 굴 수는 25개에 달하며 조상 숫자는 206개[36]에 달한다. 불상의 내용에 있어서도 석가불 43, 미륵불 35, 다보불(多寶佛) 3, 정광불(正光佛) 2, 무량수불(無量壽佛) 8, 관세음보살 19 등으로 이루어져 있다.

III-1. 용문 석굴 불상 조성에 나타난 법화신앙의 특징

용문 석굴 중 초기에 조성된 고양동에도 법화신앙의 특징이 잘 드러나고 있다. 특히 고양동의 벽면에 새겨진 불감들의 조성에서 두드러지는 석가, 미륵, 천불, 이불병좌상의 도상적 특징을 묶을 수 있는 사상은 『법화경』의 사상이다. 『묘법연화경』 「보현보살권발품」[37]의 내용을 중심으로 이러한 신앙적 형태가 구축되고 있는 점이 보인다. 「위영장등조석가상기(魏靈藏等造釋迦像記)」에 '명종지후 비봉천성(命終之後 飛逢千聖)'이라는 구절은 『법화경』의 구절인 '명종위천불수수(命終爲千佛授手)'[38]의 내용과 거의 일치하고 있다. 또한 『법화경』 「견보탑품」의 석가·다보에 대한 기록은 이불병좌상의 조상으로 나타나

---

35) 같은 책, p. 224.
36) 塚本善隆, 앞의 책, p. 380.
37) 『妙法蓮華經』(大正藏 권9, p. 61) "若有人受持讀誦解其義趣 是人命終爲千佛授手 令不恐怖不墮惡趣 卽往兜率天上彌勒菩薩所 彌勒菩薩有三十二相 大菩薩衆所共圍繞 有百千萬億天女眷屬 而於中生 有如是等功德利益 是故智者應當一心自書若使人書 受持讀誦正憶念如說修行."
38) 『妙法蓮華經』(大正藏 권9, p. 61) "是人命終, 爲千佛授手."

| 용문 석굴 빈양중동 우측 | 용문 석굴 빈양중동 정면 | 용문 석굴 빈양중동 우측 |

고 있다.

　용문 석굴에서 가장 오래된 고양동은 효문제~선무제에 이르는 시기에 낙양 지역의 상층사회의 불교의 현실을 보여주는 매우 중요한 굴이다.[39] 쓰카모토는 이 고양동의 조성에 『법화경』의 사상이 존재하고 있음을 밝히고 있다.[40] 이것은 당시 유행하던 『법화경』의 사상과 이불병좌상의 법화사상적인 기반 그리고 조상기에서 『법화경』의 내용이 고스란히 인용되고 있는 점을 들어 그 사상적 연원을 찾고 있다.

　용문 석굴의 중요한 석굴 가운데 하나가 빈양동이라고 할 수 있다. 빈양동은 빈양중동(賓陽中洞), 남동(南洞), 북동(北洞)의 통칭이다. 선무제(宣武帝)가 아버지 효문제, 어머니 문소황태후(文昭皇太后) 고씨(高

---

39) 塚本善隆, 앞의 책, p. 513.
40) 같은 책, p. 523~525.

氏, 高肇女)를 위하여 개착했던 것이 빈양중동(효문제를 위하여 만듦)과 빈양남동(황태후 고씨를 위하여 만듦)이며, 좌우로 배치하여 중간에 거비(巨碑)를 하나 새겨 놓았다. 선무제를 위하여 개착했던 것이 빈양북동으로 중동의 왼쪽에 위치하고 있다고 볼 수 있다.

굴내 평면은 타원형이며, 폭 11.4m, 깊이 9.85m, 높이 9.5m로 궁륭형(穹窿形) 천정을 하고 있다. 정벽(正壁)에 불오존상(佛五尊像)이 환조되어 있다. 주존인 석가모니불은 수미좌 위에 결가부좌하고 있으며, 좌불의 높이는 6.15m, 대좌의 높이는 3.2m이다.

불상의 두발과 육계는 모두 파상형을 하고 얼굴은 장방형이며 큰 귀는 뺨까지 길게 닿아 있다. 눈썹이 길고 눈이 크며 직선적인 코에 콧망울도 크다. 또 입은 작고 입 끝을 약간 위로 올려 미소를 머금게 하였다. 목은 가늘고 가슴은 편평하며 어깨는 처졌지만 건장하다. 오른손은 세워 손바닥을 앞으로 향하게 하였고, 왼손은 손가락 세 개를 구부린 다음 손바닥을 밖으로 향하게 하여 아래로 내려뜨렸다.[41] 불상의 얼굴은 눈썹의 표현 때문에 비현실적이며 신비하기도 하다. 이 불상은 북위 용문 석굴 조각 중 대표작으로서 미목(眉目)의 표현에 중시해 보아야 한다.[42]

좌우벽에 각각 1구의 불입상과 2구의 협시보살이 조각되어 있다. 굴의 도상은 과거, 현재, 미래의 삼세불을 표현한 것이다. 물론 『법화경』에 의거해서 조성된 것이다.[43] 이러한 삼불 배치는 직접적으로는 운강 석굴의 삼세불과도 연관이 있다.[44]

---

41) 溫玉成, 앞의 책, pp. 141~142.
42) 水野淸一·長廣敏雄, 『龍門石窟の硏究』(東京: 座右寶刊行會), 1941, pp. 17~18.
43) 같은 책, p. 142.
44) 水野淸一·長廣敏雄, 앞의 책, p. 19.

빈양동의 불교적 사상도 역시 이러한 『유마경』과 『법화경』의 사상이 수용되고 있는 것으로 보인다.[45] 빈양동은 오존 형식이 특징적이다. 육조시대 조상 배치에 있어서 2승(僧)을 배치하는 형식이 존재한다.[46] 이러한 2승에 2보살상을 더하는 형식은 북위시대 낙양 지방에서 성행하였으며 이러한 전통이 계속 이어져 내려간 것으로 보인다. 쓰카모토는 이러한 오존상의 특징을 『유마경』의 사상적 기반 하에서 대소승의 융합된 모습으로 파악하고 있다.[47] 『유마경』은 북위시대 석굴 조성에 있어서 동일한 위치를 점하고 있으며 북위시대 석굴 조성의 중요한 요소가 된다고 할 수 있다.

　앞에서 언급한 바와 같이 북위시대에 조성된 석굴 및 불상의 숫자를 보면 그 시대 신앙의 면면이 살펴진다. 압도적으로 숫자가 많은 석가모니불 조성의 예만 보아도 법화신앙적인 흐름을 알 수 있다. 감은 모두 108개로 그 중에 석가불감(釋迦佛龕)이 51개 감으로 전체의 47%이며, 미륵조상감(彌勒造像龕)은 38개 감으로 29%를 차지한다.

　북위의 신앙 대상의 변천은 석가불을 중심으로 한 것에서부터 미륵신앙과의 조화를 이루어내는 것으로 보인다. 「석노지」 안에서 미륵불을 석가모니의 후계자로 언급한 것처럼 북위에 있어서 미륵불은 석가불의 뒤를 잇는 대상으로서 신앙의 대상이 되었던 것이다.

III-2. 조상기에 나타난 법화신앙의 내용

　용문 석굴의 조상기는 200여 종에 가깝다. 특히 고양동에는 80종

---

45) 塚本善隆, 앞의 책, p. 530.
46) 塚本善隆, 앞의 책, p. 528.
47) 塚本善隆, 앞의 책, p. 544.

에 달하는 조상기가 기록되었다. 북위불교의 성격의 일면을 살피기 위해서 이 조상기는 매우 중요하다. 조상기에 귀족부터 승속의 남녀 모두가 등장하는 것을 볼 때 당시 조상기가 얼마나 성행했었는지를 알 수 있다.[48]

장락왕(長樂王) 구목릉량(丘穆陵亮)의 조상기는 고양동에 위치하고 있는데 고양동 조상기의 상단은 태화(太和)・경명(景明) 연간(500~503)에 조성된 것이다. 하단부의 조상기는 신구(神龜)・정광(正光) 연간(518~524)에 조성된 것으로 그 중 장락왕의 조상기는 최고로 오래된 것들 중 하나이다.

장락왕과 장락왕의 부인인 위지(尉遲)가 죽은 자식을 위하여 미륵상을 조성하였다. 그리고 생사의 경계를 벗어나 무위자재한 경지에 도달하거나 생을 받는다면, 천상의 제불지소(諸佛之所)의 세상에 태어난다면 즐거움이 가득한 땅에・고해에 들어온다면 해탈하여 삼악도를 끊어 모든 중생이 함께 복 받기를 기원하고 있다.[49] 미륵상을 조성함으로써 왕생이 아닌 생사의 경계를 끊고자 신앙한 태도는 북위적인 독특한 신앙의 형태이다.

북해왕(北海王)의 조상기는 북해왕이 원정을 떠나며 모자를 위하여 조성한 미륵상에 새겨진 조상이다. 북해왕의 태비(太妃)도 손자가 일찍 죽자 죽은 손자를 위하여 미륵상을 만들고 조상기를 새겼다.[50] 비구 법생(法生)은 효문제와 북해왕 모자를 위해 새겨 놓았는데 불상

---

48) 용문석굴 조상기는 水野淸一・長廣敏雄, 『龍門石窟の硏究』(1943년 東京, 座右寶刊行會)에 龍門石刻錄에 있는 내용을 참조하였다. 이 석각록은 水野淸一, 塚本善隆, 春日禮知가 함께 엮은 것으로 용문석각의 기록을 교열한 것으로 중요한 자료이다.
49) 水野淸一・長廣敏雄, 『龍門石窟の硏究』(1943년 東京, 座右寶刊行會), p. 298.
50) 같은 책, p. 230.

의 종류는 석가상으로 추정된다. 북해왕과 관련된 조상기가 많은데 이는 당시 유력한 귀족들의 불교신앙의 일면을 살필 수 있는 중요한 자료이다.

광천왕(廣川王) 관련 조상기도 눈에 띄는데 광천왕의 조모 태비가 죽은 남편을 위하여 미륵상 1구를 조성하였다. 또한 본인이 남편을 일찍 여의고 어린 손자만을 데리고 사는 절박한 마음에 손자를 위하여, 또한 불교에 귀의한 마음을 표현하고자 미륵상을 조성하였다.[51] 이 두 구의 미륵상은 경명 3년(503)과 4년(504)에 조성되었다.

또한 광천왕 태비를 위해 조성한 두 구의 석가상이 광천왕 태비의 조상기 우측에 위치하고 있다. 이것은 광천왕 태비의 조성에 함께 동참한 귀족들의 조상기로, 함께 조상사업에 동참하고 있는 형태로 볼 수 있다.

안정왕(安定王) 관련 조상기도 있는데 석가상 1구와 미륵상 1구를 조성하면서 그의 죽은 친족을 위하여 조성하면서 용화세계(龍華世界)에서 만나기를 기원하고 있다.[52] 특히 석가상을 조성하면서도 미륵 용화세계에 만나기를 기원하는 태도로 볼 때 당시 법화사상의 영향을 받은 미륵왕생신앙의 유행 정도를 가늠해볼 수 있다.

연화동에서는 원□(元□) 등이 조성한 조상기가 남아 있다. 20여 인이 함께 연화동을 조성하면서 남긴 조상기인데 현재 마모상태가 심하여 탈락된 글자가 많다. 황실의 종친으로 추정되는 이들은 황제를 위하여 조성을 한다고 기록하고 있다.[53] 정광(正光) 연간에 삼층탑

---

51) 水野淸一·長廣敏雄, 앞의 책, p. 301.
52) 같은 책, p. 304.
53) 같은 책, p. 275.

을 세우면서 만든 조상기의 탁본이 발견되었는데 앞부분은 연화동에 새겨진 내용과 완전히 동일하기에 복원해 볼 수 있다. 이 내용을 보면 용화세계와 관련된 사상과, 황제와 당시의 실세였던 영태후(靈太后)에 대한 내용이 기술되어 있다. 이를 통하여 볼 때 이 연화동은 영태후와 관련이 있는 굴로도 파악할 수 있다.

「양대안조상기(陽大眼造像記)」에는 효문제를 위하여 조상한 기록이 있다. 「양대안조상기」는 석가모니불을 새겨 놓았는데 직접적으로 황제를 위하여 조상한 조상기들은 바로 북위불교 특징의 일면을 보여주는 것이다.[54]

북위 석굴의 태반은 부모나 자식 등을 위한 추선공양적 성격이 강하지만 직접적으로 황제나 제실을 위하여 조성한 석각기도 보이고 있다. 이러한 왕실 내지 귀족과 관련된 조상기의 특징은 추선공양적 성격과 함께 황제나 국가가 영원하기를 기원하며 조상한 것으로 보인다.

귀족들의 조상의 특징을 살펴보면, 조상의 내용에 있어서도 석가불 5, 미륵 7, 관세음 1, 천불 1, 불명확한 조상 2구를 포함해 16개 정도 된다. 앞서 지적한 바와 같이 이러한 조상기 숫자의 이면에는 과거불의 계승자로서 석가불의 역할, 석가불의 계승자로서 미륵의 역할이 북위인들의 인식 속에 존재했다. 그리고 그들은 사후조차도 미래에 석가불의 계승자로서 이 땅에 도래할 미륵불을 중심으로 생각하는, 지극히 현실적인 북위인들의 사고가 투영되었다고 할 수 있다.

북위시대에는 읍사(邑社)를 중심으로 단체들의 조상기가 등장하고 있다. 작게는 십수 명에서 몇 백 명씩 모여 조성한 것으로 보이는데

---

54) 같은 책, pp. 301~311.

조상물의 대상은 대체로 앞서 언급한 석가상과 미륵상이다. 읍사들의 활동은 용문 석굴만이 아니라『출삼장기집(出三藏記集)』안에도 읍사의 활동을 볼 수 있는 자료가 있다. 「법원잡연원시집목록서(法苑雜緣原始集目錄序)」제7[55]의 「경사제읍조미륵상삼회기(京師諸邑造彌勒像三會記)」제2나 「정림상사건반야대운읍조경장기(定林上寺建般若臺大雲邑造經藏記)」제1에 보여지듯이 이러한 읍사의 활동은 북위시대에 중요한 신행활동의 하나로 평가할 수 있다.

위치	조상기 제목	조성	연도	조상 목적
고양동	孫秋生等二百人造像記	釋迦佛	景明3년(502)	
	高樹等卅二人造像記	交脚菩薩	景明3년(502)	父母 眷屬 來身神騰九空 登十地
	尹愛姜卅一人造像記	彌勒像	景明3년(502)	七世父母, 所生 眷屬, 亡者生天 生者福徹
	邑主馬振拜等卅四人造像記	彌勒像	景明4년(503)	皇帝
	張道伯等十四人造彌勒像記	彌勒像	延昌3년(514)	現世安隱 壽命長壽
	杜還等卅三人造釋迦像記	釋迦像	神龜원년(518)	
	邑主孫念堂等造像記	交脚菩薩	神龜2년(519)	
	邑主趙阿歡等卅二人造彌勒像記	彌勒像	神龜3년(520)	
노서동 부근	道俗卅七人造像記		正光5년(514)	七世父母, 所生 父母, 因緣眷屬 一時成佛
연화동	像主蘇胡人合邑十九人等造釋迦像記	釋迦像	正光6년(515)	
	法儀卅餘人造座佛記		永熙2년(533)	

【표 2】읍사조상기 분석표

---

55)『出三藏記集』(『大正藏』55, p. 90).

또한 이러한 신행활동은 남조와 차이를 보이는데 남조의 경우는 동진 혜원의 경우에서 보이듯이 결사를 중심으로 맺은 법사의 활동이 상류사회의 중심적 활동이었다. 하지만 북위의 경우는 이러한 활동이 거의 없는 것으로 보인다. 오히려 북위의 상류사회는 신앙을 중심으로 뭉쳤다고 하더라도 이들은 조상 활동에 많은 공을 들이고 있는 것이다.

쓰카모토는 그의 논문에서 이러한 성향을 북조사회와 남조사회 문벌귀족의 차이로 파악하였다. 남조가 현학적 풍조가 팽배한 신앙적 형태였다고 한다면, 북조의 경우는 서민적 통속적 기반을 둔 신앙적이고도 실천적인 형태의 불교가 유행했다고 볼 수 있다고 한다.[56]

이상에서 보이듯이 이들은 중국 고대의 생천신앙(生天信仰)과 더불어 불교적 생천신앙이 결합된 형태가 나타나고 있는 것으로 보인다. 이러한 생천신앙은 『법화경』이 중심적 역할을 했음을 살필 수 있다. 조상기와 관련해 조성된 숫자는 석가불 20구, 미륵불 25구, 정광불 2구, 다보불 1구의 숫자 구성을 가지고 있다. 이러한 불상의 숫자를 볼 때 석가불과 미륵불이 개착에 있어서 중요한 신앙 대상이 되고 있는 것이다.

IV. 맺는 말

이상을 통하여 본인은 북위시대를 중심으로 석굴 조성에 있어서 법화신앙의 영향을 살펴보았다. 북위시대 조상 활동에 있어서 중요

---

56) 塚本善隆, 앞의 책, pp. 492~493.

한 요소는 법화신앙이라고 할 수 있다. 이러한 법화신앙적인 사상의 특징을 살펴보면 몇 가지로 볼 수 있다.

첫째, 운강 석굴과 용문 석굴에서 미륵보살의 구현은 전6불-석가불-미륵불로 과거-현재-미래의 법화적 도상학의 특징이 구현된 것으로 볼 수 있다. 이것은 『미륵경』 계열의 신앙적 특징보다는 『법화경』 계열의 신앙의 특징에서 찾을 수 있는 것이다. 운강 석굴의 2기 석굴에서 상단의 미륵보살과 중단의 석가·다보 이불병좌상이 구현되는 점이나 용문 석굴 고양동의 좌우 불감에 있어서 상단은 석가불이, 중단은 미륵교각보살상이 위치하는 점도 미륵이 석가의 계승자라고 하는 사상이 반영된 것이다.

둘째, 『부법장인연전(附法藏因緣傳)』을 통해서 법이 영원히 이어지기를 바라는 담요의 사상을 엿볼 수 있는 것처럼, 운강 석굴의 개착에서도 그러한 담요의 사상이 투영되어 있다. 운강 석굴에는 『법화경』적인 미륵신앙을 통해 그런 새로운 사상적 열망을 담아내었던 것이다. 이러한 미륵에 대한 열정은 단순한 사후에 도솔왕생의 열망이 아닌 미륵신앙을 통해 현세에서 미륵불의 현신을 바라는 강한 의지도 함께 투영되었다고 할 수 있다. 운강 석굴의 담요오굴에도 미륵교각상이 등장하고 있으므로 초기부터 이러한 미륵사상은 북위의 중요한 불교사상이라고 할 수 있다. 이러한 미륵신앙의 기반에는 현실적이면서 강력한 열망을 담고 있는 북위인의 기질이 등장하고 있다고 할 것이다.

셋째, 용문 석굴 중 북위시대에 건립된 석굴에 나타난 조상기를 통해 과거불의 계승자로서 석가불의 역할, 석가불의 계승자로서 미륵의 역할이 북위인들의 인식에 자리잡은 것을 볼 수 있다. 또한 사후조차도 석가불의 계승자로서 미래에 이 땅에 도래할 미륵불을 중심으로 생각하는 지극히 현실적인 북위인들의 사고가 투영되었다고 할 수 있다.

넷째, 직접 화현한 마지막 부처인 석가와 미래세에 직접 올 미륵불을 통해 직접적인 이 세상의 정토를 갈구하는 솔직담백한 당시 사람들의 신앙을 보면 그들의 불교에 대한 신앙을 다시금 생각하게 된다. 다른 곳에 있는 정토에 대한 신앙이 아니라 직접적으로 하늘에 올라가기를 갈구하고 다가올 미륵불의 세상에 다시 돌아오고자 하는 믿음은 북위 사람들의 현실적이고 현세적인 신앙관이 함께 표출된다고 할 수 있다.

이러한 조상 대상의 변천뿐만 아니라, 운강 석굴의 전통과 새로운 용문 양식의 출현은 북위 사회의 변천과 연관이 있다. 운강 석굴의 경우 국가적 후원에 의한 조상 활동이 석굴을 조성하는 기본적 동인이 된 반면에 용문 석굴은 국가적 동인과 함께 북위 사회의 불교적 성숙이 반영된 것으로 보인다.

관음신앙의 중국적 변용과 그 문화적 특징

차차석

I. 서론

관음신앙은 『법화경』의 중국 전래 이전부터 중국에 소개된 것으로 본다. 다만 『정법화경』과 『묘법연화경』의 번역 이후 현지의 사상과 융합하여 독특한 불교문화를 구축했다. 번역사의 입장에서 관음의 등장을 고찰하면 크게 고역(古譯; 구마라집 이전), 구역(舊譯; 구마라집에서 현장 이전), 신역(新譯; 현장 이후)의 세 시기로 구분할 수 있다. 그리고 각각의 특징을 살펴보면 다음과 같다.[1]

첫째 고역 : '관음',[2] '규음', '관세음', '광세음', '현음성' 등이 관음보살을 의미하는 단어로 활용되고 있다. 구체적인 용례와 경명은 다음과 같다.

---

1) 後藤大用, 『觀世音菩薩の硏究』, 日本, 山喜房佛書林, 昭和33년, pp. 3~4.
2) 관음이 당나라 태종인 이세적의 휘를 피하기 위해 관세음을 줄인 것이란 주장도 있지만 그것은 시기적으로 타당하지 않다.

1) 관음(觀音) — 『성구광명정의경』[185년 후한의 지요(支曜) 역]
2) 규음(窺音) — 『유마힐경』[223~253년 오의 지겸(支謙) 역]
3) 관세음(觀世音) — 『욱가장자소문경』[252년 위의 강승개(康僧鎧) 역], 『무량수경』(좌동), 『무구시보살응병경』[280~312년 서진의 섭도진(聶道眞) 역]
4) 광세음(光世音) — 『정법화경』(286년 서진의 축법호(竺法護) 역], 『광세음대세지경수결경』(좌동)
5) 현음성(現音聲) — 『방광반야경』[291년 서진의 무라차(無羅叉) 역]

둘째 구역 : 구마라집이 406년 번역한 『묘법연화경』을 비롯해 419년 담무참이 번역한 『비화경』, 420년 불타발타라가 번역한 60권본 『화엄경』, 430년 강량야사(畺良耶舍)가 번역한 『관무량수경』, 453년 담무갈이 번역한 『관세음보살수기경』, 601년 사나굴다와 달마굽다가 공역한 『첨품묘법연화경』 등에는 관세음(觀世音)과 관음(觀音)이란 단어가 혼용되고 있다. 그리고 508년 보리유지가 번역한 『법화경론』에서는 관세자재(觀世自在)로 번역되어 있다.

셋째 신역 : 관자재, 관세음, 관음, 관세자재란 명칭이 사용되고 있다. 구체적인 용례와 경명은 다음과 같다.
1) 관자재(觀自在) — 『대반야바라밀다경』(663년 현장 역), 『화엄경』(80권본, 695~699년 실차난타 역), 『대보적경무량수여래회』(706~713년 보리유지 역), 『대승무량장엄경』(982년 송의 법현 역)
2) 관세음(觀世音) 관음(觀音) — 『수능엄경』(705년 당의 반자밀제 역)

3) 관세자재(觀世自在) — 『대비로자나성불신변가지경』(730년 당의 선무외 역)

이상에서 살펴보았듯이 중국에 전래된 불경 속에 등장하는 관음보살의 명칭은 동일하지 않지만 그 연원은 매우 오래되었음을 알 수 있다. 그리고 『정법화경』의 번역은 관음신앙의 보급을 촉진하게 되었으며, 더하여 구마라집의 『묘법연화경』이 번역되고, 대중적인 사랑을 받으면서 완전히 중국문화에 동화되는 계기가 되었다고 본다. 구마라집이 장안에 들어와 『묘법연화경』을 번역한 시기는 이미 관음사상이 중국에 소개된 지 3세기에 가까운 시간이 경과한 뒤이기 때문에, 토착화할 수 있는 시간적 여유가 충분했다고 볼 수 있다.

이상의 여러 가지 역사적 상황을 고려하면서, 이하에서 필자는 관음보살로 용어를 통일해 사용하겠지만 관음사상은 중국에 전래된 이래 급속하게 대중적인 지지를 받게 된다. 그 이유는 여러 가지가 있을 수 있겠지만 『법화경』 「보문품」에 나오는 경전의 내용 때문이라 말할 수 있다. 특히 남북조 시기의 장기간에 걸친 전쟁과 사회적 혼란은 관음신앙이 대중들의 정신적 의지처가 되기에 충분한 사회문화적 환경을 조성했다. 힘없고 가난하며 의지할 곳 없는 서민대중들은 관음보살의 위신력을 갈구하게 되었으며, 이러한 대중적 심리는 무수한 염험담을 산출하는 계기도 되었다.

「보문품」에 의하면 관음은 고난을 구제해 주는 성인으로 묘사되고 있으며, 그러한 내용에 의거해 고난구제(苦難救濟), 치병구고(治病救苦), 성불유도(成佛誘導), 불사보조(佛事補助), 악업탈출(惡業脫出), 혼사성취(婚事成就), 자손획득(子孫獲得) 등에 관한 무수한 영험설화가 만들어지게 된다.[3] 이러한 것은 포교를 위해 승려들에 의해 조작된 것일 수도 있지만 대부분은 서민대중들의 경험 내지 심리적 갈망이 문화적으로 형상화된 것이라 볼 수 있다. 논리적 정합성의 여부를 떠나 그러한 현실이 도래하길 바라는 서민들의 소원, 염원이 사회적으로 투영된 것이다. 본고는 이상과 같은 점을 충분히 고려해 관음신앙이 중국의 불교문화에 어떠한 영향을 미쳤으며, 그 결과 어떠한 불교문화를 구축하게 되었는가를 고찰하고자 한다.

II. 관음신앙의 중국적 변용과 그 특징

전술했듯이 중국에 관음보살이 알려진 것은 서기 185년 무렵이다. 이후 다양한 이름으로 대중들과 교감하기 위해 노력했으며, 특히 중국의 전통신앙 내지 도교와 융합해 중국적인 관음신앙과 문화를 형성하게 된다. 그것은 크게 네 가지로 구분해 설명할 수 있다. 첫째는 낭낭(娘娘)신앙과 관음보살이 융합해 낭낭관음이라는, 중국적인 관음신앙을 형성해 대중들의 호응을 받는 것이다. 둘째는 관음신앙과 해신신앙이 결합해 남해대사라는 이름의 해신신앙으로 탄생하게 된다. 셋째 선서(善書)의 유행과 관음신앙의 관계이다. 넷째는 관음과 민속의 상관성이다. 이 네 항목을 중심으로 아래에서 보다 상세하게 고찰하기로 한다.

---

[3] 우리나라나 중국에 전하는 영험설화의 유형을 분류하면 매우 다양하지만 대체적으로 이상의 분류로 포괄할 수 있다.

1. 낭낭관음(娘娘觀音)

낭낭관음이란 명칭은 중국의 민간신앙인 낭낭신앙과 불교의 관음사상이 결합해 생긴 중국의 민간신앙을 지칭한다. 일례이지만 1942년 중국 산서성 문수현(汶水縣)과 기현(祁縣)의 사묘를 조사한 통계에 의하면 관제를 제사지내는 관제묘와 관음을 제사지내는 관음묘가 가장 많았으며, 특히 관음을 제사지내는 관음묘와 보살묘를 합치면 관음신앙이 수위를 차지하고 있다고 밝히고 있다. 또한 민국(民國) 19년에 이경한(李景漢)이 조사한 정현(定縣)의 사회개황조사 제10장에 의하면 정현 453개의 마을 중에서 총 857개의 사묘(寺廟)를 조사했으며, 이 중에 관음을 주신(主神)으로 하는 사묘는 남해대사묘 80개, 낭낭묘 48개, 관음묘 13개, 보살묘 9개, 기타 노모묘 등을 합쳐서 150곳이 넘었다. 관음과 직결되어 있는 사묘가 민간 사묘 중에서 역시 수위를 차지하고 있었던 것이다. 또한 1942년 조사된 북경의 사묘들 중에서도 관제묘와 관음묘가 가장 많았다는 사실을 밝히고 있다.[4]

이상에서 밝혔듯이 중국의 민간신앙에 가장 커다란 영향을 미치고 있는 것이 관제묘와 관음묘, 혹은 낭낭묘이다. 관제묘는 문무의 신을 모시는 사당이며, 주신은 관운장 혹은 관우로 불리는 삼국시대의 전쟁영웅이다. 송대의 명장 악비를 합사하는 경우도 있다. 현대적인 감각으로 본다면 호국과 충렬의 상징이 된다. 반면에 낭낭신은 모성의 신을 의미한다. 다양한 이름이 존재하는데 벽하원군(碧霞元君), 태산옥녀(泰山玉女), 태산낭낭(泰山娘娘), 천선성모(天仙聖母), 천후

---

4) 道端良秀, 『中國佛教と社會との交涉』, 日本, 平樂寺書店, 昭和55年, pp. 126~132.

성모(天后聖母), 왕모(王母)낭낭, 서왕모, 자손(子孫)낭낭, 송자(送子)낭낭, 최생(催生)낭낭, 안광낭낭, 두창(痘瘡)낭낭, 삼소(三霄)낭낭, 내모(奶母)낭낭, 인몽(引蒙)낭낭, 광생(廣生)낭낭, 백의관음, 관음낭낭, 백자(百子)관음 등이다. 이들 중에서 자손낭낭과 송자낭낭, 두창낭낭, 내모낭낭 등은 그대로 관음보살의 화현으로 간주되어 송자관음, 두창관음 등의 명칭으로 불리게 된다. 지역적인 편차는 있지만 낭낭과 관음은 구분할 수 없는 것, 동일한 것으로 인식되고 있었다.

그렇다면 관음과 낭낭은 어떠한 관계에서 관음낭낭으로 불리며 혼연일체가 되어 버린 것일까? 먼저 낭낭의 의미부터 살펴보기로 한다. 본래 낭(娘)이란 소녀라는 의미와 어머니라는 의미를 지니고 있다. 그러나 낭낭(娘娘)이라고 중복해 읽을 때는 그 의미가 달라진다. 『현대중국어사전』에 의하면 낭낭이란 황후와 여신의 의미로 사용되고 있다. 낭낭이 황후란 의미로 사용된 것은 매우 오래전부터의 일이며, 조송시대에도 널리 사용되고 있었다는 사실을 알려주는 문헌들이 많다.

여하튼 낭낭은 여성을 의미하고, 모성을 상징하는 것임을 알 수 있으며, 결국 모성을 숭배하는 관념에서 유래된 것임을 쉽게 알 수 있다. 또한 여기에 중국적인 계급의식이 투영되어 황후와 여신을 동시에 나타내는 단어로 활용되었다고 생각된다. 중국은 신들도 계급이 존재하며, 모든 신을 관장하는 옥황상제와 황제는 언제나 동격으로 인식된다.[5] 따라서 하급의 신들은 황제의 명령에 따라야 하는 것으로 알려져 있다. 그렇게 본다면 여신 중의 최고는 역시 낭낭이지만

---

5) 楊慶堃 저, 중국명저독회 역, 『중국사회속의 종교』, 글을 읽다, 2011, pp. 284~285. 중국의 절대군주는 각 분야의 신령들의 등급을 주재하거나 과실행위를 처벌할 수도 있다고 인식했다.

동시에 현존하는 여신인 황후를 도외시할 수는 없다.

중국에서 낭낭의 사묘나 낭낭신을 언급할 때 태산의 벽하궁을 언급하거나 베이징(北京) 묘봉산의 낭낭묘를 거론한다. 이곳의 주신인 벽하원군 천성성모는 북쪽지방을 대표하는 낭낭신이 되어 있다. 반면에 천후(天后), 천비(天妃) 혹은 천후성모라 불리며, 천후궁에서 제사지내는 낭낭신도 있다. 이들 사묘(寺廟)를 벽하궁과 천후궁이라 부른다.

벽하원군은 보통 태산낭낭이라 불리며, 태산을 중심으로 북중국에서 신앙된다. 반면 천후는 푸저우(福州)를 중심으로 남중국에서 신앙된다. 하나는 대륙의 신이고, 다른 하나는 해양의 수호신이다. 즉 대륙의 신은 농업과 상업에 종사하는 사람들이 주로 신봉하고, 대륙의 오지 지방에 많은 사당이 전해지고 있다. 반면에 해양의 신은 무역업자나 해운업자들 사이에 많은 신도가 있으며, 해안선을 따라 많은 사묘가 남아 있다.

북쪽지방을 중심으로 전파된 벽하원군, 즉 태산원군은 태산의 신인 동악대제의 딸이며, 일체의 재물과 복덕을 주는 여성신으로서 민중들의 존경을 일신에 모으고 있었다. 또한 자손을 점지하는 기능 역시 낭낭의 고유 기능 중의 하나였다. 재물과 자손은 중국인들이 가장 중요하게 생각하는 인생의 목표였다. 현실적인 안락을 보장하고 중국인이 중시하는 효의 관념과 직결되어 있는 자손을 계승해 준다면 인생의 최대 목적이 달성된다고 보았던 것이다. 그런 점에서 낭낭신은 가장 소박한 민중의 염원을 성취시켜 주는 신이며, 동시에 우리나라의 삼신할매와 같은 종교적 기능을 담당하는, 서민대중과 가장 친숙한 신이었다.

185년 관음보살이 중국에 소개되고, 이어 286년 『정법화경』이 번역되어 관음보살의 기능이 구체적으로 중국사회에 소개된다. 동시에 남북조시기의 혼란기를 거치면서 관음보살과 서민대중은 더욱 친근감을 지니게 되었다. 이어 406년 구마라집이 『묘법연화경』을 번역하고, 이 경전이 널리 탐독됨에 따라 관음신앙은 더욱 대중화될 수 있는 여지를 만들었다. 그것은 「보문품」의 경전 내용과 직결되어 있다. 즉 「보문품」에 의하면 관음보살을 일심으로 부르면 삼재칠난(三災七難)을 벗어날 수 있을 뿐만 아니라 이구양원(二求兩願)을 만족할 수 있다는 내용이다. 삼재칠난은 자연재해, 사회적 정치적 재난, 정신적 혼란 등을 의미하며, 이구양원은 아들을 기구하면 아들을 보내주고, 딸을 원하면 딸을 보내준다는 것이다. 즉 관음보살에게 예배하고 공양하면 "복덕과 지혜를 갖춘 아들을 낳을 것이요, 만일 딸 낳기를 원하면 곧 단정하고 잘 생긴 딸을 낳게 되리니, 이는 덕의 근본을 심었으므로 여러 사람의 사랑과 존경을 받으리라."[6]는 구절이다.

중국인들은 효(孝)의 개념을 중시했으며, 특히 자손을 계승시키는 것은 효의 근본이라 생각했다. 따라서 불교가 중국에 전래되었던 초기, 결혼하지 않는 승려들의 모습을 패륜이라 거칠게 비난했다. 그렇지만 관음보살의 등장은 일반 서민들에게 현실적으로 다가왔다. 그들에게 자손을 점지하는 역할을 하는 신인 낭낭신과 상통했기 때문이다. 아니 오히려 관음보살의 역할이 낭낭신보다 더욱 광범위하다고 인식했다. 낭낭신과 관음의 공통점인 자손을 점지해 주고 현실적인 고난을 해결해 준다는 점에서 낭낭신과 관음보살은 상통과 융합의 여지를 지니게 되었다. 특히 관음보살이 중생들의 고난을 구제하

---

6) 『大正藏』 9, 57a. "若有女人設欲求男。禮拜供養觀世音菩薩。便生福德智慧之男。設欲求女。便生端正有相之女。宿殖德本衆人愛敬."

고, 그들이 원하는 것을 성취시켜주기 위해 33신으로 변화해 다가온 다는 사상은 관음을 본지(本地)로 보고, 태산낭낭을 수적(垂迹; 응신)으로 보게 되며, 이러한 관념은 중국 전통철학의 중심 개념 중의 하나인 체용론(體用論)의 변형이기도 했다.

공산화 이전의 중국 서민들은 대다수 낭낭의 사당에 찾아가 태산낭낭에게 자식을 보내달라고 기도하면서 다른 한편으로는 관음보살에게도 자식을 점지해달라고 기도했다. 특히 송자관음을 주신으로 모신 사묘가 많으며, 이런 경우 백자관음이 중존(中尊)이고, 그 좌우에 안광(眼光)낭낭과 두창(痘瘡)낭낭이 시립(侍立)한다. 아이들이 총명하고 병 없이 건강하게 자랐으면 하는 염원이 반영되어 있는 것이다. 또한 이러한 경우의 관음은 아이를 끌어안고 있으며, 머리에 하얀 두건을 쓴 백의관음의 모습이 많다.[7]

도교의 신선 계보 중에서 남자 신선은 진인(眞人)이라 부르고, 여자 신선은 원군(元君)이라 했다. 결국 대륙의 낭낭신인 벽하원군은 도교의 여자 신선이다.[8] 그들은 유교나 불교와 다른 종교적 전통 속에서 대중들의 현실적인 고뇌를 해결해주고, 이상적인 삶의 방식을 알려주고자 했다. 그러나 관음신앙이 중국에 전래됨과 동시에 벽하원군이 추구하는 종교적 기능이 관음보살과 유사했다는 점에서 융합의 여지가 발생했다. 바로 중국 부녀자들의 해결할 수 없는 문제를 해결해 주는 것이었다. 이러한 문화적 현상은 불교가 원한 것이 아니라 대중들의 현실적 욕구가 두 종교의 기능을 하나로 묶어 관음낭낭이라는 중국적 민간신앙을 탄생하게 된 것이다. 결국 중국인의 현실적 심리가 종교에 반영된 결과 출현한 문화현상이라 말할 수 있다.

---

7) 道端良秀, 앞의 책, pp. 135~137.
8) 邢莉, 『觀音』, 北京, 學苑出版社, 2000, p. 265.

2. 해신신앙과 융합된 관음보살

『서유기』에 의하면 남해에 관음이 거주하는 성지가 있다고 한다. 그리고 그 장소를 중국인들은 중국 주산열도(舟山列島) 안에 있는 보타산(普陀山)으로 간주한다. 저장성 동북부 보타현에 속하며, 주산열도 중의 작은 섬이다. 중국불교 사대 명산 중의 하나이자 관음보살이 응화(應化)한 도량으로 전하고 있다. 항저우(杭州)의 아래에 있는 닝보시(寧波市)를 통해서 보타산으로 들어가는데 1999년 필자가 갔을 때도 수많은 참배객들이 넘쳐나고 있었다.

언제부터 이곳이 관음의 성지가 되었는지는 명확하지 않다. 북송 선화 6년인 1124년에 사행(使行)의 일원으로 보타산에 도착해 머물렀던 서긍이 기록한『고려도경』권34, 해도(海島)1, 매잠(梅岑)에 나오는 내용에 의하면, 양나라 무제가 관음원을 개창하고 이전까지의 매잠산을 보타산으로 개칭했다는 것과, 후에 신라의 상인이 오대산에서 관음상을 조상하여 옮기던 중 보타산 앞 바다에 좌초하여 관음원에 모시게 된 과정, 그 관음상을 오월의 전왕이 명주(현재의 닝보시)의 개원사로 옮기고 보타원에는 다른 관음상으로 대치했다는 내용이 나온다. 또한 남송 보경 연간(1225~1227)에 편찬된『보경사명지(寶慶四明志)』선원3,「은현 개원사(鄞縣 開元寺)」조에 의하면, 보타산의 불긍거 관음전이 일본의 해악에 의해 설치되었으며, 그 설치 연대를 대중 13년인 859년이라 밝히고 있다.[9] 이러한 기록은 보타산이 한중일 문화

---

9) 조영록,「9세기 한중일 해상교역과 불교교류」,『법화사상과 동아시아불교교류』학술자료집, 서울 해상왕장보고연구회, 2001, p. 7. 1993년도 江蘇廣陵古籍刻印社에서 출간한『보타산지』서문에는 일본 승려 혜악이 관음전을 개창한 것으로 소

교류의 전진기지였다는 점을 상기시키면서도, 보타산에 해상운송이나 해상을 통해 이동하는 사람들의 염원에 의해 관음원이 건립되었고, 그 연원은 양나라까지 거슬러 올라간다는 점을 전하고 있다. 즉 당나라 때는 주산열도의 안쪽에 위치한 보타산이 삼국을 왕래하는 무역선의 전진기지였다는 점에서 기인한다.

여하튼 관음원이 있는 보타도의 보타산은 동북아시아 관음신앙의 성지가 되어 있으며, 그것은 관음신앙과 중국 토착문화가 혼합해 창출해낸 대표적인 해양문화의 전형이라 말할 수 있다. 이것은 관음신앙이 인간의 가장 기본적인 요구와 생명의식에 반영되어 거대한 문화현상을 확장한 것이며, 주산열도의 주민들은 해도사회(海島社會)와 개인의 현실적 욕구에 근거해 관음의 대자대비하고 구고구난(救苦救難)의 핵심적인 공덕과 기능을 심리 외적으로 투영해 자신들의 현실을 타개하고자 하는 심리적 욕구를 충족하고자 한 것으로 본다. 그리고 주산열도의 해양문화를 연구한 리우허용(柳和勇)은 그 특징을 몇 가지로 정리하고 있다.[10]

첫째 어업에 의존하는 주산열도의 관음신앙은 고난을 피하고 복을 얻고자 하는 해양문화의 심리에 융합된 것이다.

둘째 주산열도의 관음신앙은 관용의 해양문화를 융합하고 있다. 이것은 특유의 해양 자연 조건, 어업 생산 환경, 인구 구성 등과 관계가 있다.

셋째 보은(報恩)은 주산열도 관음신앙 속에서 또 하나의 특징을 형

개하고 있다. 필자는 조영록의 학설이 사료적 가치가 있다고 생각해 그 설을 따랐다.
10) 上海海事大學, 中國太平洋學會, 岱山縣人民政府 편, 『中國民間海洋信仰與祭海文化研究』, 北京, 海洋出版社, 2011, pp. 88~89.

성하게 된다. 즉 고난의 현실 속에서 행복을 가져다주는 사람에게 감사할 줄 아는 마음이 관음신앙에 투영되었다.

넷째 관음신앙 속에는 해룡왕(海龍王)신앙이 혼재되어 있다. 청나라 광서제 때 편찬된 『정해청지』에는 "용왕의 사당이 성남의 천후궁 동쪽에 있다. 매년 6월 1일 제사를 지낸다. 춘추의 양중(兩仲)에는 사당 안에서 관문, 도화, 잠항의 용신을 함께 제사지냈다."고 말하고 있다.

그러나 이상의 분석은 일방적이라 말할 수 있다. 해안을 따라 어업이나 무역업, 혹은 바다와 유관한 일을 하는 곳에는 어디나 관음보살과 결합한 낭낭, 혹은 남해대사에 대한 숭배의식이 남아 있다. 특히 해용왕신앙과 관음신앙이 합쳐서 용을 탄 관음의 모습으로 형상화되어 있기도 하다. 관음보살과 유관한 전설이나 설화 속에는 언제나 용이나 용녀가 출현한다는 점, 관음을 주존(主尊)으로 모신 사묘에는 수많은 용의 장식이 있다는 점, 관음신앙이 용왕신앙을 대신하는 추세라는 점[11] 등은 관음신앙과 해룡왕신앙이 융합되었다는 사실을 말하는 것이다.

이미 전술한 바가 있지만 해신을 대신하는 관음신앙 역시 낭낭신앙의 연장선 상에 있다. 천후궁(天后宮)에 안치된 천후는 푸저우(福州)를 중심으로 중국 남부와 해안지방을 중심으로 민간에 자리잡고 있다. 전설에 의하면 천후는 푸저우지방의 어느 이름 모를 어촌에서 가난한 어부의 딸로 태어나 여자 무당이 되었다고 한다.[12] 그렇지만 마침내는 항해하는 배의 안전과 항로를 수호해주는 수호신으로 승격되어 제사를 받았으며, 급기야 천후가 되어 천비(天妃)로 추앙받게 되었

---

11) 상동, p. 90.
12) 李獻璋, 『媽祖信仰硏究』, 日本, 泰山文物社, 1978. 徐曉望, 『媽祖的 子民』, 中國, 學林出版社, 1999, p. 393.

다. 천후가 해상의 수호신이 되어 무역하는 상인의 신앙적 대상이 된 것은 관음의 화신으로 그려지는 남해대사[13] 혹은 자항대사(慈航大士)와 상통하게 된다.[14]

특히 「보문품」에는 다음과 같은 구절이 나온다. 즉 "백천만억 중생이 있어서 금, 은, 유리, 자거, 마노, 산호, 호박, 진주 등의 보물을 구하기 위하여 큰 바다에 들어갔을 때, 가령 폭풍이 불어 그 배가 아귀인 나찰들의 나라에 떠내려가게 되더라도, 그 가운데서 한 사람이라도 관세음보살의 이름을 부르는 이가 있다면 이 사람들은 다 나찰들의 재난으로부터 벗어날 수 있으리니, 이러한 인연으로 관세음보살이라 이름하느니라."[15] 하거나 혹은 "장사하는 한 주인이 많은 상인들을 이끌고 귀중한 보물을 간직하여 가지고 험한 길을 지나갈 때 그 가운데 한 사람이 말하기를 '여러 선남자들이여, 무서워하지 말고 두려워하지 말라. 그대들은 오직 일심으로 관세음보살의 이름을 부르라. 그리하면 이 보살이 능히 중생들의 두려움을 없애 주리니 그대들이 만일 관세음보살의 이름을 부르면 이 도적들의 재난을 무사히 벗어나리라.' 하여, 여러 상인들이 이 말을 듣고 모두 함께 소리를 내어 '나무관세음보살' 하고 부르면 그 이름을 부른 인연으로 곧 도적들의 해침을 벗어나게 되느니라."[16] 라는 내용이다.

---

13) 『大正藏』 9, 717c. 60 『화엄경』 「입법계품」에 의하면 관음의 거주처가 남해로 되어 있으며, 따라서 남해대사라 지칭하게 되었다고 한다. "于此南海 有山曰光明, 彼有菩薩 名觀世音."
14) 道端良秀, 앞의 책, p. 136.
15) 『大正藏』 9, 56c. "若有百千萬億衆生。爲求金銀琉璃車磲馬瑙珊瑚虎珀眞珠等寶。入於大海。假使黑風吹其船舫。飄墮羅刹鬼國。其中若有乃至一人。稱觀世音菩薩名者。是諸人等。皆得解脫羅刹之難。以是因緣名觀世音."
16) 『大正藏』 9, 56c. "若三千大千國土滿中怨賊。有一商主將諸商人。齎持重寶經過?路。其中一人作是唱言。諸善男子勿得恐怖。汝等。應當一心稱觀世音菩薩名號。是菩薩

이상의 인용문은 관음보살이 바다를 통해 생업을 이끄는 사람들, 즉 어업, 무역업 등에 종사하는 사람들의 의지처가 되기에 충분했다. 그리고 기능적으로 상통한다는 점에서 자연스럽게 천후낭낭과 결합할 수 있었다. 따라서 관음신앙이 중국에 전래되고 전국에 보급되면서 천후낭낭은 관음의 화신으로 간주되었으며, 관음과 천후가 불이이이(不二而二)의 관계를 형성하게 되었다. 민간 서민들은 자연스럽게 그러한 현상을 수용했으며, 거기에 더하여 해용왕신앙이 융합된 것이었다. 여기서 관음보살은 자항대사로 불리거나 자항보도(慈航普渡)라 쓰게 되었다.

　그렇다면 어째서 보타산이 있는 섬이 관음의 성지로 중국인들에게 인식되었을까? 해양교통의 중심지였기 때문에 가능했을까? 먼저 여기서 관음보살이 거주하고 있는 보타낙가산을 생각해 볼 필요가 있다. 역사적으로 고찰하면 보타낙가산은 분명 인도에 있어야 타당할 것이다. 그러나 신구역의 『화엄경』에 의하면 보타낙가산은 '于此南方有山'이라 기록되어 있으며, 『다라니집경』 제2의 협주(夾註)에는 "보타낙가산은 여기서 해도(海島)라 한다"고 했다. 따라서 보타낙가라 부르는 것은 남인도의 해안에 있는 하나의 작은 섬을 지칭하는 것으로 본다.[17] 경전에 묘사되어 있는 섬이 지리적 여건상 보타산이 있는 섬과 유사하다는 점에서 자연스럽게 보타산을 관음의 주처로 인식하게 된 것으로 추정된다.

　관음이 천후낭낭과 융합하여 중국의 해신(海神)으로 자리잡게 되면서 이와 관련된 영험담이 수없이 출현했다. 명나라 시기가 되면 천

　　能以無畏施於衆生。汝等。若稱名者。於此怨賊當得解脫。衆商人聞俱發聲言南無觀世音菩薩。稱其名故卽得解脫."
17) 後藤大用, 앞의 책, p. 191.

후가 도리어 관음에게 기도해 탄생한 것으로 생각하는 현상도 나타났다. 관음과 천후낭낭이 어떠한 형태로 융합했는가를 알려주는 좋은 사례이다. 즉 해신인 천후(天后)가 관음에게 기도해 탄생했다는 것을 알려주는 것으로『천후지(天后志)』가 있다. 이 책에 의하면 "천비(天妃)는 포전(蒲田) 임(林)씨의 딸이며, 아버지는 유의(惟懿)이다. 그는 송나라의 도순관이란 벼슬을 했으며, 선행을 잘했다. 관음보살에게 예배하며 자식을 구했는데 천후의 어머니가 어느 날 꿈을 꾸었다. 관음보살이 말하기를 '너희 집은 선행을 돈돈하게 했으니 상제(上帝)가 도우리라.' 하고는, 알약을 주면서 '이것을 먹으면 자제(慈濟)의 선물을 얻으리라'고 했다. 그가 태어날 때는 푸른빛이 실내를 비추었는데 맑고 영롱해서 눈길을 끌었으며, 신기한 향내가 가득했다. 달이 넘어도 울지 않으므로 묵(默)이라 불렀다. 열 살 뒤에 경전을 읽고 예불하는 데 게으르지 않았다. 천후는 우물 안을 살펴서 부적을 얻으며 마침내 신통변화를 부렸다. 구름을 타고 대해(大海)를 건너므로 사람들이 통현영녀(通賢靈女)라 불렀다. 송나라 옹희 4년 9월 9일 대낮에 날아올라갔다."[18]고 한다.

이와 유사한 이야기는 명나라 만력 19년(1590)에 감산대사(憨山大士)의 『관노장영향론(觀老莊影響論)』에도 보이며,『삼교수신대전(三敎搜神大全)』으로 이어진다. 다만『삼교수신대전』에서는 "임묵의 어머니가 일찍이 남해관음을 꿈꾸었는데 우담발화를 주어 그것을 먹고 잉태를 했다. 14개월 만에 해산해 천비를 얻었다. … 태어나는 날 신이한 향기를 맡았는데 보름이 지나도록 흩어지지 않았다."고 한다. 또한 다섯 살에『관음경』을 암송했다.[19]

---

18) 曲金良,『海洋文化槪論』, 靑島海洋大學出版社, 1999, pp. 147~148.
19) 邢莉, 앞의 책, p. 259 참조 내지 재인용. 원문을 확인할 수 없어서 재인용.

이상의 내용에서 알 수 있듯이 송나라, 명나라 시대로 내려오면 관음과 천후는 주객미분의 상태가 되며, 오히려 천후가 관음에 의지하게 된다. 천후의 관음화는 천후의 본질이 사라짐과 동시에 단순히 관음의 화신형태로 존재하게 되었음을 의미한다.

3. 선서(善書)의 유행과 관음신앙

중국에는 선서(善書) 혹은 선권(善券) 의식이 널리 퍼져 있다. 선서의 내용은 종교적이고 윤리적인 것뿐만 아니라 소송(訴訟)에 관한 도덕이나 사회정책에 이르기까지 인류사회의 발전에 공헌할 수 있는 책까지 포함되며, 이러한 종류의 책 전체를 통칭하여 선서 혹은 선권이라 한다. 이러한 책을 일반에 널리 보급하면 다양한 복덕을 얻을 수 있다고 인식했으므로, 대다수는 무료로 보급하거나 혹은 염가에 보급하는 것이 현실이었다. 종교단체의 종교행사나 부귀와 권세를 지니고 있는 사람들의 경축일, 혹은 기념일에 선권을 대대적으로 보급하기도 했다.

선서에 해당하는 책들은 유교, 도교, 불교의 경전들이 많았으며, 『반야경』, 『금강경』, 『관음경』, 『법화경』, 『지장경』, 『각세경』, 『태상감응편』, 『음즐문(陰騭文)』, 『옥력초』, 『논어』, 『대학』, 『소학』 등을 비롯해 영험록(靈驗錄)이나 영이기(靈異記) 등 다양했다. 특히 종교행사에서는 선서가 대대적으로 배포되었으며, 서점에서는 실비에 해당하는 정가로 판매하기도 한다. 그러나 종교관련 선서 중에는 불교관련 서적이 많으며, 그중에서도 특히 관음신앙과 관련된 서적이 압도적으로 많았다. 문장이 평이해서 누구나 쉽게 읽을 수 있는 책들이 널리 배포되었다. 그중에서도 『백의신주영험기』, 『백의주영험록』, 『준제주』, 『관음영이기』, 『백의주영감록』, 『관음구고영응록』, 『관음영험기』, 『신편관음영험록』, 『관음영감근문록』, 『신편백의주영감록』, 『고왕관세음보살진경』 등 관음신앙과 직결되어 있는 서적들이 많았다. 또한 관음신앙과 직결된 서적은 아니지만 선서로 보급된 『옥력보초』, 『경신록』, 『태상감응편단설』, 『신심록』, 『음즐문』 등의 서적에는 반드시 관음보살의 신주 내지는 준제주(准提呪) 등이 편입되어 있었다.[20] 즉 "이 관음의 신묘한 주문은 원하는 것이 있으면 모두 통하며, 구하면 응하지 않는 것이 없다. 사람이 진실로 공경하고 정성스럽게 지송하면 오랫동안 스스로를 보호하고 신령이 도울 것이다."[21] 라는 내용의 관음신주와 "이 주문은 능히 일체의 죄업과 장애를 해소할 수 있고, 일체의 공덕을 성취할 수 있다. 재가자나 출가자를 막론하고 다만 성심으로 지송하면 오랫동안 스스로를 지킬 수 있을 뿐만 아니라 신령이 도울 것이다. 보통 사람이 십만팔천편을 지송하면 제도를 받을 수 있으니 바야흐로 구하는 것이 의지대로 될 것이며 영험이 매우 많으리라. 행여 냉담한 말을 하지 말아라."[22]라는 준제관음주를 싣고 있는 것이다.

이상과 같은 여러 가지 사항을 고려할 때 선서의 유통에 역시 관음신앙의 영향이 농후하게 녹아 있음을 알 수 있다. 물론 선서 혹은 선권 의식의 출발점은 불교와 무관하게 시작되었다고 본다. 그것이

---

20) 道端良秀, 앞의 책, p. 142.
21) 주문의 원문은 다음과 같다. "此係白衣神呪 有感皆通 無求不應 人苟虔誠持誦 久久自護神佑."
22) 주문의 원문은 다음과 같다. "此呪能消一切罪障 成就一切功德 不拘在家出家 但肯誠心持誦 久久自護神佑 凡人持誦十萬八千遍爲度, 方能所求如意. 靈驗甚多 幸勿河斯漠言."

불교가 전래되고 토착화된 이후 그 전개의 과정 중에서 불교, 특히 관음신앙의 영향을 받았다고 말할 수 있다. 따라서 불교와 무관한 책을 대량으로 배포할 경우는 관음신앙과 관계있는 주문을 책 말미에 기재하여 관음보살의 가피를 희구했던 것이다.

그렇다면 선서 혹은 선권이 널리 유행하게 된 이유는 무엇일까? 물론 그것은 무량한 공덕을 얻을 수 있다는 민간의 속신앙에 근거한다고 말할 수 있다. 그 일단을 알려주는 책으로 『자심보감(慈心寶鑑)』이란 책과 『관제명성경(關帝明聖經)』 책 표지에 실려 있는 선서유통의 열 가지 이익이 있다.[23] 그 내용을 정리하면 다음과 같다. 먼저 『자심보감』에 나오는 열 가지 이익은 축수(祝壽), 하희(賀喜), 면재(免災), 기구(祈求), 참회(懺悔), 천발(薦拔) 등이다.

① 이전에 지은 죄과 중에서 가벼운 것은 즉시 사라지고 무거운 것은 경감된다.
② 항상 신의 옹호를 받고, 일체의 열병, 삼재, 도적, 도병(刀兵), 뇌옥(牢獄)의 재난을 벗어날 수 있다.
③ 일찍이 원한을 일으킨 자도 모두 법익(法益)을 입고 해탈을 얻으며 영원히 보복의 고뇌로부터 벗어난다.
④ 야차나 악귀도 침범할 수 없고, 독사나 굶주린 호랑이도 해를 입힐 수 없다.
⑤ 마음에 편안함을 얻고 날마다 험한 일이 없으며 밤에는 악몽이 없다. 안색이 빛나고 기력이 넘치며 하는 일마다 이익을 얻는다.
⑥ 지극한 마음으로 법을 받들고 바라지 않더라도 자연스럽게 의

---

23) 道端良秀, 앞의 책, pp. 140~142 재인용.

식이 풍족하며, 가정이 화목하고 수복(壽福)이 길어진다.
⑦ 말하고 행동하는 것을 인천(人天)이 기뻐하고 어디를 가더라도 항상 사람들의 사랑을 받으며, 공경과 예배를 받는다.
⑧ 어리석은 사람은 지혜로운 사람이 되며 병자는 건강하게 되고, 가난한 자는 복을 누리고 여자는 남자로 전생(轉生)한다.
⑨ 영원히 악도를 벗어나 선도에 태어나며, 모습은 단정해서 천부적인 자질을 초월하며, 복록은 특히 뛰어나게 된다.
⑩ 능히 일체 중생을 위해 선근을 쌓고, 중생의 마음으로 커다란 복전(福田)이 되며, 헤아릴 수 없이 뛰어난 과보를 얻는다. 태어나는 곳에서는 언제나 부처님을 보고 법을 들을 수 있으니, 바로 세 가지 지혜가 크게 열리고, 여섯 가지 신통을 몸소 깨달으며, 조속히 성불하게 된다.

『관제명성경』은 도교와 관련된 책이며, 표지에 기록된 열 가지 이익은 다음과 같다.

① 전시(全施) : 비용을 전부 출연해서 인쇄해 보내는 자는 그 공덕이 매우 크다.
② 반시(半施) : 인쇄(印刷), 제본점으로서 감가(減價)에 응하는 자, 사람을 대신해 선서를 전송(傳送)하는 자, 사람을 대신해 선언(善言)을 초사(抄寫)하는 자는 모두 선한 마음이 된다. 만일 한 사람이라도 권화(勸化)하게 되면 그 공덕은 앞의 전시의 반분에 달한다.
③ 기복(祈福) : 스스로 복을 구하는 자는 진실로 자신의 힘에 따라 인쇄해 베풀면 반드시 소원을 성취한다.
④ 회죄(悔罪) : 이미 악업을 지은 사람은 착한 일을 해서 이것을

배상하고자 하면 마땅히 먼저 선서를 인쇄해 나누어 배송하면 천지의 귀신도 그 마음을 회개해 선으로 향하는 것을 수용한다.

⑤ 길경(吉慶) : 공명(功名)을 달성하고 재물이 풍성하며 신체가 건강한 것은 모두 조상이 적선(積善)한 결과이므로 마땅히 선서를 인출해 배송하여, 사람들이 선을 행하게 해서 천지와 부모의 은혜에 보답한다.

⑥ 궤송(饋送) : 사람에게 물건을 주는 것은 이로움이 제한되어 있지만 선서는 사람을 이롭게 하는 것이 무궁하다. 그러므로 사람에게 예물을 보낼 때 선서를 동봉하는 것이 좋다.

⑦ 우송(郵送) : 각성(各省)의 유명 인사, 진신선사(縉紳善士)와 공공 단체, 여관 등을 조사해 선서를 우송하고 널리 유통케 해야만 한다.

⑧ 선사(善寫) : 각 집안의 격언을 모아 이것을 시가(市街)와 강당 혹은 공공장소에 쓰거나 혹은 달력, 광고 등에 인쇄해 사람들의 눈에 띄게 하고 경각심을 일어나게 한다.

⑨ 찬탄(讚嘆) : 부자는 재물을 보시하고, 가난한 사람은 말로써 보시한다. 만일 친척이나 친구의 연회나 향당(鄉黨)의 모임이 있으면 마땅히 선서에 나오는 일을 인용해서 이것을 찬탄하고 찬양해서 명교(名敎)를 돕도록 한다.

⑩ 연연(筵宴) : 생일이나 축일(祝日), 기타 연회가 있을 때는 선서를 구입해 이것을 나누어 배송하면 복혜의 공덕을 쌓고, 살생의 죄를 면하며 일거에 많은 선을 행할 수 있게 된다.

관음신앙의 유행은 선서에 대한 인식이 활성화되는 데 기여했을 뿐만 아니라 관음과 유관한 위경(僞經[혹은 疑經])을 제작하게도 된다. 전문가들은 위경이 출현하는 이유에 대해 크게 서민을 교화하기 위한 것, 도교와 상호관계 속에서 제작된 것, 특정한 교의나 충효를 고취시키기 위해 제작된 것 등으로 분석한다.[24] 보다 세세하게 분류하면 지배층을 고무시키는 경전, 지배층을 비난하는 경전, 불교와 중국 전통사상을 융합한 경전, 특별한 신앙을 전도하고자 제작된 경전, 특정한 불보살의 이름과 관계있는 경전, 병을 고치고 복을 비는 경전 등이다.[25] 이러한 종류의 의경 속에서 관음과 유관한 의경 역시 제작되었다. 『관세음보살왕생정토본원경』(421년 작), 『불설관음삼매경』, 『고왕관세음경』(534~537년 사이 작), 『보편광명청정치성여의보인심무능승대명왕대수구다라니경』, 『백의대비오인심다라니경』(10세기 작), 『대명인요황후몽감불설제일희유대공덕경』(15세기 작), 『불설대자지성구연보살화신도세존경』(16세기 작) 등이 있다.[26] 중국인 학자 위춘팡(于君方)은 관음신앙과 직결된 의경(疑經)으로 17종을 거명하고 있다.[27] 이러한 경명(經名)을 통해 관음보살과 유관한 의경의 제작이 장기간에 걸쳐 전개되었으며, 특히 밀교가 전래된 8세기 이후는 밀교적인 요소

---

24) 차차석, 『중국의 불교문화』, 서울 운주사, 2007, p. 69~72. 이러한 분류는 일본의 중국불교학자 가마타 시게오의 『중국불교사』를 참고한 것이다.
25) 牧田諦亮, 『疑經硏究』, 日本, 京都大學人文科學硏究所, 1976, pp. 40~84.
26) 이효원, 『한국의 관음신앙 연구』, 한국학중앙연구원 박사학위논문, 2010, p. 68.
27) 于君方, 「僞經與觀音信仰」, 『中華佛學學報』第8期, 臺灣, 中華佛學硏究所, 民國 84(1995), p. 103. 그는 기존에 전래되는 경록을 세밀하게 조사한 뒤에 다음과 같은 유관 경전을 찾아내고 있다. 『觀世音懺悔除障呪經』, 『大悲觀世音經』, 『瑞應觀世音經』, 『觀世音十大願經』, 『彌勒下生觀世音施珠寶經』, 『觀世音詠托生經』, 『觀世音成佛經』, 『觀世音所說行法經』, 『觀音無畏論』, 『日藏觀世音經』, 『新觀音經』, 『觀世音觀經』, 『淸淨觀世音普賢多羅尼經』, 『觀世音三昧經』, 『高王觀世音經』, 『白衣觀音五印心多羅尼經』, 기타 『佛頂心觀世音菩薩多羅尼』, 『大明仁孝皇后夢感佛說第一稀有大功德經』, 『佛說大慈至聖九蓮菩薩化身度世尊經』 등.

가 관음신앙과 결합되어 의경의 제작에 영향을 미친 것으로 볼 수 있다. 그리고 이러한 의경들은 기존의 관음신앙 유관 경론들[28]과 함께 관음신앙이 중국사회에 유포되는 데 다방면에 걸쳐 영향을 미쳤다고 생각된다. 바로 의경은 관음의 중국화를 나타내는 상징적인 문화지표[29]라 말할 수 있는 것이다.

4. 관음신앙과 민속의 융합

관음신앙이 대중들의 지지를 받으면서 중국의 전통신앙과 융합해 중국 독자의 관음신앙을 전개하게 된 한편으로, 대중들의 생활 깊숙하게 용해되어 일상의 생활과 세시풍속을 변화시키게 되었다. 중국의 민속이 되어버린 것이다. 민속이란 대중들의 생활 속에서 장기간에 걸쳐 형성된 풍속과 습관이며, 중국인의 문화적 역량이 농축된 문화현상이라 말할 수 있다. 또한 문화란 늘 인간들의 편의에 따라 인간이 만든다는 특성을 지니고 있다는 점에서, 대략 1,800년의 역사를 지닌 중국의 관음신앙이 세시풍속이나 민속에 적절하게 영향을 미치는 것[30] 역시 당연한 현상이라 말할 수 있다. 특히 새로운 문화의 유입과 전통문화 사이에는 대립과 갈등, 화해와 융합, 토착화와 창출이

---

28) 南懷瑾, 『觀音菩薩與觀音法門』(臺灣, 老古文化事業公司, 1974)에 유관 경전의 목록이 실려 있다. 『대불정수능엄경』「대세지보살원통장」, 『반야심경』, 『천수천안무애대비심다라니경』, 『십일면신주심경』, 『불공견색주심경』, 『청관세음보살소복독해다라니경』, 『비화경』「대시품」「수기품」, 『관세음보살득대세지보살수기경』, 『화엄경』「입법계품」제27참관자재보살장, 『법화경』「관세음보살보문품」, 『대불정수능엄경』「관세음보살원통장」, 『불설관무량수불경』, 『해심밀경』「지바라밀다품」제7 등이다. 기타 밀교와 관련된 법문의 목록도 실려 있다.
29) 于君方, 앞의 논문, p. 100.
30) 劉輝, 『觀音信仰民俗探源』, 中國, 巴蜀書社, 2006, p. 81.

라는 문화적 발전의 단계를 거친다는 점에서 관음신앙과 민속의 융합은 토착화와 창출이라는 문화적 단계에 해당하는 것이라 평가할 수도 있다.

관음과 결합한 민속의 전승에 대해서도 도시인의 53.5%와 농촌인의 65.3%가 계승해야 한다는 조사보고가 있다.[31] 여전히 중국인의 의식에 영향을 미치고 있다고 평가할 수 있는 것이다. 관음신앙의 토착화와 대중화는 "집마다 관세음이요, 곳마다 아미타불"이라는 격언이 생길 정도로 일반화되었으며, 그러한 현상이 민속과 융합하는 결정적인 계기가 되었다고 볼 수 있다. 본 항에서는 수많은 불교 유관 세시풍속 중에서 관음신앙과 관련된 것을 정리해 소개하기로 한다.[32] 중요한 항목은 채식을 하면서 예불을 하는 것, 소향예불, 발원(發願)과 환원(還願), 『관음경』 일기, 관음상 조성, 우란분절, 부녀자의 출가 등이다.

1) 채식하며 예불하기

채식하면서 예불하는 것을 흘소예불(吃素禮佛)이라 칭한다. 불교는 불살생을 강조하기 때문에 이러한 계율이 불교적인 풍속을 만들어 낸 것이다. 즉 관음의 탄생일로 알려진 2월 19일이 되면 부녀자들은 2월 초부터 19일까지 내내 고기를 넣지 않고 채소로 만든 음식만 먹는데, 이것을 '관음소(觀音素)'라 부른다. 지역에 따라 동일하지 않으며 채식의 습관도 다르다. 영사(嵊泗) 열도의 어민들은 채식예불을 장

---

31) 劉輝, 앞의 책, p. 88참조.
32) 邢莉, 『觀音』, 北京, 學苑出版社, 2000, pp. 258~269를 참고해 요약 정리한 것이다. 관음신앙과 민속의 상관성에 대해 가장 잘 정리된 책이며, 1994년에 초판된 것을 2000년에 수정해 재간한 책이다.

재(長齋)와 단재(短齋)로 구분하며, 장재를 하는 사람은 평생 채식을 하고 단재를 하는 사람은 정해진 일시에만 채식을 하고 있다. 어떤 경우는 매월 5일과 15일에 관음소를 먹으며, 어떤 경우는 17일에 채식을 한다. 또한 '동화소(同花素)'라고 해서 매월 1일, 11일, 21일 혹은 7일, 17일, 27일 혹은 10일, 20일, 30일 등 한 달에 10여 일을 함께 채식을 한다.

2) 소향예불(燒香禮佛)

예불은 출가사들의 기본적인 생활의 일과이다. 그러나 일반인들 역시 각 지방의 관음묘, 관음당, 관음동에 관음상을 안치하고 예배했다. 관음보살께 예배하는 것은 관음을 보는 것과 같다고 생각했기 때문이다. 특히 관음의 탄생일에 향을 사르고 예배하는 것은 일반적인 풍경이었다. 특히 타이완(臺灣)에는 보운(補運)이라는 풍속이 있는데, 이것은 음력 2월 19일 사람들이 종이로 만든 인형이나 쌀떡, 가족의 숫자만큼 용의 눈을 그린 계란 등을 가지고 사찰에 가서 불조(佛祖) 앞에서 기원하며 재앙을 물리치고 복을 구하는 의식이다. 제사를 지낼 때는 향로, 꽃 병, 촛대 등을 진열해야 하는데, 하늘거리며 올라가는 향의 연기는 사람과 신을 연결시켜 주는 것으로 생각한다.

3) 발원(發願)과 환원(還願)

발원은 불교도들이 누구나 하는 기원의 일종이다. 개인적인 것이 있고, 집단적인 것이 있다. 여기서는 관음상 앞에서 맹서하는 것을 발원이라 한다. 주로 행궤(行跪)하고 예배하며, 그런 뒤에 발원문을 읽는다. 발원의 핵심 내용은 관음보살의 위신력을 찬양하는 것이다.

거기에는 자손, 재물, 관직, 장수 등을 구하는 매우 현실적인 내용이 포함된다. 또한 발원할 때는 기원하는 일에 영험이 있으면 보살을 예배하고, 사묘를 수리하거나 건립하며 불교에 관한 일을 하겠다는 것 등이 포괄적으로 표현된다. 발원한 뒤에는 바로 환원(還願)해야만 한다. 여기서 환원이란 발원이 이루어져 관음보살에게 감사의 예참(禮參)을 하는 것임과 동시에 발원할 때의 약속을 이행하는 것이다. 따라서 엄밀한 종교적 실천을 의미한다. 실천의 과정이 아무리 어려워도 반드시 그 약속을 실현해야 하는 것이다.

4) 『관음경』 읽기

관음보살과 관계있는 경전이나 주문을 암송하거나 독송하는 것도 중국 민간에 널리 유행했던 관음신앙의 일종이다. 주요한 경전이나 주문은 『관음경』, 『대비주(大悲呪)』, 『고왕관세음경』, 『백의대사주』, 『관음십구경』, 『육자대명신주』 등이다. 이러한 경전들은 주로 관음의 위신력을 찬양하거나 형상을 찬미하는 것들이다. 중국인들이 많이 애독하는 『대비심주참법(大悲心呪懺法)』의 일부 내용을 살펴보면 그것은 한국의 불교신도들에게 익숙한 『천수경』의 내용과 유사하다.

"대자대비하신 관세음보살께 귀의합니다. 원컨대 제가 어서 빨리 일체의 진리를 알게 하소서. 어서 빨리 지혜의 눈을 얻게 하소서. 어서 빨리 일체의 중생들을 제도하게 하소서. 어서 빨리 훌륭한 방편을 얻게 하소서. 어서 빨리 반야의 배를 타게 하소서. 어서 빨리 고해를 건너게 하소서. 어서 빨리 계정혜의 도를 얻고 열반의 산에 오르게 하소서. 어서 빨리 무위의 집을 깨닫고 법성의 몸과 하나 되게 하소서. 제가 만일 칼의 산으로 향하면 칼의 산이 저절로 꺾이고, 제가 만일 화탕(火湯)지옥으로 향하면 화탕이 저절로 말라버리고, 제가 만일 지옥으로 향하면 지옥이 저절로 소멸하며, 제가 만일 아귀도로 향하면 아귀가 저절로 포만감을 느끼며, 제가 만일 수라도로 향하면 악한 마음이 저절로 항복하며, 제가 만일 축생으로 향하면 저절로 큰 지혜를 얻게 하소서."[33]

관음보살과 유관한 경전이나 주문은 대중성이나 주술성, 내지 밀교적 성격 때문에 민간에 유포되면서 민속적인 색채를 농후하게 드러내고 있다. 또한 고단한 삶을 영위하고 있는 서민대중들에게 친근한 의지처로 자리잡게 되었다. 이상의 인용문에서 알 수 있듯이 실존적인 고뇌를 해결하기 위해 관음보살께 간절한 마음으로 기도하는 것이며, 관음보살의 불가사의한 위신력을 기대하는 것이다. 그리고 관음의 신비한 영험을 체험한 사람들의 고백이 이어지면서 무수한 '관음영험록'이 출현하게 된다. 이러한 책들은 다시 대중들의 원망과 기대를 자극해 관음보살에게 귀의하는 계기가 되었다.

5) 우란분회(盂蘭盆會)

한국에서는 우란분절로 널리 알려져 있다. 불경에 의하면 목련의 어머니가 사후에 아귀가 되었으므로, 목련존자가 어머니를 구제하고자 했다. 이에 석가모니부처님께서 『우란분경』을 설해 매년 음력 7월 15일 백 가지 음식으로 각 지역의 승려들을 공양하게 했으며, 그 때

---

33) 濮文起 주편, 『中國歷代觀音文獻集成』권2, 北京 中華全國圖書館文獻縮微復制中心, 1998, pp. 374~376. "南無大悲觀世音, 願我速知一切法, 願我早得智慧眼, 願我速度一切衆, 願我早得善方便, 願我早速乘般若, 願我早得越苦海, 願我速得戒定道, 願我早登涅槃山, 願我速會無爲舍, 願我早同法性身. 我若向刀山 刀山自摧折, 我若向火湯 火湯自枯竭, 我若向地獄 地獄自消滅, 我若向餓鬼 餓鬼自飽滿, 我若向修羅 惡心自調伏, 我若向畜生 自得大智慧."

문에 고난을 받고 있던 목련존자의 어머니가 해탈할 수 있었다는 고사에서 유래한다.

중국의 민간에서는 우란분회가 되면 죽간을 쪼개 다리를 세 개 만든다. 높이는 3척에서 5척이며, 맨 꼭대기에는 등롱(燈籠)이 있고, 거기에 지전(紙錢)과 종이로 만든 옷과 모자를 매달아 함께 태운다. 민간에서는 등롱(燈籠)이 귀혼(鬼魂)을 밝혀준다고 생각했다. 관음보살은 인간의 고난을 해결해줄 뿐만 아니라 음성적인 고난도 풀어준다고 믿었다. 때문에 우란분회와 관계를 지니게 되었다. 그런 점에서 관음은 아귀들을 인도해서 광명의 길로 들어가게 한다고 생각했다. 따라서 아귀의 대왕인 면연(面然)을 관음의 변상(變相)으로 간주했다. 대표적으로 『규기유고』 권15에 실려 있는 「관세음보살전약발」에 의하면 "어람관음(魚籃觀音)은 바로 속인들이 부처님의 가르침을 잘못 전한 데서 기인한다. 7월 15일에는 면연아귀(面然餓鬼)를 구제한다. 면연이란 관음의 변상이다. 바로 목련과 부합한다. 또한 『우란분경』에서 우란분이란 바로 난바나(蘭婆邪)를 말하며, 배고픔을 구제하는 것이 마치 거꾸로 매달려 있는 것을 풀어주는 것과 같다는 뜻이다. 그러나 세속에서는 어람관음으로 와전되었다."[34]고 말한다. 어람관음은 본래 중국 민간에서 지혜를 의미하는 것이었지만 어람관음과 우란분회가 결합해서 새로운 민속을 만들게 되었다.

6) 부녀자의 출가

관음보살이 자비심으로 중생을 구제하고자 하는 원대한 이상은 중국 부녀자들의 마음에 깊이 파고들었다. 옛날의 부녀자들은 관음을

---

34) 邢莉, 앞의 책, p. 392에 나오는 인용문을 재인용.

존중했을 뿐만 아니라 구세주로 간주했으며, 모든 행위의 판단 준거로 삼았다. 때문에 그들은 인생에서 슬프고 괴로운 일을 경험한 뒤에는 왕왕 각지의 관음묘나 관음당을 순례하며 그들의 귀숙처(歸宿處)로 삼았다. 대표적인 사례는 『보타지남』에 나온다. 이 책에 의하면 청나라 때 성숙형(盛叔型)은 어머니를 따라 보타산을 참배했을 때 상주하는 여신도들을 보니 "오관이 분명하고 머리를 깎았으며 옷은 희고 허리는 가늘며 비구니의 형상을 하고 있었다."[35]고 한다. 그들은 관음묘 안에 거주하며 새벽 종소리와 저녁 북소리에 귀를 기울이고, 청등(青燈)으로 긴 밤의 짝을 삼으며 남은 인생을 마친다는 것이다. 이러한 것은 유교적 가치가 온전하게 지배하는 중국사회에서 부녀자들이 취할 수밖에 없는 불합리한 인생이지만 일종의 나올 길 없는 출로(出路)가 분명했다. 마치 한국 조선시대의 부녀자들이 사찰을 정신적, 육체적 피난처로 삼았던 것과 유사한 사회현상이라 말할 수 있다.

III. 맺는 말

이상에서 중국 관음신앙의 문화적 변형과 그 특징을 살펴보기 위하여 관음신앙과 낭낭신의 습합, 관음신앙과 선서(善書), 관음신앙과 민속의 상관성에 대해 고찰해 보았다. 정리하면 다음과 같다.

첫째 관음신앙과 낭낭신의 결합은 두 가지 차원에서 진행되었다. 우선은 대륙 내지(內地)를 중심으로 길흉화복을 주재하고 자식을 관

---

35) 邢莉, 앞의 책, p. 393에 나오는 인용문을 재인용. "五官顯然 首落髮 衣白腰細 作比丘尼狀."

장하는 도교의 여신과 관음이 융합하여 관음낭낭이 된 점이다. 이것은 관음신앙에 중국 대중의 현실적인 소망을 해결해주는 관음으로 인식되면서 대중 속에 토착화하게 된 것으로 볼 수 있다. 또한 해안과 남부지방을 중심으로 해신인 천후낭낭이 관음과 결합하여 해신관음으로 정착하는 것이다. 해신관음은 남해대사란 명칭으로도 불렸으며, 송·원·명 시대가 되면 본말이 전도되는 현상이 나타난다. 그것은 중국의 토착신에 해당하는 해신인 천후가 관음에게 기도하여 태어나는 것으로 인식되는 것이다. 불교와 속신, 도교의 간극이 완전히 사라지고 새로운 문화형태가 발생한 것이다.

둘째 관음신앙과 선서의 유행은 상호보완적인 관계 속에서 중국 민중의 윤리의식을 고취하는 데 일조할 뿐만 아니라 선서를 통한 구복(求福) 활동에 관음신앙이 결합하게 된다. 이러한 의식은 관음신앙, 전통적인 선서의식, 밀교 등 복합적인 문화의 산물이다. 동시에 관음신앙의 유행은 의경, 영험록 등 무수하게 많은 유관 서적을 양산하게 된다. 민중구제와 윤리의식의 제고라는 차원에서 전통사상과 관음신앙이 절묘하게 융합된 문화유형이라 볼 수 있다.

셋째 관음신앙과 민속의 상관성이다. 관음신앙의 유행은 중국의 민속에도 다양한 영향을 미치고 있다. 이러한 것은 불교사상이 민간의 문화를 지배한 결과라 말할 수도 있지만, 서민대중의 소박한 욕망과 현실적인 소원이 불교사상과 융합해 다양한 세시풍속을 창출했다고 평가할 수 있다. 관음신앙이란 본래 인도에서 발생한 것이지만 완전히 중국화되어 다양한 대중문화의 형태로 재구성된 것이다.

한국편

아스카 시대의 불교와 백제·고구려의 승려
다무라 고유(田村晃祐)

여말선초 법화신행의 전개양상과 그 배경
—『법화경계환해』와 석가여래전기의 집성을 중심으로—
석길암

아스카 시대의 불교와 백제·고구려의 승려

다무라 고유(田村晃祐)

I. 서론 : 불교의 도입 —민간에의 도입

일본에 처음으로 불교가 전해진 것이 언제인지는 알 수 없다. 한반도의 삼국과 중국으로부터 이주해 온 사람들 가운데에는 불교를 알고 있었던 사람들이나 불교를 믿고 있었던 사람들이 있었겠지만, 도대체 누가 그 가운데에서 최초의 불교 신자였는지는 알 수 없다. 다만 민간에 불교가 일찍부터 전해져 있었다는 것은 널리 믿어지고 있는데, 민간인이 신앙했던 것이 일본에서 문제로 된 적은 없었다고 생각된다. 그 한 예를 『부상약기(扶桑略記)』[1]의 기록에서 볼 수 있다.

일길산(日吉山) 약항법사(藥恒法師)의 『법화험기(法華驗記)』에 "연력사(延曆寺) 선잠기(禪岑記)에서 말하길, '제27대 게이다이(繼體)천황 즉위 16년[壬寅]에 대당(大唐) 한인안부(漢人案部)의 촌주(村主)인 사마달지(司馬達止)가 그

---

[1] 國史大系, 『扶桑略記』第三, 欽明天皇 十三年壬申十月.

해 봄 2월에 입조(入朝)하여, 곧바로 대화국(大和國) 고시군(高市郡) 판전원(坂田原)에 초당(草堂)을 지었다. 본존을 안치하여 귀의하고 예배하였다. 세상 사람들이 모두 말하기를, 대당의 신이라고 하였다. 연기(緣起)에 나온다.'고 하였다. 은자(隱者)*가 이 문장을 보니 긴메이(欽明)천황 이전 당나라 사람이 불상을 가지고 왔다. 하지만 유포되지 않았다."고 적혀 있다.

『부상약기』는 간지(寬治) 8년(1094) 이후, 천태종 고엔(皇圓)이 저술한 일본역사서이다. 게이다이천황 16년(522)으로부터 570년 이상 지난 뒤의 저술이기에 이 기사의 신빙성은 높지 않다는 것이 상식이지만, 사마달지 등과 불교의 관계로 볼 때 대강의 줄거리가 인정된다.

불교가 공식적으로, 다시 말해 정부 대 정부의 관계로 전래된 것은 『일본서기』에 의하면 긴메이천황 13년(552)에 백제의 성왕(聖王, 聖明王)으로부터라고 한다. 다만 일본의 민간2)에서는 긴메이천황 7년(538)이라고 하여, 연도를 둘러싼 견해의 차이가 있다.

천황은 최고 신관(神官)의 역할도 담당하고 있었기 때문에, 외국 종교의 수용을 둘러싸고 숭불파의 소가(蘇我) 씨와 배불파의 모노노베(物部)·나카토미(中臣) 씨의 대립이 일어나고 결국 양 무제 — 백제 성왕 — 일본 긴메이천황이라는 조정 외교의 장에서 소개된 불교는, 일본에서는 소가(蘇我) 씨의 씨족 불교로 수용된 것이다.

---

2) 이것을 기록하고 있는 「元興寺伽藍緣起並流記資財帳」의 찬술 시기를 둘러싸고 의문이 제기되어 있지만, 이 설은 『法王帝說』과 最澄의 『顯戒論』 등에도 기록되어 있어서 奈良의 사원에 이 설이 전해지고 있었다는 것은 확실하다.

* 약항 본인(역자주)

II. 쇼토쿠(聖德)태자의 불교

1. 『삼경의소(三經義疏)』에 대한 진위론

최초에는 씨족 수준에서 수용된 불교지만, 그 뒤의 동향을 보자면 긴메이천황 자신은 아마도 배불파에 가까웠다고 생각되고, 그 다음 비다츠(敏達)천황도 『일본서기』에 "천황은 불교를 믿지 않고 문(文)과 사(史)를 즐긴다"고 기록되어 있듯이 배불파에 가까웠다. 그러나 숭불파의 소가(蘇我) 씨가 천황가와 인척 관계를 맺고, 다음의 요메이(用明)천황과 스이코(推古)천황은 둘 다 모친이 숭불파의 소가노 이나메(蘇我稻目)의 딸인 기타시히메(堅塩姬)이고, 요메이천황의 아들 쇼토쿠(聖德)태자(574~622)에 이르러서는, 아버지 요메이천황은 소가노 이나메의 손자이고, 어머니 아나호베노하시히토(穴穗部間人) 왕녀도 아버지는 긴메이천황이지만 어머니는 소가노 이나메의 딸 오하네노키미(小姉君)이어서, 태자의 양친 모두 소가노 이나메의 자손이었다. 이러한 관계도 있었고, 아버지 요메이천황은 개인적인 입장에서 불교를 수용하였고, 스이코천황(554~628)의 시대가 되면, 조카인 쇼토쿠태자를 섭정으로 기용하고, 스이코천황 2년(594)에는 '삼보 흥륭의 조서'를 내려 국가적으로 불교를 수용하고자 하였다. 중국 측에서 보자면, 4대 법난의 하나인 북주 무제의 폐불 뒤에, 선제가 즉위하면서 불교 재흥을 위해 대정(大政) 원년(579)에 삼보 흥륭의 조서를 내린 고사[3]에 연유하는 것일까?

---

3) 鎌田茂雄, 『中國佛敎史』 第5卷, 東京; 大學出版會, 1994, p. 6.

스이코천황이 다스리는 동안의 중요한 일로는 관위 12위계의 제정, 헌법 17조 반포, 견수사(遣隋使)의 파견, 경전의 강독, 『삼경의소』 찬술 등이 있는데, 관위 12위계는 순서는 다르지만 『수서(隋書)』에도 게재되어 있어 의심할 바가 없다. 헌법 17조는 다른 곳에는 보이지 않는다. 게다가 용어 사용 등에서 의문이 제기되었지만, 이에 대한 반론도 제기되었다. 필자 자신의 견해로는, 수에 보낸 국서의 근저에 있는 국가 간 평등사상은, 헌법 17조 중 제2조 "둘째, 독실하게 삼보를 공경하라. 삼보란 불·법·승이다. 즉 사생(四生)이 마지막에 돌아갈 곳이며 만국의 으뜸되는 근본사상"(방점은 필자)이라고 하는 말 이외에는 볼 수 없는 듯하다. 견수사에 관해서는 2회에서 7회에 이르는 여러 설이 제시되고 있는데, 그 가운데 가장 확실한 것은 일본과 중국 쌍방의 문헌에 게재되어 있는 2회일 것이다. 『삼경의소』에 관해서는 본 논문의 주제로 다루게 된다.

쇼토쿠태자가 『법화경』·『승만경』·『유마경』의 세 경전에 주석서를 저술했다는 것은 덴뵤(天平) 19년(747)의 「법륭사가람연기병유기자재장(法隆寺伽藍緣起竝流記資財帳)」과 그 밖의 다수의 나라(奈良) 시대 문헌에 기재되어 있고, 또한 나라시대 이후 상당수의 저작에도 인용되고 있다. 이것을 근거로 하여 하나야마 신쇼(花山信勝)는 진찬설을 전개하였다.[4] 그러나 이것은 태자 사후 약 130년 이후의 것이어서 의문이 남는다. 쓰다 소키치(津田左右吉)는 삼경의 강설에 관하여 문헌에 의거하여, 1. (『승만경』)「법왕제설(法王帝說)」, 2. (『승만경』·『법화경』)『일본서기』, 3. (『승만경』·『법화경』·『유마경』)「법륭사자재장(法隆寺資財帳)」에 상위가 있고, 또 이와 관련하여 전승상의 발전이 있는

---

4) 花山信勝, 『聖德太子御製 法華義疏の硏究』, 東洋文庫, 1933, p. 1.

점을 인정하여, 원래 강설은 없으며 따라서 『삼경의소』의 저술도 없었다고 추정한다.[5] 하지만 일본사학자 오노 다츠노스케(大野達之助)는 동일한 문헌에 의거하면서도 『승만경』 강설은 어느 문헌에도 공통되게 기재되어 있으므로 사실이었다고 추정한다.[6] 그렇다면 동일한 자료에 대해서 해석하는 사람에 따라 긍정설과 부정설로 나뉘게 되는 것이므로 확실한 근거가 되기 어렵다.

다만 쓰다(津田)는 위찬설을 서술한 뒤에, "이 의소가 과연 쇼토쿠 태자의 저작인가 여부는, 육조 말부터 수당에 이르기까지 중국에서 삼경 해석의 역사적 발달 과정을 비판적으로 검토한 후에, 『의소』에서 설하는 바가 그 중 어떠한 위치에 있는가를 연구함으로써, 그 진위를 결정할 수 있는 자료가 제시될 수도 있다"라고 기술하고 있다.[7] 이제 불충분하겠지만, 이러한 점에 초점을 두고 『법화의소(法華義疏)』를 연구해 보고자 한다.

2. 27품본(品本)

『법화경』은 구마라집이 번역했을 때에는 현행본(28품)에서 「제바달다품」이 빠져 있는 27품이었다. 그런데 석도혜(釋道慧)의 『송제록(宋齊錄)』에 의하면 상정림사(上定林寺)의 석법헌(釋法獻)이 우전국에서 일품(의 원전)을 얻고, 와관사(瓦官寺)의 석법의(釋法意)가 송(宋) 영명(永明) 8년(490)에 번역하여 『제바달다품경』이라고 하였는데, 양(502~587) 말에 진제삼장(婆羅末陀, 499~569)이 번역하면서 「견보탑품」의 뒤

---

5) 津田左右吉, 『日本古典の研究』 上, 岩波書店, 1972, 改訂第一刷.
6) 大野達之助, 『聖德太子の研究』, 吉川弘文館, 1970.
7) 津田左右吉, 『日本古典の研究』 上, p. 136.

에 삽입하여 28품(品)으로 되었다. 덧붙여 말하자면, 축법호(竺法護) 역의 『정법화경』(286년 역)과 사나굴다(闍那崛多)・급다(笈多) 역(隋 601년)의 『첨품법화경』에는 「제바달다품」의 내용이 「칠탑품」(견탑품) 가운데 포함되어 있다.

『법화경』 주석 중에서, 진제 이전 축도생(竺道生)이나 법운(法雲)의 주는 27품에 의거하고 있고, 수의 천태 지의(智顗), 삼론의 길장(吉藏) 이하는 28품에 의거하고 있다. 『의소』는 27품본에 의거하여 법운을 따라 고형의 『법화경』에 대한 주석으로 되어 있다.

3. 내용의 대강

『법화의소』(이하 『의소』라고 약칭함) 해석의 대강은 양의 광택사 법운(467~529)의 『법화의기』(이하 『의기』라고 약칭함)에 의거하는 것이 하나야마(花山)의 연구 이후로 통설이 되어 있다.

여기에서는 일단 그 강요에 관하여 살펴보기로 한다.

경전을 서분, 정설분, 유통분으로 삼분하여 해석하는 것은 도안(道安, 314~385) 이후 상식으로 되어 있다. 『법화경』 해석에 있어서 현존하는 것으로 가장 오래된 축도생(?-434)의 『묘법연화경소』(속장 보유 을23투 제4책) 이외에는 모두 이러한 삼분법에 의거하고 있는데, 문제가 되는 것은 그 정종분의 분류 방식이다.

『의기』와 『의소』는 모두 정종분을 이분하여, 전반을 '인' 곧 성불의 원인이 되는 부분이라고 하여, 그 내용을 일승 곧 모든 사람이 성불할 수 있음을 제시하였다고 본다. 따라서 '인일(因一)의 의(義)' 라고 표시한다. 이와 대조적으로 후반 부분은 '과', 곧 성불에 이른 결과를 제시하는 부분으로 '과의장원(果義長遠)' 곧 영원한 성불의 결과가 얻어지는 것을 제시하였다고 본다.

이와 대조적으로 천태종 지의의 『법화문구』에서는 전반을 적문, 후반을 본문이라고 하고, 본문의 영원한 근본불이 인간을 구제하기 위하여 인간 세계에 인간으로 모습을 나타낸 것이 석존이라고 한다. 또한 삼론종의 길장은 『법화의소』 중에서, 전반을 승의 진실과 승의 방편, 즉 삼승을 방편으로 일승을 진실로 제시하는 부분이라고 하며, 후반을 몸의 방편과 몸의 진실, 곧 인도에 태어난 석존을 방편의 몸, 영원한 부처를 진실의 불신(佛身)이라고 제시하는 부분이라고 생각한다. 그리고 법상종의 대승기(大乘基)는 정설(正說)을 삼분하여, 일승의 경(境), 일승의 행(行), 일승의 과(果)를 제시하는 것이라고 생각한다.[8]

이와 같이 현존하는 주요 『법화경』 주석서들은 정설의 내용에 대한 해석을 각각 다르게 하고 있다. 그 가운데 『의소』의 해석은 『의기』의 해석과 공통된다. 이 점에서만 보더라도 『의소』가 『의기』에 기초하고 있다는 것은 명확하다. 또한 『의소』에서 사용하는 어휘의 의미가 『의기』에 의하여 명확하게 되는 경우도 있다. 예를 들면, 『의소』의 '문처(文處)'는 '문의 의미를 판단하면'이라고 습관적으로 독해해 왔지만, 이것은 『의기』와 대조함으로써 '문구기진(文句起盡)의 처(處)' 곧 문구의 최초와 끝 부분을 의미한다는 것을 알게 되었다고 하나야마는 지적하였다. 이처럼 『의소』가 그 대강을 『의기』에 의거하고 있다는 사실에 대해서는 이론의 여지가 없을 것이다.

---

8) 拙稿, 「『法華義疏』の撰述とその思想」(『日本佛教綜合研究』 第3號, 2004) 참조.

Ⅲ. 『의기』에 대한 비판적인 부분

『의소』의 사상적 지위를 정하는 데 있어 중요한 것은 『의기』에 대한 비판적인 부분이 어떻게 해서 형성되고 있는가를 정하는 것이다. 그 방식을 알게 되면 『의소』의 사상적 위치를 정할 수 있다고 여겨진다. 그래서 『의기』와 다른 해설을 하고 있는 부분의 사상적 근거를 검토하여 정리해 보면, (1)중국의 고설에 의거하는 부분, (2)저자의 독자적 견해에 의거하는 부분으로 나눌 수 있다고 생각된다. 그리고 (2)는 통일적인 해석에 의거하는 부분과, 저자의 본문 이해로 나뉠 수 있다고 생각된다.

1. 중국 고설에 기반하는 부분

1) 오시교판
예를 들자면 주요한 이설(異說)로서 교판론을 들어 보겠다. 『의소』의 「방편품석」 ─ 정설의 최초 부분으로 개설에 상당함 ─ 에서 서술하는 교판론을 알기 쉽게 단락을 지어서 제시해 보면 다음과 같다.

就五時敎. 辨此權實二智. 皆各不同.
初敎. 若照四諦十二因緣爲實智. 照假實陰入界等爲權智.
第二波若敎. 若照眞諦爲實智. 照俗諦爲權智.
第三維摩敎. 知病識藥爲實智. 能變藥病相宜爲權智.
第五涅槃敎. 若照佛果常住爲實智. 照金剛以還苦無常爲權智.

今此法花敎. 若照四一境爲實智. 照三三境爲權智.(大正56, 71a)

『의기』에서는 이 순서에서 '一, 二, 三, 四, 五'로 되어 있는데, 『의소』에서는 위 인용문처럼 '初敎・第二・第三・第五・今'이라는 이상한 순서로 되어 있다. 이 부분은 『의기』에 설해져 있는 순서를 있는 그대로 답습하는 부분이다. 『의기』 뭇 경전에서 밝히는 바의 이지(二智)가 같지 않음을 밝힌다'는 부분은 (一)12년전, (二)『대품경』, (三)『유마경』, (四)『열반경』, (五)『법화경』으로 되어 있다. 여기에서 제시하는 권실이시(權實二智)의 내용도 다소 다른 것이 있지만, 순서로 말하자면 『열반경』을 제사(第四), 『법화경』를 제오(第五)로 하고 있다. 『의소』는 이 순서는 그대로 하면서 다만 번호를 바꾸어서 열반을 제오(第五)로, 법화를 금(今)이라고 할 뿐 번호는 붙여져 있지 않지만 다른 곳의 서술에서 보면, 법화를 제사(第四)로 지정하고 있는 것은 명확하다.[9]

그런데 무슨 이유로 제사(第四)와 제오(第五)의 순번을 바꾸었을까? 그 근거를 탐구해보면, 『법화현의』에서 인용하는 고설 가운데, 혜관법사 등의 설이 이것과 동등하다는 것을 알 수 있다.

定林寺柔次二師, 道場觀法師, … 開善光宅所用也.(大正33, 801b)
　頓・不定同前
　漸＝五時敎
　　十二年前(有相敎)
　　無相敎

---

9) 本章中에 포함되는 「第二節 統一的 解釋」의 해당 쪽 참조.

褒貶抑揚敎
　　同歸敎
　　常住敎(大正33, 801b)

　이 중에서 정림사(定林寺) 유(柔)란 승유(僧柔, 408~481)로서, 문선왕(文宣王)의 권유를 받아 도읍에 나아가, 정림사에 머물렀다. 사람들은 인신(人神)이라고 하면서 흠복하였다.[10] 다음은 혜차(慧次, 434~490)일 것이다. 삼론을 강의하고 성실에 상세하여, 양의 삼대 법사는 모두 혜차에게 사사하였다고 한다.[11] 도량사(道場寺) 관(觀)은 혜관(慧觀, 354~424)으로 여산에서 혜원에게 사사하고, 만년에 수도의 도량사에 머물렀다. 『변종론』, 『돈오점오의』 등을 저술하였다.[12]
　이렇게 본다면, 모든 남삼북칠의 교판 중에서, 남삼 중의 하나인 도량사 혜관, 정림사 승유와 혜차 등, 법운과 관계가 깊은 사람들 중에 점교로서 오시교판이 있고, 제4시 법화・제5시 열반으로 되어 있는 것을 받아들여서,[13] 법운은 아마도 『법화경』을 주석하는 입장에서 법화가 최고라는 의미로 제4 열반, 제5 법화라고 변경한 것을, 『의소』는 고설에 따라서 제4 법화, 제5 열반으로 바꾸고, 다른 곳에서 4시교(예를 들면 開・示・悟・入에 적용시킴)라고 할 때에, 제1에서 제4의 『법화경』까지를 적용시키는 것에 의해서, 교판론으로서의 통일성을 가져올 수 있게 한 것이라고 생각된다.

---

10) 『梁高僧』第八(『大正藏』50, 378c).
11) 同卷八(『大正藏』50, 379b-c).
12) 同卷七(『大正藏』50, 368b).
13) 『法華玄義』(『大正藏』33, 801a).

2) 사안락행(四安樂行)

다음으로 또한 고설에 기반하는 예로서 네 가지 안락행의 이해를 살펴보겠다.

『의소』에서는 이것을 (一)신선행(身善行), (二)구선행(口善行), (三)의선행(意善行), (四)자비행(慈悲行)이라고 이름하고 있다(大正56, 118a). 그리고 그것을 행하는 사람을 신발의인(新發意人)이라고 한다.

(1) 그러나 법운의 『의기』(大正33, 662c)에서는 이것을 실천하는 사람을 하품(下品)의 퇴타인(退墮人)이라고 하며 (一)지혜, (二)설법, (三)이과(離過), (四)자비심의 네 가지 실천 항목을 설정하여 고설과 전혀 다르다. 여기서 고설과 공통되는 명칭을 사용하고 있는 것을 찾아보겠다.

(2) 지의, 『법화문구』

대상을 여러 보살이라고 하면서, (一)신업, (二)구업, (三)의업, (四)서원의 4안락행으로 한다. 이것은 신·구·의의 셋은 『의소』와 같지만, 제4의 서원이 『의소』의 자비와 다르다.(大正34, 119a)

(3) 길장, 『법화의소』

대상을 '회입대보살(廻入大菩薩)'의 실천으로 한다. 곧 소승불교에서 대승으로 전향한 보살이라고 한다. 그리고 네 가지 실천을 (一)공적행(空寂行), (二)무교만행(無憍慢行), (三)이질투행(離嫉妬行), (四)자비행(慈悲行)으로 한다. 이것은 제4만이 『의소』와 공통되고 앞의 셋은 전혀 다르다.(大正34, 594ab)

(4) 기(基), 『법화현찬』

법상종 기의 『법화현찬』은, 사행(四行)을 (一)정신행(正身行), (二)정어행(正語行), (三)의리제악자리행(意離諸惡自利行), (四)심수제선

이타행(心修諸善利他行)으로 한다. (一), (二), (三)을 신·구·의 삼행(三行)에 적용시키는 점은 『의소』와 공통되지만, 제4는 상당히 차이난다.(大正34, 819b)

이상 현존하는 네 가지 설은 『의소』와 공통되지는 않지만, 『법화문구』에서는 또 다른 네 가지 설을 인용하고 있다.

(5) 舊云 (一)假實二空, (二)說法, (三)離過, (四)慈悲
(6) 基師 (一)空, (二)離憍慢, (三)除嫉妬, (四)大慈悲
(7) 龍師 (一)身遠諸惡漸近空理, (二)除口過, (三)除意嫉, (四)起慈悲
(8) 南岳師 (一)無著正慧, (二)口不說過, (三)敬上接下, (四)大慈悲(大正34, 119a-b)

이상의 여러 설을 정리해서 도표로 하면 다음과 같다.

	對象	一	二	三	四
『法華義疏』	新發退墮	身善行	口善行	意善行	慈悲行
法雲 『法華義記』	下品退墮人	智慧	說法	離過	慈悲心
智顗 『法華文句』	諸菩薩	身業	口業	意業	誓願
吉藏 『法華義疏』	廻小入大念修菩薩行	空寂行	無憍慢行	離嫉妬行	慈悲行
基 『法華玄贊』		正身行	正語行	意離諸惡自利行	心修諸善利他行
『法華文句』所引舊說	舊云	假實二空	說法	離過	慈悲
	基師	空	離憍慢	除嫉妬	大慈悲
	龍師	身遠諸惡漸近空理	除口過	除意嫉	起慈悲
	南岳	無著正慧	口不說過	敬上接下	大慈悲

이렇게 본다면, 『법화문구』에서 인용하는 고설은, 모두 제4행을 자비행으로 하고 있어서 『의소』와 공통되는데, 그 중에서도 용사(龍師)의 설은 (一), (二), (三)의 의미가 삼업의 잘못을 피하는 것으로서 『의소』와 공통된 의미를 갖는다.

용사(龍師)는 혜룡(慧龍)이라고 추정된다. 『고승전』 승인(僧印, 435~499) 전에 "나중에 나아가 여산(廬山)에 가서, 혜룡(慧龍)을 따르며 법화(法華)에 대해 묻고 배웠다. 용(龍)은 당시에 유명하였다. 법화의 종지를 떨쳤다."고 하고, "(승인은) 배움이 뭇 경전을 아우르긴 하지만, 법화를 강의한 것이 무릇 252회였다."(大正50, 380a)라고 기술되어 있다.

3) 소결

이렇게 본다면, 『의소』는 『의기』 이전의 설을 채용하면서, 때로는 그것을 간략화하고 혹은 간명하게 인용함으로써 『의기』와는 다른 사고방식을 전개하고 있음을 알 수 있다. 이 외에도 같은 사례가 있다.

2. 통일적 해석

1) 사시교판

이미 교판론 부분에서 『의소』가 법운의 오시교판의 제4와 제5를 바꾸어 오시교판으로 사용한다는 것을 서술하였다. 그런데 본문 중에는 앞의 4시교판을 인용하고 있는 경우가 많다. 이로써 『의소』의 교판은 오히려 4시교판이 중심이 되며, 여기에 제5 열반시를 더하여, 법운 이전의 승유, 혜차, 혜관 등의 남북조 제사의 설과 동일화함을 알 수 있다.

여기서 『의소』에 보이는 4시교판의 실제에 관하여 살펴보겠다.

첫째는 『의소』「서품」의 첫 부분, 본문에 대한 축어적 해석에 들어가기 전의 총론 부분이다.

> 但衆生宿殖善微. 神闇根鈍. 以五濁障於大機. 六弊掩其慧眼. 卒不可聞一乘因果之大理. 所以如來. 隨時所宜. 初就鹿苑. 聞三乘之別疏. 使感各趣之近果. 從此以來. 雖復平說無相權同修. 或明中道而褒貶. 猶明三因別果之相養育物機. 於是衆生. 歷年累月. 蒙教修行. 漸漸益解. 至於王城始發一大乘機. 稱會如來出世之大意. 是以如來. 卽動万德之嚴軀. 開眞金之妙口. 廣明万善同歸之理. 使得莫二之大果.(大正56, 64c-65a)

여기에 기술되어 있는 것은, 석존이 이 세상에 태어난 것이 『법화경』에 설하는 일승의 가르침을 설하고, 만선동귀(万善同歸)의 묘리를 말하며, 그 결과 선을 행한 자라면 누구에게나 동일한 영원한 결과를 설하는 데에 있었는데, 다만 중생의 근기가 둔하고, 5탁이 기근을 장해하며, 6폐[간탐(慳貪)・파계(破戒)・분노(瞋意)・게으름(懈怠)・산란(散亂)・어리석음(愚痴)]가 그 지혜의 눈을 덮어서 가리고 있어, 갑자기 일승의 인과를 듣더라도 이해할 수 없다. 그래서 최초에는 (一)녹야원에서 온갖 소승의 가르침을 듣게 하고, (二)다음으로 무상(無相: 空)의 도리를 설하여[波若] 함께 수행하기를 권하고, (三)다시 중도를 설하여 소승을 억누르고 대승을 찬탄하며[維摩], (四)중생의 근기가 향상되었으므로 왕성에서 일대사(一大事)의 기연을 발하여, 왕사성에서 『법화경』을 설하셨다는 4시교판이 설해지고 있다.

『의기』도 또한 같은 총설 부분(大正33, 572c)에서는 (一)녹원(鹿苑), (二)대품(大品), (三)암라(菴羅: 維摩), (四)왕성(王城: 法華)으로 『의소』와 같은 4시교가 설해지고 있고, 「방편품(方便品)」에서 설하는 오시교(五時敎)와는 다른 이해를 제시하고 있다.(大正33, 572c)

둘째, 「방편품」의 개(開)·시(示)·오(悟)·입(入)의 해석에 관하여 보겠다. 『의소』는 자설을 이야기하지 않고, 다만 "의가(義家)에 같지 않음이 있다"(大正56, 75b)고 하여 '일(一)에 이르기를', '광택법사(光宅法師)', '광택법사선사사(光宅法師善捨寺)에서'의 세 가지 설을 들 뿐이다. 지금 본문이 길어지므로 그 내용을 표로 제시한다.

		『義疏』	『義記』
一云		今日의 一果를 得하다	果의 一을 解하다
	開	初敎	三乘別敎
	示	波若	波若
	悟	維摩	無量義經
	入	法華	法華
光宅法師		一衆生當來의 佛果	一衆生當來佛果
	開	(설명없음)	三乘=得一佛乘의 行
	示	聞慧	聞慧
	悟	思慧	思慧
	入	修慧	修慧
光宅法師 (善捨寺)		因果의 義를 明하다	因果之義
	開	因義略開三顯一, 漸表壽命長遠	略說開三顯一
	示	因義廣開三顯一, 令知壽命長遠	略明開近顯遠

		『義疏』	『義記』
光宅法師 (善捨寺)	悟	果義略開近顯遠	略明開近顯遠
	入	果義廣開近顯遠	廣說壽命長遠

이렇게 『의소』의 설을 『의기』의 설과 비교하고 대조하여 보면 광택법사의 두 설은 다소 상위가 있지만 큰 문제는 아닐 것이다. 『의소』의 광택법사설에서는 개(開) 부분이 설해져 있지 않다. 그런데 『의기』의 설과 함께 보면, 개의 해설이 누락되었을 뿐 불지견(佛知見)의 해설은 공통되어 있다. 선사사(善捨寺)의 설은 최후의 수명장원(壽命長遠)이 광개근현원(廣開近顯遠)으로 되어 있고, 『의소』는 여기에서도 개(開) 시(示) 부분과 통일화를 추구하였음을 알 수 있다.

다만, 첫째 설인 일사(一師)의 4시는 '오(悟)'가 『무량의경』에서 유마로 변경되어 있어, 「서품」의 4시교와 「방편품」 5시교 중 전사시(前四時)에 맞추었음을 알 수 있다. 이와 같이 내용을 바꾸어 통일되어 있으므로, 이것이 『의소』의 본의라고 이해할 수 있을 것이다.

「법사품(法師品)」 제10에는 고원의 물을 구하는 비유가 있다. 고원을 여행하는 중에 갈증을 느끼고 구멍을 계속 파면서 구했더니, 습한 흙이 되고 진흙이 되었다(大正9, 31c). 이 비유에 관하여, 『의소』는 고원을 (一)초교, (二)반야에 비유하고, 습한 흙을 (三)유마교, 진흙을 (四)『법화경』에 비유한다고 서술한다.[14]

이에 관하여 『의기』는 건조한 흙을 이승교, 습한 흙을 『무량의경』,

---

14) 譬如有人渴乏須水於彼高原穿鑿求之猶見乾土者. 水譬壽量果. 高原譬初教及第二波若教. 乾土譬八十年果. 言前二教中求壽量不得. 但得八十年果. 知水尙遠. 施功不已者. 譬聞維摩教. 轉見濕土者. 濕土譬維摩教七百阿曾祇果. 言爲得水則濕土少近. 內合於壽量果七百阿曾祇少近. 泥譬今日法華經. 其心快定知水必近者. 至法華

진흙을 『법화경』의 비유라고 한다.[15] 이렇게 보면 『의소』가 4시교로 통일하여 결과적으로 『의기』와 다른 해석이 되었음이 명백하다.

2) 정설과 유통설의 분과

서설·정설·유통설로 경전을 삼분하는 것은 법운 이하 여러 스님에 공통된다. 그 중에 서설을 「서품」에, 「방편품」이하를 정설에 해당시키는 것은 모든 스님에 공통된다.

문제는 정설과 유통설의 분과이다. 여러 스님이 모두 「분별공덕품」 제16(제17)의 도중에서 끊는데, 여기에 중요한 설로 두 설을 들 수 있다. 제1설은 "그때, 부처님은 미륵보살에게 말씀하시기를"(大正9, 44c 19행) 이하가 유통설이며, 법운 『의기』(大正33, 574c, 673a), 지의 『문구(文句)』(大正34, 137a)는 여기에서 끊는다. 제2설은 "아일다, 혹 부처님의 수명은 영원하다는 것을 듣고, 그 의미를 이해함이 있다"(大正9, 45b 11행) 이하로, 길장의 『법화의소』(大正34, 612a)와 『의소』(大正56, 124b)에서이다. 다른 설들도 있지만, 지금은 이 두 설을 보는 것으로 족할 것이다.

여기에서 문제는, 『의기』와 『의소』는 단락 구분이 다르다는 것이다. 왜 이와 같은 상위가 일어났을까? 이와 관련해서는 정설분의 전반 '인일의(因一義)'와 후반 '과의장원(果義長遠)'의 분과를 볼 필요가 있다고 생각된다.

지금, 도표화해 보면 다음과 같다.[16]

方知壽量果.(『大正藏』 56, 116b).

15) 二乘敎如燥土. 說無量義經于時直明万善成佛如濕土. 若說法華敎決定無有三一時得佛果譬泥也.(『大正藏』 33, 660c).

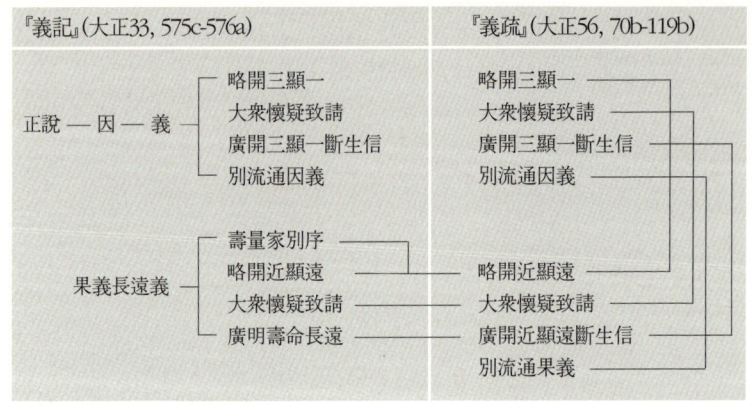

이렇게 보면 『의기』는 인일의를 4분하고 있고, 과의장원도 4분하지만, 내용은 인일의에는 없는 '수량가별서(壽量家別序)'가 있고, 역으로 인일의(因一義)의 '별유통인의(別流通因義)'에 상당하는 부분이 없다. 이에 대해서 『의소』쪽은 인일의는 온전히 『의기』의 설을 그대로 받아들이면서, 인일의와 과의장원 부분을 보면, 내용면에서 3과 1에 대해서 근과 원을 상정하는 상위는 있지만, 분과의 설정방식은 인일의와 과의장원이 같다. 〈도표〉의 상단에서 하단에 선으로 연결한 대로이다. 그렇다면 전반과 후반의 분과가 다른 『의기』와, 전반과 후반의 분과가 같은 『의소』와는 상위가 있게 된다. 즉, 『의소』에는 『의기』'수량가의 별서'에 상당하는 것이 없고, 이 부분이 『의소』의 약

---

16) 『의기』
因一義
正說第一段明因中有四段者. 第一略說開三顯一. 動執生疑. 第二懷疑致請. 第三廣說開三顯一. 斷疑生信. 第四別流通開三顯一之義也.(『大正藏』33, 575b).
果義長遠義
弁果之中有四段者. 第一別序開近顯遠. 動執生疑. 第二略說開近顯遠. 動執生疑. 第三懷疑致請. 第四廣說壽命長遠. 斷疑生信也.(『大正藏』33, 576a).

개근현원(略開近顯遠) 부분에 포함되어 있다. 반면에, 『의소』의 별유통과의(別流通果義)에 상당하는 부분이 『의기』에는 없다. 이것을 부가하였기 때문에 정종분과 유통이 나뉘는 부분을 『의소』는 뒤로 조정할 수밖에 없었을 것이다. 즉, 『의소』의 전반 인일의와 후반 과의장원 부분에 대해서 통일적으로 분과를 세웠기 때문에 『의기』와 다른 분과로 되고, 본문의 해석에 대해서도 상위가 있게 된 것으로 추정된다.[17]

3. 『법화경』 본문에 근거한 이해

이 예는 많이 들 수 있다. 한두 가지 예를 들어 보겠다.

1) 미간방광(眉間放光)

「서품」의 처음 석존이 서상을 나타냈다고 하는 부분에, 미간의 백호상으로부터 빛을 방출하여 동방 일만 팔천의 세계를 비추고, 아래로는 아비지옥으로부터 위로 아가니타천(阿迦尼吒天: 色究竟天)에 이

---

17) 『의소』
因一義
就第一明因義. 又開爲四. 第一從初訖衆生處著引之令得出偈以來. 略開三顯一. 動執生疑. 第二從爾時會中有諸聲聞以下. 訖是等聞此法則生大歡意. 名大衆懷疑致請. 第三從佛語舍利佛以下. 訖學無學人授記品. 凡有七品半經文. 廣開三顯一. 斷疑生信. 第四從法師品以下訖安樂行品. 凡擧四品. 別流通因義.(『大正藏』 56, 70b).
果義長遠義
明此果義亦例同因義. 初開爲四. 第一從此品初訖我從久遠來教化是等衆. 略開近顯遠. 動執生疑. 第二從爾時彌勒菩薩摩訶及無數諸菩薩等心生疑惑怪未曾有以下竟此品. 明大衆懷疑致請. 第三擧壽量品. 廣開近顯遠斷疑生信. 第四入分別功品訖如是之人等於是無有疑. 別流通果義.(『大正藏』 56, 119b).

르렀다고 하는 기술이 있다.

이에 관한 주석에서는, 미간으로부터 빛을 방출했다고 하는 것은 일인일과(一因一果)의 도리 즉 중도(中道)를 표현하고자 한 것이라고 한다. 나아가 동방만을 드는 것은 일인일과의 도리를 제시하는 것뿐이라고도 할 수 있고, 일방(一方)을 들면 다른 삼방(三方)은 자연히 알 수 있기 때문이라고 이해해도 좋다고 한다. 이 부분은 『의기』의 해설 그대로이다.

다음으로는 아래와 같은 기술이 있다.

> 『본의(本義)』에 이르기를, "이 빛을 놓음은 마땅히 이 세계에 들어가야 한다. 따라서 이 세계에서는 빛을 배열하여 곧 육사(六事)가 있다"고 한다. 하지만 지금은 수용하지 않는다.(大正56, 66c)

『의기』에서 이 방광(放光)은 이 세상에서의 석존의 원(願)을 표현하고 있다고 한다. 하지만 이 문장은 실제로는 『의기』에는 나오지 않는다. 하나야마 신쇼우(花山信勝)은 이와나미(岩波)문고의 일본어 훈독에 "法雲, 『의기』, p.582中 1, 153上 參照(花山信勝校 譯, 『法華義疏』上卷, 24, 25)라고 기술하고 있는데, 내가 보는 바로는 이곳에 이러한 어휘는 나오지 않는다. 타토(他土)의 서상으로서 육의(六義)가 제시된다.

그런데 "이것을 수용하지 않는" 이유는 방광(放光)이 이 세계의 석존과 빛으로 비추어지는 다른 세계 양쪽을 포함하고 있고, 의미를 통해서나 문단 구조로나 그 본의가 다른 세계를 가리키는 데 있는 듯하다. 그러므로 이 세계를 중심으로 두고 해석하는 『의기』의 견해를 수용하지 않는 것이라고 하는 것이다.

2) 석존의 서상

다른 예를 한 가지 든다면 「서품」의 마지막 게 중에 다음과 같이 나온다.

> 내가 등명불(燈明佛)을 뵈니, 본래의 광서(光瑞)와 같다. 이로써 아노니 지금의 부처님도 『법화경』을 설하고자 하시는 것이다. 지금의 상은 본래의 서상과 같다. 이것은 여러 방편이다. 지금의 부처님이 광명(光明)을 방출하는 뜻도 실상의 뜻을 도와 발하는 것이다.(大正9, 5b)

이 게는 석존의 서상에 관하여 미륵에게서 질문을 받은 문수가 과거 등명불의 사례를 인용하여 지금의 석존도 『법화경』을 설하는 것이라고 답하고 있는 곳이다. 이에 관하여 『의소』에는 다음과 같이 기술되어 있다.

> 실상의 뜻이란 오늘날의 일인일과의 뜻을 말하는 것이다. 이 가운데 『본의』의 해석은 지나치게 번쇄하다. 하지만 지금은 있는 그대로 적절하게 해석할 뿐이다.(大正56, 70a)

『의기』의 주석을 살펴보면, 약 340자에 걸쳐서 길게 해설하고 있다(大正33, 591c-592a). 게문은 장행(長行)으로 의미를 반복하고 있기 때문에 『의기』와 같이 긴 설명을 하지 않더라도 읽으면 의미를 알 수 있다는 뜻이니, 실상(實相)의 내용만 설명하고 있는 것으로도 저자의 의도는 충분히 납득할 수 있을 것이다. 이와 같이 저자의 솔직한 느낌에서 『의기』의 글을 간략화하고 있는 것은 여러 곳에서 확인할 수 있다.

Ⅳ. 쇼토쿠(聖德)태자의 저작

1. 『법화의소』의 사상적 지위

지금까지 검토해 본 것처럼, 『법화의소』의 사상적 지위는 주로 양의 광택사 법운의 『법화의기』에 의거하고 있다. 『의기』에 대해 비판적인 부분 혹은 다른 견해를 제시하고 있는 부분은 법운 이전의 학승의 의견에 기반하여 이것을 간략화하여 요령 있게 해석하거나, 저자 자신이 다른 부분과 통일적으로 해석한 결과이다. 또한 장황해 보이는 부분은 경전 본문에 따라 간략화했다는 것을 알 수 있다. 그러한 내용에서 보면 법운 이후 그다지 시간이 경과하지 않은 시기의 작품으로서 적절하다. 더욱이 이 논문에서는 구체적으로 다루지 않겠지만 중국 찬술설도 있다. 하지만, 오자나 정정 방식으로 보아 일본 찬술임은 틀림없다고 생각된다. 이유를 제시하지 않는 중국 찬술설도 있지만 이것은 비학문적인 것이다.

2. 이체자(異體字)의 문제

『법화의소』가 아스카 시대의 작품이라는 것을 과학적으로 제시하는 연구에 이체자 연구가 있다.

『법화의소』의 초고본이라고 일컬어지는 본에는 많은 이체자가 사용되고 있다. 그 이체자 연구를 하고 있는 사람으로 서예가 니시카와 야무시(西川寧)가 있다.

1971년 쇼토쿠태자 서거 1350년을 기념하여 이 초고본의 정교한 사진 인쇄본이 쇼토쿠태자봉찬회편(聖德太子奉讚會編)으로 길천홍문관(吉川弘文館)에서 발행되었을 때, 『법화의소』 해설이 덧붙여지고, 그 중에 사카모토 다로(坂本太郞)의 「서설」, 이시다 모사쿠(石田茂作)의 「표구」, 하나야마 신쇼(花山信勝)의 「내용」, 니시카와 야무시의 「서법」의 네 논문이 포함되어 있었다.

니시카와(西川)는 초고본에 관하여 "글자 하나하나의 구성이 지성으로 가득 차 있다. 육조 이전의 일반적인 장소보다 한층 높은 문화성을 인정하지 않을 수 없다"(同 57쪽 下段)고 하고, "종이의 덧댄 방식이 아무래도 미숙한 티가 난다"고 하면서, 또한 별필(別筆)의 부분이 있다는 것을 인정하고, 또한 제1권에서만 약 70자의 이체자를 검출하고 있다. 그리고 그 이체자를 7종으로 분류하고 있다.(同書 59쪽)

    1 북위에서 초당까지 유통되는 것 12자
    2 북위 이래(隋 이후는 未詳) 29자
    3 서위에서 초당(初唐)까지 유통되는 것 2자
    4 서위 이래(隋唐은 未詳) 3자
    5 수 이래(唐은 未詳) 3자
    6 유사한 자례가 있는 것 13자
    7 다른 예가 없는 것 8자

라고 하고, 결론으로서 "이렇게 본다면 별자(別字)에 한정해서 판단할 때, 『의소(義疏)』가 수나라 것임에 틀림없다고 생각된다"고 한다. 또한 "『의소』는 양식으로 보았을 때에도 수나라의 형태라고 생각하지 않으면 안 된다"(同書, 64쪽 아래)고 한다.

3. 소결

본서에는 아직 검토해야 할 것이 여러 가지 남아 있지만, 이 논문에서 모두 망라해서 다룰 수는 없다. 다만 사상의 내용이나 이체자 연구에서 아스카 시대의 것이라고 인정할 수 있고, 아스카 시대의 것이라고 인정된다면 후세의 문헌에 기술되는 대로 쇼토쿠태자의 저작이라고 인정하는 것이 가장 알맞으리라고 생각한다.

V. 『법화의소』와 백제 혜총 · 고구려 혜자

1. 학술적 의문

『의소』를 읽고 있자면, 이 책은 개인 저술이면서도 그 배후에 학술 고문이 있었던 것은 아닌가 생각되는 문장이 있다. 필자는 십여시(十如是)에 대한 해석 부분에서 그런 느낌이 든다. 『법화경』「방편품」[正說分]에서는 사리불에게 부처님이 성취하는 법은 희유하고 난해한 법이어서, 설해질 수 없는 것이며 부처님과 부처님만이 궁구할 수 있는 법이라고 하면서 제법실상으로서 10항목의 여시(如是)를 든다. 이것이 10여시이다.

『의기』에서는 이 내용에 대해서 처음의 5여시를 제법이 다름아닌 방편인 삼승법이라고 한다. 다음의 4여시를 실상 곧 일승법이라고 한다. 제법과 실상을 함께 들어 마지막의 여시본말구경등(如是本末究竟等)을 제법과 실상의 결합이라고 한다. 제법실상(諸法實相)을 제법(諸法)과 실상(實相)의 의미로 해석하는 것이다.

그 내용을 살펴보면, 우선 "무릇 9구가 있으니, 처음에 5구로 위의 제법장문(諸法章門)을 해석하고, 다음으로 여시인(如是因)·여시연(如是緣) 이하의 4구는 위의 실상분(實相門)을 해석한다"(大正33, 596c)라고 하며 각각의 여시의 내용을 제시한다. 여시상(如是相)이란 성문·연각·보살 삼승 각각의 이상(異相)을 표현하고, 여시성(如是性)은 삼승 각각의 성의 불개의(不改義)를 표현하고, 여시연(如是緣)이란 성문은 사제, 연각은 12인연, 보살은 6바라밀로써 삼승의 본체가 다르다는 것을 보이고, 여시력(如是力)이란 성문은 정사(正使, 번뇌)를 끊는 힘, 연각은 습기(習氣: 번뇌의 여습)를 공격하여 끊는 힘, 보살은 습기를 다 끊어내는 성불의 힘을 말한다. 여시작(如是作)이란 행상(行相)이고, 삼승 각각의 행상을 말한다.

실상의 4여시는, 여시인은 실지(實智: 진실의 지)가 비추는 대경이어서 대과를 감득하는 것을 의(義)로 한다. 여시연은 이 대과보는 만선에 의하여 얻어지는 것을 연(緣)이라 하고, 여시과(如是果)는 일과(一果: 영원한 佛果)가 원인에 의하여 얻어지는 것을 보이고, 여시보(如是報)는 이 원인의 힘에 보답하는 의(義)가 있다는 것을 말한다.

마지막에 여시본말구경등(如是本末究竟等)이란 셋째의 제법과 실상의 양쪽을 묶는 것이다. 본(本)은 첫 구인 여시상을 가리키고, 말(末)

은 다섯째 구인 여시작(如是作)을 가리키는데 권지(權智: 삼승의 지)의 경(境)을 묶는다. 구경등(究竟等)이란 일인일과(一因一果)를 가리키는데 실지(實智)의 경을 묶는 것이라고 이해하고 있다.(大正33, 596c-597a)

이것에 대한 『의소』의 해설은 세 단락으로 나누어서 볼 수 있을 것이다.

(第一段)(第三에) 실지소조(實智所照)의 경(境)을 낸다. 그 뜻은 다만 실지(實智)는 심묘하여 알기 어려울 뿐만 아니라, 실지소조의 모든 대상도 또한 심묘하여 알기 어렵다. 하지만 이 실지는 능히 알기 어려운 모든 대상을 비춘다. 즉 실지는 심묘하고 알기 어려운 것임이 저절로 밝혀지게 된다.

제법실상(諸法實相)이란 말하자면, 실지소조(實智所照)의 제법실상의 경(境)이다. 곧 입장문(立章門)이다. 소위(所謂) 이하는 장문(章門)을 해석한다. 무릇 9구가 있어서, 능히 이와 같은 여러 설을 비춘다고 하기 때문에 실지(實智)는 심묘하다고 한다. 말로써 다할 수 없다.

(第二段) 『본의』에 이르기를, 제법은 권지소조(權智所照)이다. 이른바 33경(境) 가운데 삼교(三敎)이다. 실상이란 41경(境) 가운데 일리(一理)이다. 9구를 셋으로 나눈다. 처음의 5구는 제법장문(諸法章門)을 해석한다. 여시인 이하의 4구는 실상장문(實相章門)을 해석한다. 본말구경(本末究竟) 등의 1구는 두 장문(章門)을 묶는 것이다. 본이란 곧 처음의 여시상이다. 말이란 곧 뒤의 여시작을 들어 권지장문(權智章門)을 묶는다. 구경등이란 일인일과이다. 구경등이란 곧 실상장문을 묶는다.

(第三段) 해석문이 또한 미세하고 번광(煩廣)하여 다만 어리석은 마음으로 미치기 어렵다. 따라서 다 기술하지 않는다. 다시 말하면 잘 알지 못하는 곳은 비워둔다.[18]

잘 보면, 이 앞의 개소로부터 문장에 오류가 있는 듯하다. 『경』 "舍利弗, 吾成佛 以來"(大正9, 5c 1행) 이하의 문을 먼저 "첫째, 언(言) 에 의하여 이지(二智)를 찬탄함"과 "둘째, '지사리불(止舍利弗)' 아래 는 언(言)을 그쳐서 이지(二智)를 찬탄함"(大正56, 71b, 초고본 제1권 375 행)으로 나누는데, 본문의 주석 부분에서는 "둘째, 언을 그쳐서 실지 (實智)를 찬탄함이다"(大正56, 71c 최종행, 초고본 제1권 394행)로 되어 있 다. 게다가 이 부분에 한 글자가 지워져 있고 오른쪽에 실(實)을 써넣 고 있다. 추측하건대 이지(二智)의 이를 지우고 실지(實智)로 변경한 것인 듯하다. 그런데, 다시 이 항목을 3분하는 중에 마지막 부분이며 핵심 부분은 "셋째, '제법실상' 아래는 이지소조(二智所照)의 경(境)을 낸다"고 되어 있다. 본문 해설 부분은 "제삼(第三)에 실지소조(實智所 照)의 경(境)을 낸다"(大正56, 72b, 草稿本 第一卷 405행)고 하여 처음부터 실지(實智)로 되어 있다. 말할 것도 없이 법운의 입장이라면 이지(二 智)로 통일할 것이고, 『의소』의 입장이라면 실지로 통일할 곳이 될 것 이다. 또한, 이 제삼(第三)은 제이(第二)의 오류일 것이다.

첫째 문제는 왜 이와 같은 혼란이 일어나는가라는 점이다. 둘째 문제는 십여시 전체를 실지소조의 경으로 해야 한다고 기술하지만, 십여시의 구체적 내용은 전혀 기록되어 있지 않은 점이다. 이에 대해 서 제이(第二)의 『본의』의 설은 일단 이것으로 거의 충분하다고 생각

---

18) 第三出實智所照境. 言非但實智深妙難知. 實智所照諸境. 亦深妙難知. 而此實智. 能照難智諸境. 則實智深妙難知. 亦可自明矣. 諸法實相者. 謂實智所照. 諸法實相 境也. 卽是立章門. 從所謂以下釋章門. 凡有九句. 言能照如是諸境. 故云實智深妙. 非以言可盡也. 本義云. 諸法謂權智所照. 謂三三境中三敎. 實相謂四一境中一理 也. 九句分爲三初五句. 釋諸法章門. 從如是因以下四句. 釋實相章門. 如是本末究 竟等一句. 結兩章門. 本則擧初如是相. 末則擧後如是作. 是結權智章門. 究竟等謂 一因一果. 究竟等是結實相章門. 釋文亦微細煩廣. 但愚心難及. 故不盡記. 卽所謂 關所不明.(『大正藏』 56, 72a-b).

되는 해설이 붙여져 있는 것이다.

그런데 제이단(第二段)의 "어리석은 마음으로 미치기 어렵다. 따라서 다 기술하지 않는다. 다시 말하면 잘 알지 못하는 곳은 비워둔다"라는 것은 문장이 이어지는 상황으로부터 본다면 『본의』에 관하여 서술한 것이라고 생각되는데, 이 내용은 실상소조의 경으로 해석되는 부분에 해당된다. 만약 그렇다고 한다면 (혹은 그렇지 않다고 하더라도) 왜 이지(二智)가 아니고 실지(實智)인가 하는 설명을 생략했고, 게다가 『의기』와 정반대되는 설을 채용하고 있을까? "어리석은 마음으로 미치기 어렵다"가 이 실지로 이해되는 점을 가리킨다고 한다면, 내용을 잘 알 수 없다면 『본의』의 설을 그대로 수용해서 쓰는 것이 상식적일 것이다. 그런데 실제 들은 내용이 『의기』와 어긋나기 때문에 위의 언급처럼 혼란을 일으키고 있다고 본다면 이해할 수 있다. 이와 같은 여러 상황을 고려하면 "스스로는 잘 알 수 없다고 해도, 고문으로서 학자가 말하는 바에 따라 실지(實智)로 변경했다"고 하는 것이 가장 그럴 듯하다고 생각된다.

덧붙여서, 『법화의소』는 다수의 학자들이 공동집필한 것이라고 하는 견해(井上光貞)도 있다. 하지만, 그렇다고 한다면 "어리석은 마음으로 미치기 어렵다"고 하는 문장은 넣지 않을 것이다. 이것은 어디까지나 개인의 자기 반성적 표현이다.

2. 백제 혜총과 고구려 혜자

이상과 같이 고찰을 통해 볼 때, 『법화의소』는 쇼토쿠태자가 학술고문의 설을 채용해서 스스로 지은 저술이 된다. 『법화의소』의 사상

적 배경을 탐구하면

   一 양 광택사 법운의 『법화의기』

   二 법운 이전의 남북조 제사(諸師)

   三 저자 독자의 사유

      三・一 통일적 해석

      三・二 본문에 근거한 이해

의 네 항목으로 나눌 수 있다.

거기에서 (三)의 독자적인 해석에도 학술고문의 의견이 반영되어 있음을 충분히 고려할 수 있는데, 특히 (一)의 광택사 법운과 (二)의 고사의 설에는 학술고문의 존재가 추정된다. 인용명을 밝히지도 않았고, 그렇다고 이와 같은 문제를 기술한 문헌이 있는 것은 아니지만, 백제의 혜총과 고구려의 혜자가 그와 같은 역할을 한 것이 아닌가 생각된다. 『일본서기』에는 두 사람의 내일(來日)에 관하여, 스이코천황 3년 5월에 고구려 승려 혜자가 일본에 오고 스이코천황 원년에 섭정이 된 쇼토쿠태자가 내교(內敎: 佛敎)의 스승[19]으로 삼았다고 기술되어 있다. 이 해에 백제 승려 혜총도 내일하였다. 그리고 이 두 승려가 삼보의 동량이 되었다[20]고 기록하고 있다. 이 두 사람이 불교계 최고 책임자가 되었음을 보이는 것이다. 스이코천황 4년 11월에 법흥사(法興寺)가 건립되자 이 두 승려가 머물렀다고 한다.[21] 혜자가 태자의

---

19) 『日本書紀』 推古 元年 五月 戊午의 朔日 丁卯에 高麗의 僧 慧慈 歸化하다. 곧 皇太子師로 삼다.
    前書 同年 夏四月 庚午의 朔己卯에 厩戸豊聰耳皇子를 세워서 皇太子로 삼다. … 또한 內敎를 高麗의 僧 慧慈에게 배우고, 外典을 특히 覺哿에게 배우다. 모두 다 통달하다.
20) 이 해에, 百濟의 僧 慧聰 오다.
    此 兩僧 佛敎를 弘演하여 함께 三寶의 棟梁으로 되다.

불교 스승이 된 것이므로, 만약 두 명의 승려를 스승으로 삼았다고 한다면 이 두 사람이었을 것이다.

다만 증거가 될 만한 당시의 문헌은 아무것도 없다. 그래서 정황의 증거에 의존할 수밖에 없는 상황이다. 이 경우, 『법화의소』의 (一) 법운설에 관한 스승을 구한다면, 이는 백제 혜총의 가능성이 높아지고, (二)다른 고사설의 스승을 구한다면, 이는 고구려 혜자였을 가능성이 높아진다.

1) 백제의 혜총

혜총에 관한 기술은 앞의 항에서 기술한 것 외에는 없다. 따라서 법운의 『법화의기』에 관한 스승은 혜총이었다고 하는 것은 양 무제와 백제의 성왕의 긴밀한 관계[22]로부터, 양의 불교교학은 백제를 통하여 일본으로 유입되었다고 생각하는 것이 자연스럽기 때문이다.

2) 고구려의 혜자

혜자에 관한 기술은 많다. 앞의 기술 외에, 스이코 2~3년의 1월 15일에 고려승 혜자가 귀국했다고 되어 있고, 다시 29년 2월 쇼토쿠

---

21) 四年의 冬 十一日에 法興寺 조성을 마치다. 곧 大臣 男善德臣을 시켜서 寺의 司로 배례하다. 이 날에 慧慈·慧聰, 두 승려가 처음으로 法興寺에 머무르다.
22) 『三國史記』 百濟 本紀 第四 第二十六代 聖王(재위 523-564)에 관한 기록에 의하면, 2년(534) 梁의 高祖가 詔를 내려 王을 册命하고, 持節·都督·百濟諸軍事·綏東將軍百濟王으로 하였다. 12년 봄 3월 使者를 梁으로 派遣하여 朝貢하게 하였다. 19년(541) 王은 使者를 梁에 派遣하여 朝貢하게 하고, 同時에 上表하여 毛詩博士·涅槃(經) 등의 經義, 및 工匠·畵師 등의 (下賜)를 요청하고, (梁)은 이를 허락하였다. 27년 겨울 10월 王은 梁의 도읍이 賊(侯景)에게 침범되고 있는 것을 알지 못하고 使者를 派遣하여 朝貢하도록 하였다.(平凡社, 東洋文庫, 『三國史記』 五, pp. 368~369).

태자가 죽게 되자, 고구려에서 그것을 들은 혜자가 "일본국은 성인이 있으니 … 삼보를 공경하고 백성의 재난을 구제하니, 참으로 대성입니다."라고 찬탄하였다고 전해지고 있다. 혜자가 불교 이외의 활동도 했다고 생각되므로, 쇼토쿠태자와의 관계는 이 면에서부터도 고려하지 않으면 안 되지만, 여기에서는 언급하지 않는다.

V. 맺음말

이처럼 일본불교는 백제로부터 공식적으로 전해졌을 뿐만 아니라, 백제·고구려 승려의 공헌 하에 교학의 기초가 놓여간 것으로 생각된다. 덧붙이자면, 『일본서기』에 나오는 외국 승려를 모아 보면, 백제승 14명, 고구려승 9명, 신라승 5명, 그리고 후기에 속하지만 대당승 10명이다. 이 숫자가 대당승을 제외하고 있는 그대로 아스카 시대의 일본 불교계의 실정을 반영하고 있다고 생각된다.

여말선초 법화신행의 전개양상과 그 배경
-『법화경계환해』와 석가여래전기의 집성을 중심으로-

석길암

1. 문제의 소재

고려 말부터 조선 전기에 이르는 기간 동안 숭유억불의 경향이 점차 강해졌다는 점에 대해서는 부정할 여지가 별로 없을 것 같다. 불교를 국가적 이념으로 삼았던 고려시대와 달리 조선은 성리학을 국시로 하고 있었기 때문에, 고려시대 성행하였던 불교의 영향력이 조선 전기의 일정한 시점까지 어느 정도 온존하였다고 하더라도, 그것이 숭유억불이라는 전체적 기조를 뒤집어 놓을 정도의 것은 아니었기 때문이다.

조선 태조만 하더라도 전조(前朝)의 관례를 따라 국사와 왕사를 임명하고 있지만, 조선조에서 국사와 왕사를 임명한 사례는 이것이 유일하다. 곧 정치·제도적 측면에서 불교의 영향력은 조선 초에 이미 전조와는 현격한 차이를 보이고 있는 것이다. 그러나 그러한 시대의 흐름에도 불구하고 오랜 기간 영향력을 유지해왔던 불교적 관습을 일조일석에 폐하고 대체한다는 것이 쉽지 않았을 것은 자명하다. 정치·제도적 측면에서 영향력이 점차 배제되고 있는 중에도 종교적 기능으로서의 불교의례는 왕실로부터 대소 관료에 이르기까지 여전히 수용하고 있는 양상을 보이기 때문이다. 오히려 추천(追薦) 의례와 같은 경우처럼, 어떤 측면에서는 불교가 가진 종교적 기능이 대폭 강화되고 있는 듯한 인상마저도 존재한다.

이같은 왕조의 교체 혹은 국가이념의 변화 속에서 불교는 어떤 길을 걸었던 것일까? 본 논문은 이같은 의문에서 출발한다. 다만 이 부분에는 적지 않은 선행연구가 이미 존재하고 있고, 필자로서는 전체적인 흐름에 있어 특별히 제시할 만한 다른 의견이 있지도 않다. 때문에 전체적인 흐름에 대한 어떤 견해를 제시한다기보다는 기존의 연구에서는 미처 언급하지 못했다고 생각되는 몇몇 사례를 통해서 여말선초, 특히 조선 전기의 불교 흐름을 이해하는 데 조금이나마 도움이 되기를 바랄 뿐이다.

이 글에서 제시하는 몇몇 사례는 모두 법화신행(法華信行)과 관련이 있다. 우연치 않게도 조선 초기의 불교는 이 법화신행에 강하게 경도된 인상을 받는데, 다만 법화신행이라고 해도 이전의 그것과는 상당히 다른 의미, 다른 형태를 추구하고 있는 것으로 생각된다.

첫 번째로 제시하는 것은 『법화경』 신앙을 둘러싼 문제이다. 『법화경』 신앙이라고 했지만, 사실은 계환(戒環, 1119~1126)의 『법화경요해(法華經要解)』(이하 『계환해』)를 통한 『법화경』 신앙의 강화 현상에 대한 문제이다. 기본적으로는 『법화경』에 대한 사상적 이해의 관점 변화를 포함하고 있는 문제이고, 또 그것이 조선 전기를 거치면서 영산재(靈山齋)로 수용되었다고 생각되기 때문에 사상의 신앙화 문제와도 연관이 있다. 『법화경계환해』의 유통과 그 사상사적 의미를 둘러싼 문제에 대해서는 이미 많은 선행연구가 존재하지만,[1] 『법화경계환해』를 통한 영산재의 등장, 곧 사상의 신앙화 문제에 대해서는 별로 관심이 두어지지 않은 것 같다. 이 글에서 첫 번째로 다룰 문제가 바로 이것이다.

두 번째 문제는 고려 후기부터 조선 초에 이르기까지 집중적으로 등장하는 '석가여래전'에 관한 것이다. 고려 후기에 등장한 운묵(雲默, ?~?)의 『석가여래행적송(釋迦如來行蹟頌)』에 대해서는 이미 많은 선행연구가 존재하지만,[2] 그것이 조선 초에 등장하는 『월인천강지곡(月

---

[1] 이 주제와 관련해서 다음과 같은 연구들이 주목된다.
고익진, 「법화경계환해(法華經戒環解)의 성행내력고(盛行來歷考)」, 『불교학보』12, 1975.
변동명, 「고려 충렬왕의 묘련사(妙蓮寺) 창건과 법화신앙(法華信仰)」, 『한국사연구』104, 1999.
황인규, 「고려 후기·조선 초 불교사 연구」「제3장 여말선초 불교계 4대종파의 동향과 고승」, 혜안, 2003.
심효섭, 「조선 전기 영산재(靈山齋) 연구」, 동국대 박사학위논문, 2005.
박소영, 「고려 후기 운묵(雲默)의 『석가여래행적송(釋迦如來行蹟頌)』 연구」, 동국대 박사학위논문, 2011.
김영미, 「고려 후기 『법화경』 영험담(靈驗譚) 유포와 그 의의 : 『해동법화전홍록(海東法華傳弘錄)』을 중심으로」, 『이화사학연구』45, 2012.
이기운, 「새로 발견된 묘법연화경삼매참법(妙法蓮華經三昧懺法)을 통해 본 고려 후기 법화신행」, 『한국선학』30, 2012.
황인규, 「고려 후기 백련사 결사의 계승과 전개 : 백련사 결사의 전개 재시고」, 『불교연구』38, 2013.
박광연, 「고려 후기 '법화경계환해(法華經戒環解)'의 유통과 사상사적 의미」, 『불교연구』38, 2013.
[2] 이 주제와 관련해서는 다음과 같은 연구들이 참조가 된다.
이영자, 「무기(無寄)의 천태사상 : 석가여래행적송(釋迦如來行蹟頌)을 중심으로」, 『한국불교학』3, 1977.
이병욱, 「운묵의 석가여래행적송(釋迦如來行蹟頌)에 나타난 회통사상연구」, 불교학연구』 창간호, 2000.

印千江之曲)』, 『석보상절(釋譜詳節)』, 『월인석보(月印釋譜)』 등과의 관계에 있어서 어떤 맥락에서 이해할 수 있을 것인가의 문제에 대해서는 별로 언급이 되지 않고 있다. 이들 석가여래전기 작품들은 『법화경계환해』가 활용되고 있는 것은 물론, 백련사계의 석가여래 신앙 및 정토신앙을 반영하고 있기 때문에 첫 번째의 문제와 일정 부분 연관성을 가진다. 더불어 『석가여래행적송』과 『석보상절』은 불연국토설(佛緣國土說)에 기반한 아육왕탑 신앙을 공통적으로 취급하고 있는데, 이 점은 석가여래 신앙뿐만 아니라 불연국토설 및 불사리신앙과의 결합을 보여주고 있다는 점에서 주목되고 있다. 두 번째 문제에서는 그 결합의 경위와 의미에 대해서 검토한다.

세 번째 문제는 조선 전기의 사회가 안정기에 접어들기 시작하는 무렵에 등장하는 세조의 불사리신앙의 문제에 대해서이다. 불사리신앙은 법화신행과 명료한 관계성을 가지고 있는 것은 아니다. 하지만 조선 초의 법화신행, 석가여래전기 작품에 있어서 세조의 역할 등을 고려할 때, 세조의 불사리신앙은 조선 초에 강화되는 법화신행의 연장선에서 이해되어야 할 필요가 있다고 생각한다. 세조가 처한 정치적 상황과 관련하여 이해할 문제이기도 하지만, 동시에 그것이 정치적 의미를 가지기 위해서 전제되어야 할 사상사적 배경의 이해에 역시 필요한 문제이기 때문이다.

정성우, 「고려말 『석가여래행적송』에 대하여 (1) : 『석가여래행적송』의 정토관」, 『문학사학철학』, 2008.
박소영, 「고려후기 운묵의 『석가여래행적송』 연구」, 동국대 박사학위논문, 2011.

2. 신앙대상으로서 『법화경계환해』의 성행

충렬왕 이후 고려 말에 이르기까지의 현존 사경 중에서, 고려 국왕이 발원한 사경은 밀교경전과 논장부가 주를 이루고, 개인이 발원한 사경은 『화엄경』과 『법화경』이 주종을 이루고 있다고 한다.[3] 그리고 이러한 특징은 밀교적이면서 천태종적인 기반이라는 양면성을 강하게 반영하고 있다고 한다.[4] 권희경은 『법화경』의 사경이 많이 이루어진 이유로, 경 자체에 경권 서사의 공덕신앙이 특별히 강조되고 있다는 점과 「관세음보살보문품」의 신이적(神異的)이고 주술적인 내용이 기여한 점이 컸다고 판단한다. 또한 『화엄경』의 경우는 화엄학이 의상 이후 우리 불교에 굳건히 자리잡고 있다는 점, 『화엄경』 자체의 신이적 요소, 『대방광불화엄경』 『보현행원품』의 내용이 친원계(親元系) 인사들을 유인할 요소가 많다는 점 등을 꼽고 있다.[5]

---

3) 심효섭에 의하면, 고려시대에 『화엄경』의 사경은 46회, 『법화경』의 사경은 45회에 이른다고 한다. 특히 『화엄경』과 『법화경』의 사경은 충렬왕대 이후에 집중되어 있다고 지적하고 있다.(심효섭, 앞의 논문, p. 30)
4) 권희경, 『고려의 사경』, 글고운, 2006, p. 11.
5) 권희경, 같은 책, 같은 곳. 권희경이 이같은 특징을 주목한 이유는 동 시기에 저술된 일연의 『삼국유사』의 서술 특성을 통해 파악한 당시 고려의 불교사상 및 신앙의 경향을 감안한 것이다. 피지배층을 대상으로 참회행과 미타정토신앙을 중심으로 실천적 신앙 쪽으로 기운 백련결사의 주도자 요세와 『삼국유사』의 기록들은 유사한 경향이 있다는 것이며, 그러한 연장선상에서 사경의 성격 역시 파악해야 한다는 입장으로 보인다.(같은 책, p.21) 한편 일연은 비밀의식을 중시하는 라마교적 발상을 고려의 전통적 불교에 용해시켜 선종적인 기반을 더욱 공고히 하였으며, 지극히 주술적이고 신이적인 일연의 사상이 민중을 대변하고 있는 것처럼 보이나, 역시 지배자의 입장에서 『삼국유사』를 기술하고 있다는 것을 권희경은 지적하고 있다.(권희경, 「고려사경의 시대적 배경에 관한 고찰」, 『한국전통문화연구』1, 1985, p. 25)

이 같은 고려 후기 불교에 있어서 사경의 성격을 결정하는 요소로 중요하게 작용한 것으로 두 가지 요소를 지적할 수 있다. 첫째는 원의 간섭이라고 하는 외부적 요소이다. 원의 직접적인 영향 아래 들게 되면서 고려불교 역시 일정부분 라마교의 영향을 받았으며, 그것이 경전의 사경에 있어서도 밀교적이고 신이적인 경전의 사경으로 반영된다는 것이다. 둘째는 원의 직접적인 영향을 받게 되면서 무신집권기에 약화되었던 왕권이 상대적으로 강화되었다는 점이다. 왕권이 강화되면서 자연스럽게 화엄종과 천태종의 세력 역시 강화된 것으로 볼 수 있다. 고려 선기부터 화엄종은 왕권 강화와 밀접한 관계를 가지고 있었다. 고려 전기만 하더라도 왕실 출신의 승려들은 의천처럼 화엄종으로 출가하는 경우가 적지 않았고, 의천 역시 화엄종으로 출가한 경우였다. 또 천태종은 대각국사 의천에 의해 창종된 것으로 왕실의 절대적인 지지를 배경으로 성립한 종파였다. 따라서 원 간섭기에 화엄종과 천태종의 영향력이 상대적으로 강화되었다는 것은 자연스러운 일면이 있다. 개인 발원의 사경이라고 하더라도 민중층에 의한 것이 아니라 귀족층에 의한 것이었기 때문에, 왕실과 밀접한 관련을 가지는 화엄종과 천태종의 소의경전이 사경의 대상이 되는 것은 자연스럽다고 할 수 있다. 더군다나 『법화경』 자체가 강조하고 있는 사경공덕이나, 「보현행원품」을 매개로 강조되는 『화엄경』 사경의 공덕이 여기에 일조를 더하는 원인이 되었을 것이다.[6]

그런데 흥미로운 사실은 『법화경』의 경우, 동아시아에서 가장 많

---

6) 심효섭은 『계환해』의 등장 이후에 『화엄경』과 『법화경』의 사경이 증가한다는 점에서, 두 경의 일치를 주장하는 『계환해』의 등장과 성행으로 인하여 두 경의 사경이 증가하였을 가능성을 제기하고 있다.(심효섭, 앞의 논문, p. 31) 하지만 『계환해』의 영향이 좀더 직접적으로 나타나는 것은 우왕대의 개판이 계기가 된다는 박광연의 견해를 수용한다면, 필자의 견해가 좀더 자연스럽다고 생각한다.

이 개판된 경전 가운데 하나인데, 우리나라에 현전하는 것은 많은 경우 『법화경』 원전이 아니라 『계환해』라는 점이다. 『법화경』에 대한 수없이 많은 주석서들 중에서 하필이면 한국에서만 『계환해』의 비중이 고려 후기를 기점으로 절대적이라고 말할 정도로 높아진다는 것이다. 더욱이 그 『계환해』는 천태종 정통의 입장과는 다른, 『화엄경』과 『법화경』의 동질성을 주장하는 이류(異類)에 속하는 것이고, 그것이 한국불교만의 현상이기에 더욱 주목될 수밖에 없다는 지적이 이미 존재한다.[7] 최근 박광연의 연구에 의하면,[8] 현존본에 한하는 한 고려 후기 『계환해』의 간행은 고종 27년(1240)과 우왕 8년(1382) 및 정종 1년(1399)의 세 건이고, 나머지 9건은 원전본이라고 한다. 그리고 조선시대 『계환해』가 주도권을 잡게 된 것은 우왕대의 간행이 직접적인 계기였다고 한다. 따라서 고려 후기에는 『계환해』의 영향력을 압도적이라고 보기 힘들지만, 적어도 조선 초 혹은 우왕 이후에는 『법화경』에 한정하는 한 『계환해』의 영향력이 압도적이었다는 의미로 받아들여도 좋을 것 같다.

고익진은 『계환해』가 성행한 상황에 대해 원묘국사 요세가 개설한 백련사 보현도량에 채택된 것이 그 시원이며,[9] 이후 백련사 계통의

---

7) 고익진, 앞의 논문, p. 172. 고익진은 여말 고종대부터 조선 후기에 이르기까지 개판된 『법화경』이 한결같이 『계환해』라고 지적하였다.
8) 박광연, 앞의 논문, pp. 266~267.
9) 백련사 보현도량에서 『계환해』가 강설된 것이 백련사 측의 채택인지 여부에 대해서는 이견이 존재한다. 고종대의 간행 경위를 보면, 조판과 채택에 가장 크게 기여한 인물은 최충헌의 아들인 최이(崔怡, 崔瑀, ?~1249)였음이 드러난다. 박광연은 이 점을 지적하고 또 요세의 사상과 『계환해』 사이에 마땅한 연결고리를 찾기 힘들다는 점때문에 백련사가 적극적으로 채택한 것은 아니라는 입장을 표명하고 있다.(박광연, 앞의 논문, p. 272) 그러나 필자가 생각할 때 적극적인 채택은 아니었다고 하더라도 백련사 계통에서 계속해서 『계환해』가 사용되었다는 점은 단순한 정치적 입장에 의해서만 설명될 것은 아니라고 생각된다. 고익진이 지적하고 있

법화도량(法華道場)을 중심으로 강연되다가, 법화도량의 성황으로 말미암아 점차 유통이 확대되었으며, 조선 초에 이르면 조계종인에 의해서 개판될 정도로 일반화되었으며, 태종과 세종 연간에 불교 종파의 통폐합이 이루어지면서 일반화의 경향이 더욱 가속되었다고 설명한다. 또한 법화참회도량을 통해 정토왕생신앙이 『계환해』에 결부되면서 참회(懺悔)와 추선(追善)의 가장 좋은 공덕경의 위치를 『계환해』가 점하게 되었으며, 그 결과 여말선초에는 금은니로 사경되기까지 했음을 지적한다.[10]

필자가 주목하고 있는 것은 마지막의 지적이다. 법화참회도량을 통해 정토왕생신앙이 『계환해』에 결부되었고, 참회와 추선의 공덕경으로서 자리매김했다는 점이다. 조선 초에는 『법화경』의 사경과 법화도량이 적지 않게 개최되는데, 대부분이 추천(追薦)의 목적에서 개

는 것처럼, 고려 천태종이 가지고 있던 화엄적 배경의 문제, 화엄과 법화 양 경을 일규(一揆)로 보는 사상 통합의 측면은 물론, 요세 스스로도 선적(禪的) 배경을 가지고 있었기 때문에 화엄과 법화 및 선의 입장을 동시에 포용하고 있는 『계환해』의 채택에 대해 능동적이지는 않았다고 하더라도 부정적이었다고 보기도 역시 힘들다고 생각된다. 필자는 적어도 백련사 보현도량의 『계환해』 채택에 있어서 정치적 입장의 고려는 오히려 부수적이었을 가능성이 크다고 생각한다.
10) 고익진, 앞의 논문, p. 190. 고익진은 『계환해』가 천태종이 소자(疏字) · 법사(法事) 2종(宗)으로 분열하는 원인이 되었다고 지적하고 있다. 이 분파의 원인에 대해서는 『계환해』가 백련사계와 묘련사계 양 쪽 모두에서 간행되고 활용되었다는 점이 이미 지적되어 있고,(박광연, 앞의 논문, p. 286) 또 백련사 계통에서는 천태대사의 『법화삼매참의』를 그대로 수용하여 전승하였고, 묘련사 계통은 고려 산긍이 지은 『묘법연화경삼매참법(妙法蓮華經三昧懺法)』과 그 강의서 『법화삼매참조선강의(法華三昧懺助宣講義)』를 편찬하여 사용했다는 점이 지적되어 있다.(이기운, 앞의 논문) 이로 보면, 천태종 내부에 백련사계와 묘련사계의 분열이 존재했다고 가정한다면, 그리고 그 분열이 조선 초의 천태종의 소자(疏字) · 법사(法事) 2종을 의미하는 것이라면, 그 원인은 『계환해』가 아니라 오히려 『법화삼매참법』의 차이에 존재했던 것으로 보는 것이 좀더 가능성이 높은 추론이라고 생각된다. 곧 『계환해』는 천태종의 계파에 관계없이 수용되었다는 사실을 알 수 있다.

설되고 있다. 이 과정에서 『법화경』의 법석을 상징하는 영산도량에 의한 추천의식(追薦儀式), 곧 영산재(靈山齋) 의식이 점차 정착되어갔던 것이다.

심효섭은 『동문선』에 나타나는 사경의 소문(疏文)과 「보당암중창법화삼매참소(寶幢庵重創法華三昧懺疏)」 등의 검토를 통해 고려 후기에 법화삼매참이나 사경의 소문(疏文)에서 추천(追薦)과 결부된 사례는 물론, 경의 사경이나 삼매참의(三昧懺儀)를 영산법회(靈山法會)로 간주하는 사례들을 지적하고 있다.[11] 또 『계환해』가 의례와 절차를 규정하는 의식집은 아니지만, 법화삼매참의의 의례로서 행해졌을 백련결사의 보현도량에서 독송이 중요한 과정으로 인식되고 있었다면, 그리고 고려 후기 이후 등장하는 법화법석의 의식에서도 『법화경』의 강경과 독송이 중시되었다고 하는 점을 감안하면, 법화신앙에 의거하여 영가의 천도를 목적으로 개최되었던 법화신앙 관련 의식에서 『계환해』가 차지하는 위상은 적지 않은 것이라고도 지적하고 있다.[12]

한편 조선 초에는 법화도량 혹은 법화법석이 빈번하게 개최되고 있는데,[13] 이같은 조선 초기의 법화법석에서 고려 후기 백련사의 정신에서 살필 수 있는 『법화경』 신앙에 의한 정토구생의 요소를 확인할 수 있기 때문에, 법화법석의 연원이 백련사의 법화참법에 있음을 알 수 있다고 하였으며, 또한 조선 초기 왕실에서 『법화경』을 주로 천도의 목적에서 활용하고 있기 때문에 천도재의 양식으로서 법화법석이 선호되었던 것이라고 추정하고 있다.[14] 그런데 동일한 시기에

---

11) 심효섭, 앞의 논문, pp. 32~36.
12) 같은 논문, pp. 45~46.
13) 심효섭의 조사에 의하면, 조선 건국 후 1424년까지 확인된 법화법석만 9회에 이른다.

『계환해』의 간행 역시 빈번하게 이루어지고 있는 사실이 주목된다. 곧 우왕 8년(1382)에 소자본 『계환해』가 처음 간행되었고, 정종 1년 (1399)에는 이것을 복각하여 간행하였으며, 태종 5년(1405)에 다시 판각하여 간행하였다. 특히 태종 5년의 판본은 이후 자주 번각되어 조선시대 『계환해』의 유통에 큰 영향을 미쳤다.[15]

이것은 무엇을 의미하는 것일까? 여말선초의 양대 불교세력은 천태종과 조계종이었다. 양자는 모두 백련사에서 비롯된 법화신앙과 『계환해』를 수용하고 법화신앙과 관련된 의례를 전승하고 있었다.[16] 그러한 시대에 『계환해』의 판각과 유통이 활발했다는 것은, 조선 초에 있어서 법화신앙과 의례의 핵심에 『계환해』가 존재했던 것으로 생각할 수 있을 것이다. 1463년에 간행한 『법화경언해』 역시 『계환해』에 대한 언해본이었다는 것[17]은 『법화경』의 위치를 『계환해』가 완전히 대체하고 있음을 보여주는 사례라고 할 수 있을 것이다.

이런 맥락에서 화엄과 법화의 동일성을 주장하고, 선(禪)적인 시각이 포함되어 있어 조계종에서도 무리없이 수용할 수 있었던 강본(講本)으로서의 『계환해』는, 백련사 보현도량에서 강본으로 사용되는 과정에서 정토경전으로서 자리매김하였고, 다시 그것을 주축으로 조선 초에 빈번하게 행해진 추천재(追薦齋)로서의 법화법석을 통해 점차 신앙의 대상으로 『법화경』을 대체하게 되었던 것으로 생각된다.

심효섭은 법화법석은 왕실의 백일재, 대상재(大祥齋), 기신재(忌晨齋) 등에 채택되었으므로 법회의 성격을 규정하는 용어로 파악할 수

---

14) 같은 논문, p. 64.
15) 박광연, 앞의 논문, p. 291.
16) 심효섭, 앞의 논문, pp. 52~53.
17) 세조 9년(1463)에 간행된 『법화경언해』는 경의 원문과 『계환해』를 함께 정음으로 구결을 달아서 번역한 것이다.

있다고 한다. 그리고 세종 2년(1420)에 태종의 영(令)으로 법석을 폐지하면서 '법화법석'의 용어는 더 이상 등장하지 않지만, 세종 3년 원경왕후의 기신재가 영산승석(靈山勝席)으로 개최되었고, 성종 14년(1483)에 개최된 정희왕후의 상례에『법화경』과 함께 '영산회도(靈山會圖)'가 중심적인 위치를 차지하면서 등장하는 점에 주목하고 있다.[18] 이 같은 양상을, 심효섭은 백련사 보현도량에서 오늘날의 영산재로 성립되어 가는 과정으로 파악한다. 그리고 그 맥락의 중심에『계환해』가 존재하는 것이다.

『법화경』은 동아시아에 전해진 초기부터 이미 추선공덕(追善功德)의 경으로서 사용되어 왔고, 그것이 또한 법화신앙의 확산에 크게 기여한 측면이 있다. 그런데 고려 후기에 수용된『계환해』가『법화경』을 대신하여『법화경』을 매개로 하는 추천의식(追薦儀式)의 소의 경전으로 쓰이게 된 점은 대단히 독특한 사례라고 할 수 있다. 적어도 동아시아의 일반적인 법화신앙의 상례에서 벗어나 있는 경우에 해당한다. 동시에 이것은 신앙이 아니라 사상의 해석을 초점으로 하는 주석서가 사상서로서의 위치를 벗어나 신앙의 대상으로 자리매김한 특이한 경우이기도 하다. 이것은 조선 초기의 대표적인 종파였던 천태종과 조계종이 모두 무리없이 수용할 수 있는 사상적 시야를『계환해』가 가지고 있었고, 숭유억불의 사조가 강화된 이후에는 주석서로서의 성격보다 신앙대상으로의 성격이 강해졌다는 위상의 변화때문에, 동아시아의 다른 불교국가들에서는 별로 유행하지 않았던 것과는 달리 조선시대에 주도적인『법화경』주석서로서의 위치를 점할 수 있었던 것으로 생각된다.

---

18) 같은 논문, pp. 105~107.

3. '석가여래(釋迦如來)' 신앙의 확산과 아육왕탑 신앙의 결합

여말선초의 또 다른 특이사항 중의 하나는 '석가여래전기'가 집중적으로 조성되었다는 점이다. 잘 알려져 있는 고려 후기 운묵의 『석가여래행적송』은 말할 것도 없고, 조선 초 세종대에 간행되는 『월인천강지곡(月印千江之曲)』, 『석보상절(釋譜詳節)』, 그리고 세조의 『월인석보(月印釋譜)』 합편 역시 기본적으로는 '석가여래전기'의 편찬에 해당한다.

『석가여래행적송』은 「석가여래일대기(釋迦如來一代記)」와 말법시대의 수행문인 「권계(勸誡)」로 나뉘어 구성되었는데, 『천태말학운묵화상경책(天台末學雲默和尙警策)』으로 별행(別行)되기도 하였다. 특히 「석가여래일대기」의 제칠전법륜상에 석존의 설법을 오시(五時)를 중심으로 조직하면서 「백련결사문」을 비롯한 백련결사의 수행체계 등을 넣어 구성하고 있는 점 등에서 백련사 계통의 입장이 그대로 계승되고 있음을 알 수 있다.[19] 정성우는 『석가여래행적송』을 검토하면서 "백련결사의 청규로도 손색없는 『행적송』 210송은 5언 절구 형식의 840구와 67개의 주해로 구성된 장항석을 통해 5시 8교와 8상시현의 조화, 다시 말해 여래 생애와 교설의 교직(交織) 체계를 유기적으로 도출해내고 있다. 더욱이 일대 불교사와 아울러 5시 8교 등의 주요 교설을 시설하고, 전적의 말미에 미타·미륵정토를 시설하였다."[20]고 평하고 있다. 이 두 연구는 모두 『석가여래행적송』이 백련결사의 정

---
19) 박소영, 앞의 논문, pp. 256~257.
20) 정성우, 앞의 논문, p. 95.

신을 계승하는 것임을 지적하고 있다.

그런데 조선 초에 간행된 『석보상절(釋譜詳節)』과 『월인석보(月印釋譜)』는 모두 일정 부분 『석가여래행적송』의 영향을 받고 있다고 하는데,[21] 세 문헌이 공통적으로 취하는 것으로서 크게 두 가지를 지적할 수 있을 것 같다.

첫째는 세 가지 모두 석가여래의 전기를 형상화하는 데 있어 『법화경』의 설을 핵심으로 하고 있다는 점이다.[22] 이 경우 간행에 있어서 『월인천강지곡』을 제외한 나머지는 기본적으로 추천(追薦)의 의미가 전제된 상태에서 간행된 것이다. 하지만 모두 국가 차원에서 공식 간행된 것이기 때문에 단순히 '추천(追薦)'에만 의미를 부여하는 것 또한 무리이며, 당연히 정치적 의도가 내재되었다고 보는 것이 오히려 합리적일 것이다.

두 번째는 『석가여래행적송』과 『석보상절』에는 공통적으로 불연국토설(佛緣國土說)로서의 아육왕탑 신앙을 공통으로 취한다는 점이다. 이것은 대단히 독특한 사례로서 검토를 요한다고 생각된다.

『석가여래행적송』은 1328년에 간행한 것이므로, 저자 운묵의 활동 시기는 14세기 전반이 될 것이다. 그런데 그 『석가여래행적송』의 "뒷

---

21) 박소영, 앞의 논문, pp. 252~254.
22) 『법화경』이라고 했지만, 백련사 계통이라는 특성상 『석가여래행적송』이 부분적으로 『계환해』의 영향을 수용하고 있는 것은 지적되어 있으며, 또 『석보상절』의 경우 『법화경』을 전거로 하는 부분에 『계환해』를 부분적으로 협주로 취하고, 『월인석보』의 경우는 해당 부분에 『계환해』 전체를 협주로 처리하고 있다. 또 『석보상절』은 세조가 대군일 때 지은 것이고, 『월인석보』는 세조 25년(1459)에 『월인천강지곡』과 『석보상절』을 합편한 것이라는 점, 그리고 『계환해』의 언해본인 『법화경언해』가 1463년에 간행되었다는 점 등을 고려해야 할 것이다. 그렇다면 『석가여래행적송』으로부터 『월인천강지곡』, 『석보상절』, 『월인석보』에 이르기까지 여말선초에 이루어진 석가여래전은 모두 백련사의 신앙전통과 『계환해』의 영향 아래 저술된 것이라고 할 수 있다.

날 아육왕이 있어서/ 사리를 나누어 금탑을 세움에/ 숫자가 팔만 사천이라/ 온 천하에 두루 안치하였네(後有阿育王 分布成金塔 數八萬四千 遍安一天下)."[23]라는 본송 134송의 주(註)에서, 『아육왕경(阿育王經)』의 팔만 사천 사리탑을 세우는 내용을 인용한 후에 다음과 같은 내용을 추가로 덧붙이고 있다.

> 지금 중국의 낙양, 팽성, 부풍, 촉군, 임치와 고려 땅 정안(定安)과 금강산에 탑이 있는데, 모두 신이(神異)한 영험이 있다. 또 아육왕이 삼보를 소중히 공경하여 염부제의 땅 모두를 삼보에 바쳤다. 그러므로 염부제의 땅이 겨자씨만큼이라도 삼보의 몫이 아닌 것이 없다.[24]

여기에는 두 가지 의미가 내포되어 있다. 첫째, 고려 땅 정안과 금강산에 아육왕이 세운 불사리탑이 있고 신이함을 보인다는 사실에서, 정안과 금강산이 일찍부터 불연(佛緣)이 있는 땅이라는 강조이다. 둘째, 아육왕이 삼보를 공경하여 염부제의 땅을 모두 삼보에 바쳤기 때문에 염부제의 땅이 삼보에 속하지 않는 것이 없다는 것은, 염부제 모두가 불국토(佛國土)라는 의미이며, 나아가 이 고려 땅 역시 불국토라는 인식이다.

그런데 이 정안을 아육왕의 불사리탑과 연관시킨 것은 운묵이 처음이 아니다. 백련사 제2세 사주인 천인(天因, 1205~1248)에게 이미 선례가 있다. 천인이 지은 「천관산기(天冠山記)」의 일부이다.

---

23) 운묵(雲默), 『석가여래행적송(釋迦如來行蹟頌)』, 한불전6, p. 509a.
24) 같은 책, p. 509b. "今此東土洛陽彭城扶風蜀郡臨淄, 及高麗地定安金剛山, 皆有塔焉, 竝有神異. 又阿育王, 敬重三寶, 以閻浮提地, 竝屬三寶, 是以閻浮提地, 如芥子許, 無非三寶地分也."

옛날의 오아현(烏兒縣) 경계에 천관산(天冠山)이 있는데, … 서로 전하기를, "이 산을 지제산(支提山)이라고도 한다."고 하였는데,『화엄경』에 "보살(菩薩)이 머무는 곳을 지제산(支提山)이라 하는데, 현재 있는 보살은 이름이 천관이다."라고 설한 것과 같으니, 이것이다. 산 남쪽 언덕에 우뚝 서서 두어 길이나 되는 포개어진 돌이 있는데, 이것은 서축(西竺) 아육왕(阿育王)이 성사(聖師)의 신력을 빌려 8만 4천의 탑을 세웠는데, 이것이 그 중의 하나이다. 탑 앞 단애 위에 한 길 남짓 삐죽하게 튀어나온 층대(層臺)는 우리 부처님과 가섭(迦葉)이 연좌한 곳이다. 상고하건대,『불원기(佛願記)』에 "내가 가섭과 연좌했던 곳에 아육왕이 내가 입적(入寂)한 뒤에 탑을 세워서 공양(供養)하리라." 하였는데, 아마 이곳일 것이다.[25]

황인규는 이「천관산기」에 대하여 천인이 천관산에 가서 천태종의 부흥을 모색하면서 지은 것으로, 천관산이 우리나라 최초로 부처님의 진신사리가 들어온 곳이라는 사실을 강조하여 백련사의 사세를 진작시키기 위한 것이었다는 견해를 제시한다. 그리고 여말선초에 아육왕탑에 대한 문인들의 기록으로 이승휴의「간장사기(看藏寺記)」, 이곡의「경사 곡적산 영암사 석탑기(京師穀積山靈巖寺石塔記)」, 권근의「연복사탑 중창기(演福寺塔重創記)」등에 아육왕탑에 대한 기록이 있음을 지적하고 있다.[26]

그런데「천관산기」보다 조금 늦은 시기에 일연이 편찬한『삼국유사』「탑상」편에는 황룡사 창건 연기로서「가섭불연좌석(迦葉佛宴坐石)」,「황룡사장육(皇龍寺丈六)」,「황룡사구층탑(皇龍寺九層塔)」조 등이

---
25) 석천인(釋天因),「천관산기(天冠山記)」,『동문선(東文選)』권68 기(記).
26) 황인규, 앞의 논문, pp. 236~238.

설해진다. 이미 익히 알려진 것처럼, 「가섭불연좌석」조는 전불(前佛) 시대 가람터로서의 황룡사 창건 연기를, 그리고 「황룡사장육」조는 아육왕과 인연을 강조하여 신라의 불연국토설(佛緣國土說)을 잘 보여주는 예로서 제시되는 부분이기도 하다. 「탑상」편의 「요동성육왕탑(遼東城育王塔)」조 역시 같은 맥락이다. 이것은 13세기~14세기의 고려사회 특히 불교계에 불연국토(佛緣國土)로서의 고려라는 인식을 통해 사회의 안정과 국가의 온존을 갈망하는 의식이 만연되어 있었음을 의미한다고 생각된다. 앞의 이승휴의 「간장사기(看藏寺記)」, 이곡의 「경사 곡적산 영암사 서탑기(京師穀積山靈巖寺右塔記)」, 권근의 「연복사탑 중창기(演福寺塔重創記)」 등은 14세기 후반에도 역시 이같은 인식이 공유되고 있었다는 사실을 보여주는 사례라고 할 수 있을 것이다.

이러한 사례들에서 고려 후기 사회와 불교계에는 아육왕, 석가여래, 불진신사리, 그리고 탑이라는 코드가 서로 연동되어서, 불연국토 의식을 확장하고 있었음을 알 수 있다. 그리고 그러한 의식들이 조선 초에도 여전히 계승되어 석가여래의 일대기를 조성할 때, 「천관산기」의 내용이 『석가여래행적송』을 거쳐 『석보상절』에까지 계승되고 있는 것이다. 곧 고려 후기부터 조선 초의 세조에 이르기까지 지속적으로 계승되는 아육왕탑설은 『법화경』을 중심으로 하는 백련사 계통의 석가여래신앙과 아육왕을 매개로 하는 전륜성왕설이 결합되어 나타나는 것이며, 여기에 다시 진신사리신앙이 결부되어 있다고 할 것이다.

세종은 훈민정음을 창제한 후인 세종 27년(1445)에 『용비어천가』와 『월인천강지곡』의 두 장편 서사시를 편찬 간행하고 있다. 그런데 사재동은 양자의 편찬 간행에 대하여 "『월인천강지곡』과 『용비어천가』가 제작과정이나 작품양식 등에서 동류이면서도 작품정신이나 제작동기 등에서는 미묘한 대립을 보이고 있음을 간과할 수가 없다. 『용비어천가』가 국가·조정의 정책사업으로 숭유억불의 예각을 드러내고 있는 데 반하여, 『월인천강지곡』은 왕실·내궁의 신불(信佛)사업으로 숭불찬양의 극단을 드러내고 있기 때문이다. 그런데 이보다 더 문제되는 것은 양자간의 규모와 형태의 우열관계라 하겠다. 『용비어천가』가 원가(原歌) 125장에다 해설사화(解說史話)까지 망라해도 전 10권에 불과한 데 대하여, 『월인천강지곡』은 본가 600곡 정도, 전 3권에다 『석보상절』 전 24권을 조합하여 모두 27권의 규모를 지니고 있는 터이다."27)라고 지적하고, "『월인천강지곡』은 소헌왕후의 명복을 기원한다는 명분을 내세우기는 했으나, 기실 숭유억불정책에 대응하여 불교중흥·대중포교에 이념을 두고 찬성(撰成)된 것"28)이라고 의미를 부여한다.

   필자는 이 의견에 더하여 왕조창업의 정당성을 확보하기 위한 편찬 간행이라는 의미를 추가적으로 부여하고 싶다. 우선 『용비어천가』와 『월인천강지곡』이 미묘한 대립관계에 있는 것은 사실이지만, 둘다 훈민정음 반포 이후의 첫 번째에 해당하는 국가차원의 간행사업으로 이루어진 것이고, 국시가 숭유억불에 있다고 하더라도 조선 초기의 사회는 여전히 불교를 저변으로 하는 사회였기 때문에, 왕조 창업의 정당성을 유교와 불교 양 측면에서 확보하지 않으면 안 되었을 것이기 때문이다. 따라서 『월인천강지곡』, 『석보상절』, 그리고 양자를 조합한 『월인석보』에 이르는 석가여래전기의 편찬 간행은 고려 후기부터 대두되었던 아육왕탑신앙과 석가여래신앙의 결합을 배경

---

27) 사재동, 「월인천강지곡의 몇 가지 문제」, 『어문연구』 11, 1982, pp. 281~282.
28) 같은 논문, p. 298.

으로 하여, 조선왕조가 불연(佛緣)의 국토이며 왕실은 전륜성왕의 치세를 구현하는 정통의 가계임을 드러내기 위한 것이었다고 볼 수 있을 것이다.

그런 측면에서『석보상절』에 천인의「천관산기」에서 비롯되고 운묵의『석가여래행적송』에서 계승되었던 아육왕탑설이 그대로 전재된 것은, 고려 후기 백련사 계통의 법화신행을 계승하는 것이면서 동시에 전통적으로 동아시아 사회에서 이상적인 군주의 전범으로 치부되던 전륜성왕설을 의도한 것으로도 볼 수 있다. 그리고 이것은 조선 초기에 이르러 불사리신앙을 선체로 하는 아육왕탑신앙을 매개로 한 전륜성왕사상, 그리고 석가여래신앙이 법화신앙을 중심으로 통합되어가는 경향을 드러낸 것이라고 볼 수 있다. 그런 의미에서 앞 장에서 설명한『계환해』와 백련사의 보현도량을 연원으로 하고 법화법석을 직접적 매개로 하는 영산도량(혹은 영산회도)의 등장은 조선 초기 석가여래전기의 집중적인 편찬과 서로 궤를 같이하는 사례라고 생각된다.

4. 세조의 불사리신앙

조선시대『계환해』의 유통과 초기의 석가여래전기의 편찬에 가장 적극적으로 참여하고 또 기여한 인물을 꼽자면 아무래도 세조를 언급하지 않을 수 없다.『월인천강지곡』,『석보상절』,『월인석보』의 편찬 간행은 세조가 직접적인 당사자라고 할 수 있고,[29]『계환해언해』

---

29)『월인석보』의 서문에는 "『석보상절』을 만들고 정음(正音)으로 번역하여 사람마다

역시 세조가 직접 『계환해』에 구결을 붙여 간경도감에서 간행한 것이다. 이후 『계환해언해』는 『법화경언해』라는 이름으로, 우리나라에서 가장 많이 개판된 불경에 해당한다. 그런데 그런 세조에 관한 기록 중에 흥미로운 기록이 있다. 세조 12년(1466) 윤 3월 28일의 기사에 세조가 일본국왕에게 보낸 서신의 내용이 기록되어 있다. 그런데 그 국서의 내용이 심상치 않다. 좀 길기는 하지만 서신의 내용 일부를 인용한다.

"… 우리나라에 명산(名山)이 있어서 금강(金剛)이라 하는데, 동쪽으로 큰 바다에 임하여 우뚝하게 깎아서 희고, 금(金)이 구름 밖에 솟아올라, 높고 넓어서 거리가 얼마인지를 알지 못하니, 『화엄경』의 담무갈보살(曇無竭菩薩)이 1만 2천의 보살권속과 더불어 상주설법한다는 것이 바로 이 산입니다. 요즘 내가 지방을 순행하는데, 때문에 이 산에 나아가서 삼보(三寶)에 참배하였는데, 산기슭에 이르지 못하여 땅이 진동하였고, 동문(洞門)에 들어가자 서기(瑞氣)가 뻗치고 상서로운 구름이 둘렸으며, 하늘에서 사화(四花)가 내리는데 크기가 오동잎과 같았습니다. 감로(甘露)가 뿌려서 초목(草木)이 목욕한 것 같았으며, 햇빛이 누래서 눈에 보이는 곳이 모두 금빛을 이루었는데, 이상한 향기가 퍼지고 큰 광명한 빛이 발하여 산과 골짜기가 빛나며, 선학(仙鶴)이 쌍으로 날아 구름가에 휘돌고 산중의 여러 절에 사리(舍利)가 분신(分身)하여 오색 빛을 모두 갖추었습니다. 명양승회(明揚勝會)를 열자 위와 같은 여러 가지 기이한 상서가 거듭 나타났고, 또 담무갈보살이 무수한 소상(小相)을 나타내었다가 다시 대상(大相)을 나타내어 그 길이가

쉽게 알 수 있도록 만들어 세종대왕에게 진상하였더니, 읽어 보시고 '찬송'을 지으시고 『월인천강지곡』이라 이름하셨다(撰成釋譜詳節 就譯以正音 俾人人易曉 乃進賜覽 軹製讚頌 名曰月印千江之曲)."는 기록이 있다.

하늘에 닿았습니다.

돌아옴에 미쳐서는 낙산사(洛山寺)·오대산(五臺山)·상원사(上院寺)·월정사(月精寺)·서수정사(西水精寺)·미지산(彌智山)·용문사(龍門寺)를 거쳤는데, 상원사 총림에서 사리·우화(雨花)·감로(甘露)·이향(異香) 등의 상서가 다시 전과 같았으며, 서울에 이르자 또 사리·감로·수타미(須陁味)의 상서가 함께 이르러서 전후에 얻은 것이 총 7천 8백 17매(枚)였습니다.

아아! 우리 부처의 변화와 신통력의 묘함은 직접 눈으로 보고 징험한 것이 이와 같으니, 더욱 감동하여 여러 신민(臣民)들과 더불어 뛰고 기뻐하여, 드디어 크게 사유(赦宥)하여 큰 자비(慈悲)를 널리 폈습니다. 예전에 부처가 멸도(滅度)한 뒤로 왕사성(王舍城) 사람이 금을 모아 불상(佛像)을 만들고, 문수보살이 53구(軀)를 금종(金鍾)에 간직하여 바다를 바라보고 맹세하기를, "마땅히 인연이 있는 국토에 가서 중생(衆生)을 제도(濟度)하면 내가 모름지기 그곳에 이르러서 길이 옹호(擁護)하겠다."고 하자, 이에 금종이 우리나라에 떠 와서 산 동쪽에 스스로 머물렀습니다. …"

마지막 부분은 민지(閔漬)의 「금강산유점사사적기(金剛山楡岾寺事蹟記)」의 내용으로, 유점사 능인보전(能仁寶殿)에 모셔진 53불의 연기설화를 바탕으로 한 내용이다. 내용의 핵심은 부처님 입멸 후에 왕사성의 사람들이 금불상을 조성하고 금종에 넣어 바다에 띄워 보내면서 '인연이 있는 국토에 닿아 중생을 제도하기를' 기원했고, 그것이 닿은 곳이 금강산이라는 이야기이다. 이것은 앞의 『석가여래행적송』에 등장하는 정안 천관산과 금강산에 육왕탑이 있다는 이야기와는 조금 다른 내용이기는 하지만, 그 본연의 의도는 동일하다. 이 땅이 불연국토(佛緣國土)라는 사고방식이다.

인용부의 첫 부분은 천관보살이 상주하는 정안 지제산(천관산)과 마찬가지로, 『화엄경』에서 역시 보살 상주설법처로 언급되는 담무갈 보살의 상주설법처인 금강산을 세조가 참배하였는데, 상서가 있었고 특히 산중에 있는 여러 절의 사리가 분신하여 나타나는 상서를 드러내 보였다는 내용이다.

인용문의 두 번째 부분은 낙산사(洛山寺)·오대산(五臺山)·상원사(上院寺)·월정사(月精寺)·서수정사(西水精寺)·미지산(彌智山)·용문사(龍門寺)를 거쳐서 서울에 돌아왔는데, 거친 곳마다 그리고 서울에서도 역시 금강산에서와 같은 상서가 나타났으며, 그 상서를 통해 얻은 사리가 모두 7천 8백 17매(枚)였다는 내용이다. 이른바 사리증식의 영험이다. 세조가 일본국왕에게 보낸 서신에서 제일 강조하고 싶었던 것은 아마도 이 부분이었을 것이다. 아육왕이 부처님의 사리를 나누어 염부제에 팔만 사천의 사리탑을 세웠던 것처럼, 세조 본인 역시 그러한 상서를 증명한 군주라는 의미이다.

불교가 수용된 이후의 고대 동아시아 국가에서 아육왕 곧 아쇼카왕은 불교적 이상 군주의 전범으로서 여겨져왔다. 아쇼카왕은 다양한 복지정책으로도 유명하지만, 불교신앙을 드러낸다는 측면에서 강조되는 것은 사리를 나누어 탑을 세운 사실이다. 수나라의 문제는 이것을 노골적으로 정치에 활용했다.

수나라 문제는 인수 원년(仁壽元年, 601)과 인수 2년, 인수 4년의 세 차례에 걸쳐 전국의 명소와 사원에 111기의 사리탑을 건립하였다. 인수 원년 6월 13일 사리 30과를 받들어 궐내에서 내어다 나누고, 그 해 10월 15일 정오를 기하여 30개 주에서 동시에 구리함과 석함에 넣어 일시에 사리탑을 이룩하였다. 동일한 일이 인수 2년과 4년에도 반복되었으며, 수나라 전국에 걸쳐 111기의 사리탑이 건립되었다. 고려와 백제, 신라에도 사리를 보내어 사리탑을 건립하게 하였다.[30] 수나라 문제는 사리의 증식이라는 상서는 물론, 수나라 국내를 포함하여 국외까지 불사리탑을 건립하여, 자신이 불교에서 이상적 군주의 전범이라고 칭해지는 아쇼카왕 곧 전륜성왕과 같은 존재라는 것을 내보임으로써 통치의 정당성을 확보하려 했던 것이다.

세조 역시 수나라 문제와 마찬가지로 왕위계승의 정당성에 문제가 있었으며, 그 정당성의 확보를 사리증식이라는 영험을 통해서 보이고자 했던 것이다. 굳이 일본국왕에게 보내는 서신에서 그 상서를 소상하게 알리고 있는 것도 주변 국가와 국내의 대소신료를 동시에 겨냥하여 정당성을 다시 한 번 천명하는 의미를 담고 있다고 생각된다.

게다가 그것이 1459년의 『월인석보』의 합편간행, 1463년의 『법화경언해』 간행 등과 서로 맞물려 있다는 점을 고려하면, 이 세조 12년(1466) 윤 3월 28일의 기사는 불교신앙과 사상에 의해 왕조의 정당성은 물론 왕위계승의 정당성을 확보하려는 일련의 과정에서 대미를 장식하는 사건이었다고 생각할 수 있다. 그리고 그 사건은 석가여래의 전기 곧 『석가여래행적송』으로부터 『월인천강지곡』과 『석보상절』을 거쳐 『월인석보』에 이르기까지, 조선 초기 불교의 양대 종파로 등장하였던 천태종과 조계종에 널리 확산되어 있던 불연국토의 인식에 부응하는 상징적인 사건이기도 했다. 그리고 그러한 불교의 양대 종파를 동시에 아우르는 매개체의 역할을 일정 부분 감당해내었던 것이 『계환해』였던 것이다. 그런 측면에서 보면, 여말선초의 불교신앙

---

30) 도선(道宣), 『광홍명집(廣弘明集)』 「사리감응기(舍利感應記)」 「경사리감응표(慶舍利感應表)」, T.52, pp. 213b~220c.

과 사상을 담보했던 하나의 상징으로서 『계환해』를 평가할 수 있으며, 그 결과가 『계환해』의 신앙대상화였다고 할 수 있을 것이다.

5. 결론 — 동아시아에서 불교신앙이라는 것

이상에서 여말선초 법화신행의 양상을 『법화경계환해』와 석가여래전기의 집성을 중심으로 검토하였다. 당연한 것이지만, 이것이 여말선초 시기 불교의 전개양상 전체를 설명할 수 있는 것은 아닐 것이다. 그렇지만 여말선초에 있어서 일반적인 불교신앙 형태에서는 생각할 수 없는 특이한 양상들의 등장을 설명하는 하나의 관점으로서는 크게 무리하지 않다고 생각된다.

『법화경』이라는 경전 자체에 대한 신앙이 아니라 그것에 대한 주석서를 신앙한다고 하는 현상은 그만큼 특이한 양상이라고밖에 말할 수 없다. 더구나 그것이 동아시아 삼국에 공통되는 양상이 아니라면 더욱 그렇다. 『계환해』의 수용과 신앙대상으로의 변화는 지금까지 살펴본 것처럼, 여말선초라는 사회적 대변동의 시기에 불교가 어떠한 역할을 했는지, 그리고 불교가 어떻게 정치사회적으로 활용되었는지를 보여주는 사례라고 할 수 있을 것이다.

그리고 석가여래전기의 집성 역시 마찬가지이다. 운묵은 원 간섭기 고려 불교계 내외의 말법적 상황에 대한 극복을 의도하고 백련결사의 전통에 의지하여 『석가여래행적송』을 찬술하였다. 백련결사의 전통을 계승한다는 점에서 『석가여래행적송』은 법화사상과 신앙의 전통을 계승하고 찬양한다는 목적성을 지닌 것이다. 불교 내부적인,

좀더 좁혀서 천태종 내부의 변혁을 의도한 것이라고 할 수 있다. 그러나 일정 부분 그 영향 아래에서 편찬 간행된『월인천강지곡』과『석보상절』은 같은 석가여래의 전기에 대한 찬술이면서도 새로운 왕조의 정당성을 강하게 의도하고 있다. 편찬자만 한정해 보더라도 양자를 전적으로 동일한 맥락에서 보는 것은 무리라는 한계에도 불구하고, 동일한 석가여래를 대상으로 한 신앙의 전기적 집성이라는 점에서 양자의 맥락과 의도를 비교하는 것만으로 의미가 있다고 생각한다.

이처럼 동아시아 사회에서 불교 혹은 불교신앙이라는 것은 불교 내적인 종교성이라는 측면과 불교 외적인 측면, 즉 불교가 속한 사회에 대한 능동적이고 피동적인 대응으로서의 외적인 사회성이라는 측면을 동시에 포함하고 있다. 더군다나 인도불교와는 달리 승관(僧官)·승통(僧統)이라는 제도적 장치에 의해서 사회체제 안에 얽매일 수밖에 없는 동아시아 불교에 있어서 불교사상과 신앙을 말한다는 점에 있어서 그런 양면성의 고려는 선택이 아니라 필연일 수밖에 없다는 점이 늘 염두에 두어져야 할 것이다.

일본편

일본에 있어서의 법화신앙 수용과 전개
　　　－일련종(日蓮宗)을 중심으로－
　　　　　　모치즈키 신초(望月眞澄)

일련종(日蓮宗)의 신라·고려불교 인식에 관하여
　　　　　　후쿠시 지닌(福士慈稔)

일본에 있어서의 법화신앙 수용과 전개 -일련종(日蓮宗)을 중심으로-

모치즈키 신초(望月眞澄)

머리말

 일련종(日蓮宗)의 개조 니치렌(日蓮)은 『법화경』 신앙의 계보를 인도의 석존(釋尊), 중국의 천태대사 지의(智顗), 일본의 전교대사(傳敎大師) 사이초(最澄) 이들 삼국대사에 상승(相承)하여 『법화경』을 홍포하는 자신을 법화불교사 가운데 위치를 부여하고, 이에 자신을 더하여 삼국사사(三國四師)라고 하고 있다.
 천태대사는 『법화경』을 중심으로 불교를 통일하는 위업을 처음으로 이루었다. 특히 천태삼대부(天台三大部)는 『법화경』 사상의 논리적 체계화와 그 실천을 나타내는 것으로, 법화불교의 실질적인 근원이라고 말할 수 있다. 따라서 천태학을 배운 니치렌의 『법화경』 해석은 천태대사의 가르침에서 많은 부분을 배웠다고 말해진다.
 사이초는 지의가 전개한 법화불교를 일본에 전하고, 법화일승사상을 분명히 하였다. 이 신앙의 계보에 대해서 니치렌은 "천태대사는 석가에 신순(信順)하여 법화종을 도와 진단(震旦)에 부양(敷揚)하고, 에이잔(叡山) 일가(一家)는 천태에 상승하여 법화종을 도와 일본에 홍통(弘通)하는 등 …. 안주(安州)의 니치렌은 황공하지만 삼사(三師)에 상승하여 법화종을 도와 말법에 유통하게 한다. 삼(三)에 일(一)을 더하여 삼국사사(三國四師)라 부른다."[1] 라고 기술하며 자신의 입장을 표명하고 있다. 일련(日蓮)교학에서는 니치렌의 『법화경』 신앙의 계보를 외상승(外相承)[석존→천태대사 지의→전교대사(傳敎大師)→니치렌]이라고 말한다. 이에 대해 니치렌의 내증(內證)에 있어서의 『법화경』 신앙의 상승을 내상승(內相承)[석존→『법화경』에서 설하는 상행보살(上行菩薩)→니치렌]이라 하여 구별하고 있다.

그러므로 본고에서는 일본불교에 있어서의 『법화경』 신앙의 수용과 전개에 대해서 일련종이라는 종파의 법화신앙에 착안하여 고찰하고자 한다.

1. 일본에 있어서 『법화경』의 신들

『법화경』(『묘법연화경』)에는 여래·보살·천부·명왕부에 속하는 신불들이 등장한다. 후반부의 「관세음보살보문품」 제25, 「다라니품」 제26, 「묘장엄왕본사품」 제27, 「보현보살권발품」 제28에는 『법화경』을 수호하는 신들의 이야기가 전개되고 있다. 그중에서도 대표적인 「다라니품」과 「보현품」에서 설하는 신들을 소개하고자 한다.

「다라니품」에서는 두 명의 보살[약왕보살(藥王菩薩)·용지보살(勇施菩

---

1) 「顯佛未來記」(『昭和定本日蓮聖人遺文』, 以下 『定遺』로 약칭) pp. 742~743.

薩]·두 명의 천왕[비사문천황(毘沙門天王)·지국천황(持國天王)]·십나찰녀(十羅刹女)·귀자모신(鬼子母神)이 『법화경』을 설하는 자, 『법화경』을 수지하는 자, 『법화경』을 수행하는 자를 수호할 것을 맹세하고 있다. 특히, 십나찰녀, 귀자모신과 그 아들 등은 "『법화경』을 수지하는 자를 수호할 것을 맹세하고 주(呪)를 설한다. 만일 나의 신주(神呪)에 따르지 않고 설법자를 괴롭히는 자가 있다면 그 사람은 머리가 일곱으로 쪼개져, 마치 부모를 죽인 것과 같은 죄를 얻게 될 것이다."라고 경고하고 있다. 즉, 「다라니품」은 오번선신(五番善神[이성(二聖)·이천(二天)·십나찰녀(十羅刹女)]과 귀자모신이라고 하는 보살과 신들이 각각 다라니[五番神呪]를 외어 『법화경』을 홍포하는 사람을 수호하는 주문이라고 볼 수 있다. 이 다라니주(陀羅尼呪)[2] 부분은 비밀스런 힘을 지닌것으로 여겨 번역하지 않고, 한역에서도 음사하여 전하는 것이 특징이다.[3] 『동도세사기(東都歲事記)』에서는 이 신주를 빨리 독송하는 법화교단의 가지기도(加持祈禱)는 기도의 하나의 수단으로, 기도의 현장에는 독특한 종교적 분위기가 형성되었다고 전한다.

「보현보살권발품」에서는 보현보살이 여래가 입멸하신 뒤 『법화경』을 행하는 자를 위해 다라니를 주어, 비인(非人)에 의해 괴롭힘을 당하거나 혹은 여인에게 현혹되는 일이 없도록 행자를 보호한다고 설하고 있다. 그리고 여섯 개의 상아를 지닌 백상왕(白象王)을 타고 법화행자 앞에 몸을 보이리라는 서원을 세우고 신주를 설한다.

---

2) 陀羅尼呪의 '陀羅尼' 란 산스크리트어 'dhāraṇī'의 음사이고 呪를 말한다. 呪는 악을 응징하고 선의 속성을 지닌 신비의 힘을 발휘하는 神呪를 의미한다.
3) 齊藤月岑, 『東都歲事記』(東洋文庫本)에는 가지기도에 관한 행사를 할 때 '다라니'나 '천권다라니'가 행해졌음이 기록되어 있다.

2. 『법화경』의 수호신으로 등장하는 신들

전국 각지에는 현재도 다양한 신들이 수호신으로 존재한다. 에도 (江戶)시대의 수도와 에도의 사원에서는 신들의 가이히[開扉: 절이나 신사의 비불(秘佛)을 특정한 날에 일반인에게 공개하는 것-역주]를 행하여 지역에 사는 사람들에게 예불하도록 한다. 위에서 언급한 『동도세사기』[4]에는 다양한 신불이 소개되고 있는데, 그 중에서 대표적인 『법화경』의 신들로서 다음에 소개하는 신들은 에도시대 이후에 활발히 신앙되었던 수호신들이다.

사천왕(四天王)

『법화경』「서품」에 열석한 동방의 지국천(持國天)·남방의 증장천(增長天)·서방의 광목천(廣目天)·북방의 다문천[多聞天: 비사문천(毘沙門天)]을 말하는데, 각각의 방위를 수호하고 있다. 이 중 지국천과 비사문천은 두 천신으로서 『법화경』을 수호하는 오번선신(五番善神)에 포함되어 있다. 니치렌도 본존으로서 신앙의 대상이 되는 만다라본존의 네 귀퉁이에 사천왕을 모시고 있다.

팔대용왕(八大龍王)

「서품」 제1에는 난타용왕(難陀龍王), 발난타용왕(跋難陀龍王), 사가라용왕(娑伽羅龍王), 화수길용왕(和脩吉龍王), 덕차가용왕(德叉迦龍王), 아나바달다용왕(阿那婆達多龍王), 마나사용왕(摩那斯龍王), 우발라용왕

---

4) 『東都歲事記』(본래 원고에 내용이 결여되어 있음—편집자주)

(優鉢羅龍王)의 여덟 용왕이 소개되어, 『법화경』을 설법하는 장소에 청중으로 참가하였다고 기술되어 있다. 또한, 석가모니 부처의 권속으로, 석가가 탄생할 때에 그들이 하늘로부터 감로를 내려 축복했다고도 하는 높은 신격을 가진 용신으로 물을 다스리는 신, 물의 신이기도 하다. 따라서 「아사박초(阿娑縛抄)」[5]에는 물에 관련된 기도를 할 때에 팔대용왕에게 권청하여 공양해야 한다고 기술되어 있다.

십나찰녀(十羅刹女)

「다라니품」 제26에 등장하는 열 명의 나찰녀(귀신)로 1.남바(藍婆), 2.비남바(毘藍婆), 3.곡치(曲齒), 4.화치(華齒), 5.흑치(黑齒), 6.다발(多髮), 7.무염족(無厭足), 8.지영락(持瓔珞), 9.고제(皐諦), 10.탈일체중생정기(奪一切衆生精氣)이다. 귀자모신과 함께 『법화경』을 수행하는 자를 수호할 것을 부처의 앞에서 맹세한 『법화경』 수호의 선신들이다. 니치렌은 "십나찰녀라고 하는 것은 열 명의 대귀신녀로 사천하 일체 귀신의 어미이다. 또한 십나찰녀에 어미가 있으니 귀자모신이 곧 이것이다." 라고 기술하여 십나찰녀의 어미를 귀자모신이라고 평하고 있다.[6]

삼광천자(三光天子)

일천자(日天子)・월천자(月天子)・명성천자(明星天子)를 말한다. 『법화경』에서는 보광천자(寶光天子)・명월천자(名月天子)・보향천자

---

[5] 天台宗 承澄 撰, 「阿娑縛抄」(『大日本佛敎全書』 第35~42卷 수록)는 밀교에 있어서의 여러 작법・구전을 초록한 것으로 仁治 3年(1242)부터 弘安 4年(1281)에 이르는 약 40여 년 간 기록을 모아 편술되었다.

[6] 宮崎英修, 『日蓮宗の守護神』, 平樂寺書店, 1980, p. 102. 日蓮, 『日女御前御返事』 (『定遺』, p. 1510).

(普香天子)로 등장하며, 각각 태양·달·별을 나타내고 있다. 천태대사 지의의 『법화문구』에는 각각의 본래의 모습에 대해 보광천자가 관세음보살, 명월천자가 대세지보살, 보향천자가 허공장보살이라고 하고 있다.

니치렌은 "삼광천자 중 월천자는 광물(光物)로 나타나시어 용구(龍口)에서 목숨을 도우시고, 명성천자는 4·5일 이전에 내려오셔서 니치렌에게 나타나셨다. 지금 일천자만이 남으셨다. 반드시 수호가 있을 것이라 생각하니 든든하고 든든하다."[7]고 술회하며 삼광천자의 수호는 반드시 있다고 확신하고 있다.[8]

다음으로 『법화경』에서는 설하지 않았으나, 법화행자를 수호하는 신들이 있다. 다음에 소개하는 신들은 일본 고유의 신도, 인도의 힌두교, 중국의 유교·도교 등의 종교로부터 불교에 받아들여진 신들로 널리 알려진 것이다.

묘견보살(妙見菩薩)

북신보살(北辰菩薩)·북신존성(北辰尊星)이라고도 하고 불교에서는 묘견보살(妙見菩薩), 도교에서는 진택영부신(鎭宅靈符神), 신도에서는 국상입존(國常立尊)이라고 한다. 형상은 다양한데, 간사이(關西)에서 유명한 노세묘견존(能勢妙見尊)은 갑옷을 입고 오른손에는 큰 칼을 들고 왼손은 금강부동의 인(印)을 취하고 있다. 예로부터 무사에게

---

7) 「四條金吾殿御消息」,(『定遺』, p. 505).
8) 『法華驗家訓蒙』. 이 책은 日蓮宗에 있어서 明治 초기의 기도관계 자료로서 중요한데, 『傍譯日蓮宗修法古典資料大系』5~7(四季社, 2003)에 번역되어 있다.

신앙되었고, 눈병보호의 보살, 학문의 보살로 승려의 교육기관인 단림(檀林)에서 섬겨왔다. 국토를 수호하고 재앙을 제거하며 행복을 주는 행운의 보살로, 성제(星祭)가 행해진다. 성좌(星座)와 이십팔수(二十八宿)의 점성술 등이 행해지고, 칠성(七星)·구요(九曜)·이십팔수(二十八宿)를 공양하는 성제와 같은 행사가 사원에서 행해진다.

묘견보살의 견(見)이란 글자는 아름다운 모습을 나타내는 것으로, 예부터 가인(歌人)이나 가부키(歌舞技)·예능계의 사람들의 신앙이 두터웠다고 한다. 노세묘견존(能勢妙見尊)은 간사이의 화류계 사람들의 신앙이 현저하였는데 이것은 묘견당에 기증된 장엄구로 알 수 있다.[9] 에도시대의 각본가인 치카마쓰 몬자에몬(近松門左衛門)이 섭진국(攝津國) 광제사(廣濟寺)의 묘견보살을 신앙하여, 간사이 사람들에게 묘견보살의 공덕이 알려지게 되었다고 전해진다.[10]

대흑천(大黑天)

범어 '마하가라(摩訶迦羅)'를 번역하여 대흑천이라 하였는데, 군신으로서 숭배됐다. 후에 복덕의 천신으로 여겨져 일본에서는 전교대사가 히에이산(此叡山)에 모신 이후에 각 종파에서 섬겼다. 무로마치(室町)시대 이후에는 복덕을 가져다 주는 칠복신(七福神)의 하나로서 활발하게 신앙되었다.

---

9) 能勢妙見山에는 헤이안 시대 중기에 能勢賴國(多田滿仲의 손자)가 창립한 것으로 전해지는 妙見宮이 있다. 이 건물을 慶長 시기에 일련종의 승려 日乾이 개조하게 되어 다시 일으켰다.
10) 廣濟寺와 能勢妙見山은 에도 시대에 들어서 신도로 붐비었음이 秋里籬島 編, 『攝津 名所圖會』(1796-1798간행)에 기록되어 있다.

마리지천(摩利支天)

고대인도 신화의 풍신(風神) 중 하나였는데, 일본에 들어와서는 무사의 수호신로 숭배되었다. 호신(護身)·득재(得財)·승리 등을 기도하는 마리지천법(摩利支天法)이라는 기도법이 행해진다. 형상은 천녀상과 삼면육비(三面六臂)·팔비(八臂)로 원숭이에 타고 있는 것이 있다.

이나리대명신(稻荷大明神)

이나리신(稻荷神)은 원래 일본의 신도에서 섬기는 농업의 신이었는데, 인간과의 교류를 통해 상공업, 어업의 수호신이 되었다. 불교에서 이나리대명신(稻荷大明神)으로 권청하여 사찰이나 지역의 사당에서 섬기고 있다. 『법화경』의 수호신으로 알려진 이나리(稻荷)는 사이조이나리(最上稻荷), 간만이나리(願滿稻荷), 가사모리이나리(瘡守稻荷), 아나모리이나리(穴守稻荷), 구마가야이나리(熊谷稻荷)라는 이름의 것이 있다. 그중에서도 사이조이나리는 법화신앙과 이나리신이 결합된 것이다. '최상위경왕대보살(最上位經王大菩薩)'이라 불리는데, 『법화경』본불(本佛)이 『법화경』의 모습으로 나타났다고 전해진다.

삼보황신(三寶荒神)

황신(荒神)은 일본 고대사회에서 음양사(陰陽師) 등이 설한 민간신앙의 신인데, 부엌신으로서 집 부엌에서 모셔 왔다. 매년 연말(12월말)에 '가마지메(釜閉め)'를 행하고, 오후다(御札: 부적)와 헤이소쿠(幣束: 신에게 봉헌하는 종이 혹은 헝겊을 막대에 끼운 것 — 역주)를 매년 바꾸어 기도하는 지역이 많이 있다. 이 황신신앙과 「보현품」의 보현보살 신앙이 융합하여 법화 교단에서는 보현삼보황신(普賢三寶荒神)이라 하여 권청하고 있다.

삼십번신(三十番神)

　삼십번신(三十番神)은 일본에서 섬기는 30명의 신들로, 한 달 30일 동안 매일 차례로 나라와 사람들을 지켜준다. 천태종에서는 왕법(天皇)과 불법이 일치한다는 이론에서 황실을 수호하는 신들이 바로 『법화경』을 수호하는 신들이라고 하는 사상이 있었다. 이른바 신불융합 사상으로 헤이안(平安)시대 중반에 이미 존재하고 있던 것 같다. 이 사상은 더욱 발전하여 여법경(如法經: 경전을 사경하는 것)의 수호신으로 추앙된다. 법화교단에서는 법화 수호의 삼십번신으로서 아쓰타대명신(熱田大明神, 10일), 스와대명신(諏訪大明神, 11일) 등 일본 각지의 신사에 모시는 신들이 번신으로 편입되었다. 사원의 과장(過帳)에는 그날을 수호하는 신의 이름이 기록되었고 삼십번신을 모신 번신당이 건립된 사원이 있을 정도였다.

3. 일련종(日蓮宗)의 수호신

　여기에서는 일련종[11]이라고 하는 교단에 모셔진 조사(祖師)와 수호신에 살펴보고자 한다.

---

11) 본고에서 사용하는 '법화교단' 이라는 어구는 법화계 교단 각파를 포함한 일본 역사 상의 日蓮교단을 법화교단으로 총칭하는 것이다.

조사(니치렌)

조사라고 하면 일본불교 종파의 개조를 의미하는데, 그 중에서도 니치렌은 일련종의 개조이며 조사로 추앙되는 경우가 많다. 에도시대 이후 수많은 법난에도 굴하지 않는 일련종의 개조 니치렌에 대한 신앙이 커져서 에도를 중심으로 다양한 영험을 지닌 조사상이 탄생하였다. 포인조사(布引祖師)·원만조사(願滿祖師)·일한조사(日限祖師)·안산조사(安産祖師)와 같은 조사가 각지의 사원에 모셔져 그 조사 고유의 유래가 전해진다. 호리노우치(堀之內) 묘법사(妙法寺)의 야쿠요케소시노오후다(厄除け祖師の御札: 액운제거 조사의 부적)는 하리고후(貼護符: 붙이는 부적)라고 하여, 집 기둥에 붙여 두고 기도를 할 때마다 조금씩 높게 붙이면 소원이 이루어진다는 부적이다.

귀자모신(鬼子母神)

원래 인도의 악신으로 사람의 아이를 빼어 잡아먹었다. 아이를 잃은 사람들의 슬픔을 불쌍히 여기신 석존의 교화에 의해 참회하고 이후 부처님의 제자가 되어 임신, 순산, 육아의 선신이 되었다. 헤이안 시대에 밀교가 융성하게 되자 귀자모신을 본존으로 하는 기도법이 유행하여 숭배되었다. 그 기도의 본존의 형상은 천녀상으로 금색의 몸에 머리에는 영락(瓔珞)을 두르고 앉아서 오른 다리를 밑으로 내리고 왼쪽 품에는 아이를 한 명 끌어안고, 오른손에는 길상과(吉祥果, 석류열매)를 들고 있다고 한다. 형상은 귀형(鬼形)과 자안형(子安形)이 있는데, 일련종에서는 기도본존으로서 귀신의 모습으로 형상화하여, 니카야마(中山) 법화경사(法華經寺) 내에 개설되는 100일 간의 일련종 가행소(加行所)에 모시게 되면서부터 신앙이 활발해졌다. 귀자모신의 존상이 만들어지고, 거기에 법화경사 관수(貫首)가 개안(開眼)을 한 기도본존이 서민에게 숭배되었다. 에도성(江戶城) 오오쿠(大奧: 에도성에서 쇼군의 정실과 측실이 거주하던 곳-역주)와도 인연이 깊어, 에도로부터 법화경사에 가마가 여러 번 다녔다고 하는 것에서 알 수 있듯이 여성에 의한 신앙이 현저했다. 이것도 귀자모신의 임신, 발육증진이라는 영험함에서 비롯된 것이다. 에도성 오오쿠의 여자들은 장군가의 대를 이을 아이(남자)를 회임하기 위해 귀자모신에게 기도를 드렸다.

칠면대명신(七面大明神)

칠면천녀(七面天女)라고도 하며 미노부(身延) 구온지(久遠寺)의 키몬요케(鬼門除け: 사악한 귀신이 출입하는 방향에 신불을 모셔 재난을 막는 것 -역주)의 수호신으로 추앙되고 있다. 그 본래의 모습은 귀자모신 혹은 길상천으로 재난을 막기 위해 신앙되었다고 한다. 메이지(明治) 초기의 폐불훼석(廢佛毀釋)에 의해 사원에 안치되었던 신상이 몰수된 적이 있다. 칠면대명신은 신이라는 이름이 붙어서 정부에 몰수될 뻔 했는데, 칠면선녀(七面天女)・칠면보살(七面菩薩)[12]로 명칭을 변경함으로써 사원에 남았다는 일화가 있다.

기요마사공(淸正公)

가토 키요마사(加藤淸正)는 쇼쿠호(織豊)시대로부터 에도시대의 무장으로 전국시대의 무장 도요토미 히데요시(豊臣秀吉)를 섬겼다. 어머

---

12) 졸저, 『近世日蓮宗の祖師信仰と守護神信仰』, p. 497에서 『武江年表』(齊藤月岑 著)를 예로 들어 明治(메이지) 5년(1872) 深川 淨心寺의 '七面菩薩'의 사례를 소개하고 있다.

니 이토(伊都)의 영향을 받아서 어려서부터 법화신앙에 눈을 떴다. 영지였던 히고국(肥後國)은 물론 니시큐슈(西九州)의 법화교단 발전의 기초는 기요마사(淸正)에 의해 형성되었다고 해도 지나치지 않다. 기요마사 사후에는 기요마사공대신지(淸正公大神祇)라고 칭송하여 신앙하는 이른바 기요마사공신앙(淸正公信仰)이 나타나게 된다. 이것은 가토 기요마사의 선정과 열렬한 법화신앙, 가토가(加藤家)의 단절 등에 대한 민중의 보은찬탄, 안타까운 마음에서 비롯되었다고 말해진다. 묘소[정지묘(淨池廟)]가 있는 구마모토(熊本) 본묘사(本妙寺)를 거점으로 종파를 넘어 숭배되고 있다.

제석천(帝釋天)

시바마타(柴又) 제경사(題經寺)에서는 니치렌이 새겼다고 전해지는 제석천 판본존을 모시고 있어, 경신일(庚申日: 60갑자 중 57일째 날)을 연일(緣日: 어떤 신불이 이 세상과 각별히 인연이 깊은 날. 이 날 해당 신불을 참배하면 영험함이 크다고 함—역주)로 한다. 지역의 민간신앙인 경신신앙(庚申信仰: 사람의 몸 안에 세 마리의 벌레가 있어 이것이 庚申日 밤에 나와서 그 사람의 잘못을 몰래 제석천에게 알린다고 함—역주)과 결합되어 제석천을 신앙하게 되었다. 따라서 현재 제석당은 경내에 있는 사원의 본당보다 큰데, 많은 사람들이 제석천상을 예배하였음을 알 수 있다.

유행신(流行神)

유행신에는 구마가야이나리[熊谷稻荷, 도난(盜難)] · 인두명신[人頭明神, 두통(頭痛)] · 슈잔지운영신[秋山自雲靈神, 치병(痔病)] · 노명신[鷺明神, 포창(疱瘡)] · 가사모리이나리[瘡守稻荷, 종기(腫氣)] 등의 신들이 있다.

현대사회에서는 지역의 민간신앙과 융합하여 천신, 지신, 이나리신 그 밖에 다양한 신들이 『법화경』의 호법신으로 모습을 바꾸어 섬겨지고 있다. 신들의 연일(緣日)에는 천권다라니(千卷陀羅尼: 다라니품을 천 번 독송함—역주)라고 하는 『법화경』의 「다라니품」과 「보현보살권발품」의 보현주(普賢呪)가 독송되고 고유의 가지기도가 행해진다. 이들 『법화경』의 신들을 안치한 사원의 경내에서는 『법화경』의 신들에게 현세이익을 위해 기도하는 사람들의 모습을 지금도 볼 수 있다. 가이히(開扉)된 신들 앞에서 기원자와 신불이 결연을 맺게 되는데 여기서 『법화경』의 구원의 세계를 볼 수 있다.

민간신앙의 신들

법화신앙은 조사 니치렌에 대한 조사신앙과 귀자모신, 묘견보살, 기요마사공과 같은 수호신에 대한 수호신신앙으로 대표된다. 민간신앙의 세계 속에서는 『법화경』의 교리보다 니치렌이 주창한 제목신앙(題目信仰)이 기본이 된다. 제목 '나무묘법연화경(南無妙法蓮華經)'이 쓰인 행의(行衣)를 입고 단선태고(團扇太鼓: 부채모양의 북)를 두드리며 사원 행사에 참가하여 신성한 사적을 순례하는 서민의 모습이 떠오른다. 제목을 많이 염송하는 공덕으로부터 제목강(題目講: 일련종의 신자에 의해 조직된 모임으로 제목 '나무묘법연화경'을 염송하며 신도간의 친화와 협력을 도모함—역주)이나 천부강(千部講: 일련종에서 전국 각지의 승려들이 『법화경』을 천부 독송하는 천부회를 위한 모임을 말함—역주)과 같이 신도를 중심으로 한 모임이 탄생하였다. 다이모쿠오도리(題目踊り: 제목을 염송하며 춤을 추는 것)나 가제목(歌題目)도 니치렌에 대한 숭배의 염원에 의해 만들어진 것이다. 그 밖에 수호신이 조사 니치렌과의 관계 속에서 생겨난 것이나 민간신앙의 신들과 결합하여 발전한 것이 있다.

일련종의 민간신앙은 수법기도(修法祈禱)가 융성해짐에 의해 발전하여 많은 신들을 『법화경』의 수호신으로 섬기고 있다. 반대로 민간신앙의 신들이 법화의 수호신이 된 것도 있다.

4. 일본에 있어서 법화신앙의 전개

니치렌은 천태대사의 『법화현의』, 『법화문구』, 『마하지관』의 천태삼대부를 바탕으로 법화신앙을 확립하였고, 『현의』의 오시팔교(五時八敎)와 『지관』의 일념삼천(一念三千)을 중시하였다.

여기서 일본에 전래된 법화신앙을 보면, 일본에는 6세기에 한반도에서 불교가 전래되었는데, 이에 대해 『부상약기(扶桑略記)』[13]에 "비다츠천황(敏達天皇) 6년 정유(丁酉), 백제국이 경론 이백 권을 바치다."라고 쓰여 있어서, 비다츠천황 577년, 백제로부터 200여 권의 경론이 조정에 헌납되었다고 기록되어 있다. 이것은 『법화험기(法華驗記)』[14]에도 기록되어 있는데, 이 책에는 『법화경』이 일본에 전래되는 기초를 마련한 사람을 쇼토쿠(聖德)태자라고 하고 있다. 그럼 각 시대와 법화신앙의 변천에 대해서 알아보기로 한다.

아스카(飛鳥)불교와 법화신앙

---

13) 「扶桑略記」(新訂增補 『國史大系』 12卷 수록, 「扶桑略記」), p. 33.
14) 「法華驗記」(日本思想大系新裝版, 『續・日本の佛敎思想1』, 岩波書店 수록)는 정식으로는 「大日本國法華經驗記」라고 하여 平安시대 말경에 比叡山에 거하는 한 사문이 편집한 『법화경』 신앙자의 영험기이다.

쇼토쿠태자(574~622)는 일본에 전해진 경론을 배움으로써 깊이 불교의 가르침을 이해할 수 있었다. 그리하여 태자는 스이코(推古)천황 14년(606)에 『법화경』 강의를 하였고, 주석서 『법화의소(法華義疏)』[『삼경의소(三經義疏)』] 가운데 하나를 저술하였다. 이로부터 『법화경』이 일본에 알려지게 된 것인데 덴뵤(天平) 연간(729년~749년)에 쇼무(聖武)천황은 각 지방[國]마다 국분사(國分寺)·국분니사(國分尼寺)를 세울 것을 명했다. 국분사는 '금광명사천왕호국지사(金光明四天王護國之寺)'로 불려, 『금광명왕최승왕경(金光明王最勝王經)』이 각각 10부 보관되었고, 국분니사는 '법화멸죄지사(法華滅罪之寺)'로 불려, 『법화경』이 각각 10부 보관되었다. 이 시대에 동대사(東大寺) 법화당에서 매년 법화회가 운영되었다. 『동대사요록(東大寺要錄)』에 의하면, 덴뵤 18년(746) 료벤(良弁)의 요청으로 금종사(金鐘寺)의 견색원(絹索院)에서 『법화경』 강독 법회가 행해졌다고 되어 있는데,[15] 이것이 법화회의 시작이라고 말해진다.

헤이안(平安)불교와 법화신앙

헤이안(平安)시대에 들어서 천태종의 개조인 사이초(767~822)가 천태교학을 일본에 들여와 『법화경』의 가르침을 일본 불교계에 확립시키자 귀족계급을 중심으로 법화신앙이 퍼져 갔다. 사이초는 처음에 화엄사상을 배웠으나 중국에서 돌아오자 법화사상을 소의처로 하게 되었다. 헤이안시대 초기에는 '여법경(如法經)'이라고 하여 일정한 규칙에 따라서 사경이 이루어졌다. 『법화경』을 서사하여 통에 넣고

---

15) 「東大寺要錄」은 『國史大辭典』(吉川弘文館)에 의하면 平安시대 후기에 작성된 東大寺의 寺誌로 嘉承 元年(1106) 동대사의 승려가 쇠락한 절의 재흥을 기원하여 편찬했다고 하는데 편집자의 이름 등은 분명하지 않다고 되어 있다.

산에 묻는 것으로 엔닌(円仁)이 시작하였다고 전해진다. 후에 서사법회가 행해지게 되었고 서사된 경전 자체가 여법경이라고 불리게 되었다.

헤이안시대 중기 무렵부터 법화신앙과 정토신앙이 융성하였는데, 특히 『법화경』의 공덕을 설하는 천태종의 승려에 의해 '법화팔강(法華八講)', '십강(十講)', '삼십강(三十講)'이 궁중을 비롯한 귀족의 저택이나 지역 도량·사원에 빈번하게 행해졌었음을 당시 귀족의 일기나 수필에서 알 수 있다.[16] 무라사키 시키부(紫式部)의 『겐지모노가타리(源氏物語)』나 세이쇼 나곤(淸少納言)의 『마쿠라노소시(枕草子)』에는 법화팔강『법화경』 8권을 8좌(座)로 나누어 朝夕으로 2(座)씩 강독하여 4일로 완료하는 법회—역쥐에 관한 기술이 보인다.

가마쿠라(鎌倉)시대와 법화신앙

일련종의 개조 니치렌은 『법화경』의 가르침이 유일한 정법이라고 하며 『법화경』신앙을 전파하였다. 이것은 니치렌의 저작이나 신도에게 보낸 서신 등에 기록되어 있는데, 『법화경』의 가르침과 제목(題目)의 공덕이 곳곳에 설해졌다.

니치렌은 히에이산(比叡山)에서 천태종의 법화사상과 밀교를 배우고, 나아가 고야산(高野山)과 사천왕사(四天王寺), 교토(京都)의 대사(大寺)를 찾았다. 여러 종파를 배운 후 『법화경』의 가르침이야말로 참된 가르침이라는 신념에 이르게 되었다. 그리고 『법화경』만이 석가의 올바른 가르침이기 때문에 제목 '나무묘법연화경'을 염송하고 믿도록 사람들에게 권유했다. 이 강렬한 설법에 사람들은 놀랐으며 다른

---

16) 高木豊, 『平安時代法華佛敎史』, 平樂寺書店, 1973.

종파의 승려로부터 반감을 사게 된다. 때로는 유배되는 슬픔도 겪게 되지만 이를 법난(法難)이라 생각하여 점차 『법화경』 행자로서의 자각에 눈을 뜨게 되었다. 그리하여 『법화경』을 신앙함으로써 이 땅에 평화로운 세계가 실현될 것을 확신하고, 반대로 신앙하지 않는다면 재난이 일어날 것을 예언하였다.

송(宋)으로부터 일본에 선(禪)을 전했던 도겐(道元)도 『정법안장(正法眼藏)』 95권의 여러 곳에서 『법화경』을 언급하며 『법화경』에 귀의할 것을 설하고 있다.[17] 도겐은 병으로 인해 입적할 때에 방의 기둥에 『법화경』「신력품(神力品)」의 "즉시도량(卽是道場)"의 경문을 적었다.[18] 즉, "『법화경』이 있는 곳이 깨달음의 장소이다."라고 하는 부분을 적고 있는 것에서도 알 수 있다.

무로마치(室町)시대와 법화신앙

교토를 중심으로 법화신앙을 전파한 닛신(日新)은 「입정치국론(立正治國論)」을 아시카가(足利)막부에 제출하였고, 니치렌의 법화신앙 특히 『법화경』 신자 이외의 사람에게서 보시를 받지 않는 '불수불시(不受不施)' 사상을 이어 받았으며, 서민에게 제목의 공덕을 전파하였다.

무로마치(室町) 문화라고 하면 일반적으로 선의 문화로 생각되지만, 하세가와 도하쿠(長谷川等伯)나 혼아미 고에쓰(本阿彌光悅) 같은 예술가가 나타나 법화신앙을 기반으로 한 작품도 많이 남겼다. 교토 혼본법사(本法寺)에는 도하쿠(等伯)의 석존열반도와 고에쓰(光悅)의 소

---

17) 「正法眼藏」95卷(『大正藏』9, 50b).
18) 『法華經』「神力品」에 있는 "當知是處. 卽是道場. 諸佛於此得阿耨多羅三藐三菩提. 諸佛於此轉於法輪. 諸佛於此而般涅槃."의 '卽是道場'인 것이다.

용돌이 정원(巴の庭)이 있다. 또한 고에쓰는 법화예술을 후세에 전하기 위해 교토 다카가미네(鷹峰) 땅에 예술촌을 만들었다. 혼아미가(本阿彌家)를 중흥시킨 6대 세이신(淸信)이 닛신(日新)과 감옥에서 만난 후 혼아미가의 법화신앙은 깊어져간 것이다.[19]

또한 교토 시내에는 법화사원이 차례로 건립되어 상공업자들이 교토에서 지배적 지위를 차지하게 되었다. 건립된 사원은 21개 절의 본산이었는데, 소실된 후에 부흥한 것은 16본산 [묘현사(妙顯寺)·본국사(本國寺)·묘각사(妙覺寺)·본법사(本法寺)·묘전사(妙傳寺)·입본사(立本寺)·정묘사(頂妙寺)·본만사(本滿寺)·묘만사(妙滿寺)·본선사(本禪寺)·묘련사(妙蓮寺)·본륭사(本隆寺)·본능사(本能寺)·요법사(要法寺)·적광사(寂光寺)·묘천사(妙泉寺)]이었다. 이 가운데 묘천사는 화재를 당하고서 부흥되지 못해 이 사원을 제외한 15본산(일련종 8본산, 법화종 7본산)이 현존한다. 그러나 법화신도들은 예로부터 '16본산 순례'라고 불러, 아직도 '16본산'이란 말은 사용되고 있다. 이 사원들은 현재도 쿄토니치렌문하연합회(京都日蓮門下連合會)로 결속하여, 여름강습회 및 니치렌에 관련된 원기법회(遠忌法會), 그 밖에 다른 다양한 행사를 하며 법화의 법등을 계승하고 있다.

에도(江戶)시대와 법화신앙

에도(江戶)막부의 본말제도(本末制度: 에도시대에 사원을 통제하기 위해 본산과 말사로 조직화한 제도-역주)·사단제도(寺檀制度: 사단관계를 이용한 호적관리제도-역주) 속에서 사원은 막부체제 아래에 통합되어간다. 법화교단에서는 수불시(受不施)와 불수불시(不受不施: 니치렌의 사상으로

---

19) 光悅가 저술한 『本阿彌行狀記』(東洋文庫本)에 자세하게 기술되어 있다.

不受란 법화신자 이외의 보시를 받지 않는 것, 不施란 법화신자 이외의 사람에게 공양을 하지 않는 것을 말함—역주)의 대립이 있었다. 에도시대 초기에는 수파(受派)가 실권을 장악하고 미노부(身延) 구온지(久遠寺)는 일련종의 총본산으로서의 지위를 확고히 하여, 법화 영장(靈場)으로서 신 미노부산신앙(身延山信仰)이 형성되었다. 또한 불수파(不受派)의 승려는 유배되어, 탄압을 받는 가운데 옥사하는 스님과 신도도 생겨나는 등 순수한 법화신앙을 관철하였다.

이 시대에 니치렌 교학의 연구가 활발해져서 각지에 법화교단의 단림(檀林; 승려 학교)이 건립되었다. 이곳에서의 교육내용은 천태학이 주류였으며, 그 교육내용은 천태교학을 익히는 데 대부분 바쳐졌는데, 이것을 덴다이즈리[20](天台ずり: ずり란 판에 새기거나, 천에 물들이는 것)라고 한다. 취학연수는 처음「서곡명목(西谷名目)」에서 천태 3대부까지 빠를 경우에 13년이 걸린다고 한다.

임제종 중흥의 조사 하쿠인(白隱, 1685~1768)은 "오로지 법화의 경명을 나무묘법연화경, 나무묘법연화경이라고 쉼없이 염송해야 한다."[21]고 창제(唱題)를 권하였으며, 제목을 서사할 정도였다.[22]

에도시대 중후기에는 법화문화가 번영하여 풍속화[浮世繪]·민담[落語]·조루리(淨瑠璃: 반주에 맞추어 가락을 넣으며 하는 이야기—역주)·문학 등의 분야에서 법화신앙에 관한 작품이 만들어졌다. 그 속에는 니치렌과 관련된 영험과 『법화경』의 공덕이 담겨져 있다. 조사신앙을 기반으로 수호신이 등장하고 법화신앙이 고양되어갔던 신앙의 역사가

---

20) 日蓮宗의 승원교육이 천태학에 경도하고 있음을 보여준다.
21) 『白隱禪師法語』(芳澤勝弘 豊注, 『白隱禪師法語全集』全14卷 所收, 禪文化研究所, 2003).
22) 靜岡縣 浜松市 妙恩寺 所藏資料.

있다. 도시와 농촌의 법화신앙이 활발한 지역에서는 서민에 의해 제목강이 결성되어 적극적인 신앙활동을 하였다. 이들 모임은 법화신앙을 집단적으로 뒷받침하여, 근대 이후 신흥종교와 재가불교운동에 영향을 주었다.

메이지(明治)시대와 법화신앙

메이지(明治) 원년(1868) '신불분리령(神佛分離令)'이 내려져 폐불훼석운동이 일어났다. 이로 인해 불교는 어려운 시기에 접어들었는데, 국가권력과의 충돌을 피하기 위해서는 '불(佛)'이라는 절대적인 존재와 새롭게 도입된 '천황'이라는 절대적 존재를 조화시킬 필요가 있었다. 그리하여 군국주의와 함께 새로운 불교가 전개되었고 니치렌을 숭배하는 니치렌신앙이 싹트게 되었다. 이것도 법화신앙의 큰 움직임이라고 할 수 있을 것이다.

근대사회에서 니치렌 신봉자로 다나카 치가쿠(田中智學), 혼다 닛쇼(本多日生), 미야자와 겐지(宮澤賢治), 다카야마 초규(高山樗牛)가 있으며, 우익 행동파로 혈맹단사건(血盟團事件)과 오·일오사건(五·一五事件)의 이노우에 닛쇼(井上日召), 이·이육사건(二·二六事件)의 기타 잇키(北一輝), 만주사변의 주인공 이시하라 간지(石原莞爾)가 있다. 그들은 니치렌신앙을 강조하였기 때문에 사상적으로 니치렌주의자로 이해하는 것이 좋을 것이다.[23]

다나카 치가쿠는 국주회(國柱會)를 설립하였는데 많은 사람들이 그의 주장에 동조하여 신자가 되었다. 군인이었던 이시하라 간지는 중국으로 건너가기 전에 치가쿠의 강연을 듣고 감격하여 즉시 국주회

---

23) 戶頃重基씨는 日蓮主義를 『법화경』에 근거한 日蓮의 사상·신앙·행동의 체계

에 가입하였다. 치가쿠의 주장은 천황 하에서, 니치렌주의에 의해 세계를 통일해야 하며, 그 사명을 일본이 짊어지고 있다고 하는 것이 기본적인 주장으로 법화신앙과 국가이념의 통일[王佛冥合]을 목표로 한 것이었다. 또한 국가가 『법화경』의 상징인 국립계단(國立戒壇)을 건립해야 한다고 주장하였다.

다이쇼(大正)·쇼와(昭和)시대와 법화신앙

다이쇼 3년(1514)에는 일련종의 재가신앙단체인 법화회가 결성되어 윤리학자로 법화신앙에 입문한 고바야시 이치로(小林一郞)를 중심으로 하여 포교지 『법화(法華)』가 출간됐다. 그들은 나카야마(中山) 법화경사(法華經寺)에 성교전(聖敎殿)을 건립하고, 니치렌 친필의 보호에 힘썼다. 그리고 성교호지재단(聖敎護持財團)을 설치하고 법화신앙의 유포에 기여했다.

다이쇼 8년(1919) 구보 가쿠타로(久保角太郎)는 『법화경』의 경문을 근거로 영적 세계를 안정시키는 총계명(總戒名)을 수여하여 『법화경』의 가호를 받을 수 있다고 선포하고 영우회(靈友會)를 결성하였다. 그 중심 이념은 『법화경』의 '불소호념(佛所護念)'에 있다. 가쿠타로(角太郎)는 보살의 법이란 조상 공양과 포교에 있다고 터득했다. 여기서 『법화경』 신앙과 조상공양을 결합하는 교리가 형성되게 된 것이다. 또한 고타니 키미(小谷喜美)의 영적인 능력과 강렬한 개성에 힘입어 대일본영우회(大日本靈友會)로 교세를 확대했다. 이후 니와노 닛쿄(庭野日敬)·나가누마 묘코(長沼妙佼)는 교정회(交正會)를 열고 '평등대혜

이다."(『근대사회와 日蓮主義』, 評論社, 1972, p. 18)라고 정의하고 있다.

교보살법불소호념(平等大慧敎菩薩法佛所護念)'을 수행하는 제목 수행을 시작했다. 그리고 선조공양·병환치유 등을 적극적으로 내세우고, 법화삼부경을 원전으로 하여 교세를 확장하였다. 마키구치 쓰네사부로(牧口常三郎)는 창가육학회(創価育學會)를 열고 일련정종(日蓮正宗)이 설한 니치렌의 대만다라본존(大曼茶多羅本尊)을 믿음으로써 성불하고 생명력을 부여받게 된다고 설했다. 이것이 점차 신도층을 넓혀 가게 되어, 『법화경』에 근거한 신앙을 제창하면서 전후 도다 조세이(戸田城聖)에게 계승되어졌다.

5. 일본에 있어서 『법화경』 신앙의 형태

일본의 『법화경』 신앙의 형태와 그 특징은 다음의 의례와 문화에 표현되어 있다.

법화팔강(法華八講)

『법화경』 8권을 한 권씩 여덟 강좌로 나누어 4일에 독송하는 법화팔강이 있고 이밖에 법화십강, 법화삼십강이 있다.[24] 법화십강[25]은 『법화경』 8권에 개결 이경(開結 二經: 본경, 즉 『법화경』을 읽기 전에 읽는 개경과 후에 읽는 결경을 말함—역주)을 더한 법화강회이다. 법화팔강은

---

24) 법화팔강에 대해서는 高木豊 著, 『平安時代法華佛敎史研究』(平樂寺書店, 1973)에 소개되어 있다.
25) 법화십강은 比叡山 延曆寺에서 10월 1일부터 7일간 '법화대회·廣學竪義'라고 하는 천태종의 옛 의례에 따른 대법회가 대강당을 중심으로 산 전체에서 펼쳐진다. 이 때에 법화삼부경의 논의를 행하는 '법화십강' 10座(강좌)가 아침, 저녁 두 강좌씩 5일간 행해진다.

「삼보회사(三寶繪詞)」에 따르면,

> 석연사(石淵寺)의 8강 등은 천지원(天地院)에 대대로 전하여 행해져왔다. 지금도 계속되고 있다. 그 후에 각 절들이 또한 모두 시작하게 되어 곳곳에 널리 퍼지게 되었다. 혹은 개결경을 더하여 10강을 행하는 곳도 있다.

고 되어 있다. 그리고

> 엔랴쿠(延曆) 15년 숙어, 49일로부터 시작하여 후에 매년 기일마다 계속하여 행하였다. 곤조(勤操, 헤이안 말기의 승려―역주)가 쇼토쿠(聖德世)에 칭찬을 받아 공사 모두 존중하였다. 이 8강은 마침내 대대적으로 행해지게 되었다.[26]

고 하여, 에이코(榮好: 勤操의 친구)의 어머니가 죽자 그 때에 사십구일의 법화팔강을 제1회로 하여 하여 매년 기일마다 팔강을 행하였다. 엔랴쿠 15년(796) 석연사의 곤조(勤操[三論宗])가 동료 7명과 49일간 교대로 공양했다고 전해진다. 법화십강은 엔랴쿠 17년(798) 11월 히에이산(比叡山)에서 사이초가 천태대사 지의의 기일에 행했는데, 이것이 일본에 있어서 최초 사례라고 말해진다. 일련종에서는 덴쇼(天正) 5년 (1577)에 닛코(日珖)가 아버지의 서른 번째 기일에 10강을 행한 것이 최초라고 한다.[27] 이 외에도 미노부산 구원사의 법화십강 의례에

---

26) 「三寶繪詞」(『新日本古典文學大系31』, 岩波書店, p.130). 이 책은 平安 중기의 불교 설화집으로 圓融天皇 永觀 2年(984年) 11월에 편찬되어 二品尊子內親王을 위해 학자 源爲憲이 편집하여 바친 것이다.
27) 影山堯雄, 『日蓮宗布敎의 硏究』, 平樂寺書店, 1977, pp. 498~499.

관해서는 니치렌의 400원기(遠忌: 종조의 기일을 추모하는 법회-역주), 450원기의 사례가 소개되고 있는데 이때에 당시의 법회에서 행할 역할을 기록한 문서[差定]가 공개된다.[28]

『법화경』의 회만다라(繪曼茶羅)

『법화경』 회만다라는 와시즈(鷲津) 본흥사(本興寺), 교토 입본사(立本寺), 다카오카(高岡) 대법사(大法寺), 나라(奈良) 담산신사(談山神社)의 것이 잘 알려져 있다. 입본사 것은 헤이안시대의 작품으로 감지(紺紙)에 금니(金泥)로 그려졌는데, 국가의 중요문화재로 지정되어 있다. 전부 여덟 폭인데, 각 폭마다 『법화경』 한 권의 경전의 문자가 오층탑의 형태로 서사되어 있다. 주위에는 해당하는 경권의 도상이 그려져 있고 법화칠유(法華七喩)와 등장하는 보살이 곳곳에 보인다. 교토 묘현사(妙顯寺)에서 사조문류(四條門流)를 전개한 니치조(日像)와 다이카쿠(大覺)는 『법화경』의 글자를 그림의 형태로 하여 만다라 본존을 표현하고 본존으로 삼고 있다.

『법화경』의 사경

『법화경』의 「법사공덕품」에 설해진 것으로 『법화경』 중에서 단 한 마디라도 수지하고·독·송하고·해설하고·서사하는 자는 무량의 공덕을 얻을 것이라고 설해지고 있다. 이 수지·독·송·해설·서사의 수행을 오종법사의 행(行)이라고 한다. 그러므로 고대 사회에서는 주로 『법화경』이 사경되었다. 나라시대에는 사경소라는 시설이 있어

---

[28] 위의 책. p. 129. 또한 『법화경』 28품과 開結 2품을 합한 30품을 강연하는 '법화 삼십강'이 있다(影山의 同書).

서, 분업으로 사경이 이루어졌다. 서사행(書寫行)이 처음으로 확인되는 것은 덴뵤(天平) 20년(748) 고묘황후(光明皇后)가 천황의 추선공양으로 『법화경』 천부를 서사하도록 하였다고 전해진다. 후지하라노 미치나가(藤原道長)의 생애를 기록한 『에이가 모노가타리(榮華物語)』[29]에는 미치나가(道長)가 멸죄생선(滅罪生善)을 위해 『법화경』 팔만부를 서사하였다고 기록되어 있다. 헤이안시대에 들어서는 금박 등을 사용하여 예술성이 높아지게 된다. 그것은 장식경(裝飾經)이라 하며 대표적인 것으로 헤이케(平家)가 봉납한 「헤이케납경(平家納經)」[30]이 있다. 이것은 히로시마현(廣島縣)의 이쓰쿠시마신사(嚴島神社)에 봉납된 것으로, 전부 서른 세 권 중 대부분을 차지하는 『법화경』 28권과 개경과 결경이 있다.

부채의 표면에 『법화경』을 서사하는 것도 행해졌는데, 이것은 펼쳐서 책자로 삼기도 했다. 여기에는 『겐지 모노가타리(源氏物語)』를 소재로 한 이야기 그림이 많이 그려졌다.

법화참법

『법화경』에 근거하여 자신의 죄를 참회하는 의식으로 법화삼매당을 중심으로 행해졌다. 천태종에서 『법화경』·『관보현보살행법경』에 의거하여 21일을 정하여 『법화경』을 독송하고 그 동안에 예불·참회·송경·좌선 등을 행한다. 일본에서는 사이초가 처음으로 히에이산에서 행하였고, 그 후에 법화삼매당이 건립되어 상행삼매(常行三昧:

---

29) 「榮華物語」(『日本古典文學大系 新裝版 榮花物語 上·下』, 岩波書店, 1993~4)는 여성에 의해 지어진 것으로 편년체로 구성된 이야기 형식의 역사서이다.
30) 「平家納經」은 平安시대에 平家 일족의 번영을 기원하여 嚴島神社에 봉납한 경전류의 총칭으로 현재 嚴島神社가 소장하고 있다.

천태종에서 90일간 아미타불 불상의 주위를 돌며 염송하는 것—역주)와 함께 여러 사찰에서 수행하게 되었다. 이 법은 참회와 멸죄를 주로 하는 점으로부터 법화참법(法華懺法)라고도 불리며, 일련종 사원에서도 행해지고 있다.[31]

『법화경』과 설화문학

설화란 신화·전설·민화·동화 등을 총칭하는 것이다. 나라(奈良)시대부터 헤이안시대에 걸쳐 귀족으로부터 서민에게 불교가 전개되어갔던 시기의 설화에는 『일본영이기(日本靈異記)』, 『금석물어(今昔物語)』, 『법화험기(法華驗記)』, 『부상약기(扶桑略記)』가 있다. 여기에는 당시 민중의 법화신앙의 모습이 그려져 있는데, 내용은 권력자라도 악행을 쌓았기 때문에 벌을 받은 이야기라든가 '선인선과(善因善果) 악인악과(惡因惡果)'를 설하는 이야기, 그리고 현세이익의 이야기 등이 소개되어 있다. 또한 『일본왕생극락기(日本往生極樂記)』[32]에도 『법화경』을 수지한 사람들[持經者]이 소개되고 있다. 이들 불교에 관련된 작품이 후세의 문학작품에 끼친 영향은 엄청난 것이다.

---

31) 日蓮宗에서 행해지는 법화참법을 기록한 것으로는, 『日蓮宗事典』에 의하면 貞松蓮永寺本이 있는데 다음과 같이 소개되고 있다.(1)總禮伽陀(「我此道場如帝珠」의 句), (2)總禮三寶, (3)供養文(「願此香華雲」의 句), (4)奉請段(=一心奉請諸尊), (5)讚歎, (6)敬禮段(=一心敬禮諸尊), (7)總懺悔句(「爲法界衆生斷除」), (8)六根段((a)眼根段, (b)耳根段, (c)鼻根段, (d)舌根段, (e)身根段, (f)意根段), (9)四悔((a)勸請段, (b)隨喜段, (c)回向段, (d)發願段), (10)十方念佛(=合殺), (11)經段(=『妙法蓮華經』「普賢菩薩勸發品」), (12)後十方念佛(10과 같음), (13)後唄(「處世界如虛空」의 句), (14)三禮(「一切恭敬自歸依佛」의 句).
32) 「日本往生極樂記」(井上光貞·大曾根章介 校注, 『日本思想大系7 往生傳·法華驗記』, 岩波書店, 所收)는 平安시대에 慶滋保胤이 편찬한 것으로, 쇼토쿠태자를 비롯한 황족으로부터 승·서민에 이르는 총 45인의 극락왕생의 전기가 실려 있다.

그 중에서도 『법화험기』[33]는 헤이안 말기 히에이산의 승려 친겐(鎭源)이 출가자들이 체험한 윤회전생·소생·몽고(夢告: 꿈에 신불이 나타나 계시하는 것) 등 129편의 설화를 담고 있다. 말하자면 『법화경』에 입각하여 살아간 사람들의 전기집이다. 예를 들면, 『전등불법의 쇼토쿠태자』, 『히에이산 건립의 전교대사(사이초)』, 『요시노(吉野) 깊은 산의 어느 지경자(持經者)』라는 설화가 있는데, 여기에는 『법화경』의 지경자의 모습이 여실히 그려져 있다.

『법화경』의 노래

샷쿄카(釋敎歌)·호몬카(法文歌)라고 하여 석존과 『법화경』의 가르침을 노래로 한 것이 있는데, 『법화경』의 노래는 헤이안시대에 유행했다. 예를 들어 교키(行基)는 "『법화경』을 내가 얻은 것은 땔감을 모으고 나물을 캐고 물을 길어서 얻은 것이다."[34]라고 노래하며 「제바품」 제12에 석존이 전생에 국왕이었을 때 아사선인(阿私仙人)을 섬겨서 『법화경』을 얻은 것을 노래로 표현하고 있다.[35] 이 노래들은 민간에서 흥얼거렸던 것으로 당시 사람들의 법화신앙을 노래를 통해 말해주고 있는 것이다.

---

33) 정식명칭은 『大日本國法華驗記』(井上光貞·大曾根章介 校注 『往生傳 法華驗記』(日本思想大系新裝版 續·日本の佛敎思想1, 岩波書店, 1995)라고 하는데, 平安時代 중기에 쓰여진 불교설화집이다. 저자는 比叡山의 승려 鎭源이라고 하나 분명하지 않다.
34) 『拾遺和歌集』(『新日本古典文學大系7 拾遺和歌集』所收, 岩波書店, 1990, p. 395). 이 책은 古今·後撰에 이은 세 번째의 勅撰和歌集으로, 소위 '三大集'의 마지막에 해당하는데, 一條天皇 寬弘 3年(1006) 경에 성립되었다고 말해진다.
35) 『法華經』「提婆品」의 "時有仙人. 來白王言. 我有大乘. 名妙法蓮華經. 若不違我. 當爲宣說. 王聞仙言. 歡喜踊躍. 卽隨仙人. 供給所須. 採果汲水. 拾薪設食."의 부분(岩波文庫本).

『법화경』의 비유

『법화경』에는 일곱가지 비유[喩]가 설해지고 있다. 그것은 ①「비유품」의 삼거화택(三車火宅)의 비유, ②「신해품」의 장자궁자의 비유, ③「약초유품」의 삼초이목(三草二木)의 비유, ④「화성유품」의 화성보처(化城寶處)의 비유, ⑤「오백제자품」의 의리계주(衣裏繫珠)의 비유, ⑥「안락행품」의 계중명주(髻中明珠)의 비유, ⑦「여래수량품」의 양의치자(良醫治子)의 비유이다. 이 비유 이야기는 사람들에게 석존의 위대함과 『법화경』의 공덕을 구체적으로 이야기해주기 때문에 승려의 포교 활동에 자주 인용된다.[36]

맺음말

일본의 불교신앙의 변천을 살펴보는 가운데 대표적인 신앙을 들자면, 석가신앙, 정토신앙(아미타신앙), 약사신앙, 지장신앙, 관음신앙, 미륵신앙, 복신(福神)신앙, 부동신앙, 귀자모신신앙, 경신(庚申)신앙, 이나리신앙, 홍법대사신앙, 조사신앙, 그리고 법화신앙(제목신앙)을 들 수 있다. 이러한 신앙은 불교의 불상, 개조, 경전과 같은 것들에 대해 신앙으로, 일본에서 폭넓게 전개되었다.

본 발표에서 테마로 삼은 법화신앙의 기본이 되는 『법화경』(『묘법연화경』)은 인도의 석존에 의해 설해진 것이 제자들에 의해 편찬되어

---

36) 題經寺 番神堂(東京都 葛飾區)의 외벽부분에 법화칠유가 조각의 양식으로 표현되어 있다.

중국, 한반도에 전해져 일본에 들어왔다. 법화사상 면에서는 석존, 천태대사 지의, 전교대사, 그리고 니치렌에 계승되어 왔다. 따라서 여기에서는 『법화경』을 근본 경전으로 하여 종파를 연 니치렌의 법화신앙에 착안하여 일본의 법화신앙의 전파와 그 존재 형태에 대해서 살펴보았던 것이다.

가마쿠라시대(13세기)를 살았던 니치렌은 『법화경』 신앙을 바탕으로 하여 제목 '나무묘법연화경' 즉 『묘법연화경』에 귀의한다고 하는 사상을 확립하여 『법화경』을 전파해 갔다. 이 『법화경』 신앙이 법화교단에서 어떻게 수용되었는지 그 존재 형태에 대해서 고찰해보았다. 그 결과 니치렌이 제창한 제목신앙 속에서 성장하여, 『법화경』의 독송에 의해 수호신으로 섬겨졌다. 그리고 수호신에 대한 의례로 천권다라니와 『법화경』의 신주가 빠른 어조로 독송되어 가지기도가 행해졌던 것이다. 즉, 『법화경』의 수호신은 일본의 종파불교의 전개에 있어서 신도의 신들, 중국의 유교, 그리고 힌두교의 신들과 융합되어 갔다. 결국 일본의 불교문화 속에서 성장하여 새로운 신들로서 사람들의 현세이익을 구하는 기도의 대상으로 숭배되어갔던 것이다. 특히 일련종은 『법화경』과 민간신앙에 등장하는 신들을 받아들여 법화신앙의 대상으로 숭배했다는 점에 특징이 있다고 할 수 있다. 니치렌의 제목신앙을 근간으로 하는 일련종의 법화신앙은 니치렌의 계보를 잇는 승려들에게 계승되어 오늘날에 이르고 있다.

일련종(日蓮宗)의 신라·고려불교 인식에 관하여

후쿠시 지닌(福土慈稔)

1. 시작하며

필자는 2011년 3월 금강대학교에서, 일본 천태종의 신라·고려불교 인식에 관해 「일본 천태종과 한국불교 : 사이초(最澄; 767~822)의 신라불교 인식과 그 영향」이라는 제목으로 다음과 같은 논지의 발표를 하였다.

일본 천태종 스님들의 장소(章疏)에는 많은 신라 스님들의 이름과 장소(章疏)가 인용되고 있는데, 실제로는 원효(元曉)·경흥(憬興)·도륜(道倫)·의적(義寂)·태현(太賢) 등에 국한된 일부분의 장소(章疏)만이 주목을 받은 것으로 보인다. 일본 천태종의 신라 불교 인식에 관해, (1) 신라 스님들이 소속된 종파에 대한 인식, (2) 신라 밀교에 관한 인식, (3) 신라 계율 관계 장소(章疏)에 대한 인식의 세 가지 측면에서 고찰해보면, (1)을 통해서는 규기(窺基)의 법상학(法相學)과는 다른 현장(玄奘)계 법상학이 신라에서 융성했다는 인식을 하고 있음과 동시에, 신라 스님들이 행했던 『법화경(法華經)』 연구에 대해서는 무관심했음을 엿볼 수 있다. (2)를 통해서는 밀교 상승계보(相承系譜)에 존재하는 신라 스님에게 경의를 나타냄과 동시에, 신라에 많은 수의 밀교 스님이 있었으며 밀교가 융성했다는 인식을 하고 있음을 알 수 있다. (3)을 통해서는 원림(圓琳)에게만 관심을 둘 뿐, 다른 종파에 비해서 신라의 계율 장소(章疏)에 대한 관심도가 낮았음을 엿볼 수 있다.

그리고 자세하게 자료를 정리하여 『일본불교 각 종파의 신라·고려·조선불교 인식에 관한 연구 제1권 : 일본 천태종에 보이는 해동불교 인식(日本佛敎各宗の新羅·高麗·李朝佛敎認識に關する硏究 第1卷 : 日本天台宗にみられる海東佛敎認識)』(身延山大學 東アジア佛敎硏究室, 2011)이라는 제목으로 출간하였다.

이번 발표에서는, 일본 천태종에서 수행하였지만 당시의 천태종(히에이산比叡山)이 중국 천태종의 확립자인 천태대사 지의(智顗)와 일본 천태종을 창설한 전교대사(傳敎大師) 사이초(最澄)의 입장에서 벗어났다는 이유로 일본 천태종과 결별한 니치렌(日蓮, 1222~1282)과, 니치렌을 종조(宗祖)로 형성된 일련종(日蓮宗)의 신라·고려불교 인식에 대하여, 『소화정본니치렌성인유문(昭和定本日蓮聖人遺文)』(4권)에 집성된 니치렌(日蓮)의 유문(遺文)과, 『일련종종학전서(日蓮宗宗學全書)』의 기록을 통해 엿보고자 한다.

2. 니치렌(日蓮)의 신라·고려불교 인식

『소화정본니치렌성인유문(昭和定本日蓮聖人遺文)』(4권)에 실린 니치렌의 저술과 서간 중에서,

『교기시국초(教機時國鈔)』(41세), 『성명오랑태랑전어반사(星名五郎太郎殿御返事)』(46세), 『안국론어감유래(安國論御勘由來)』(47세), 『신국왕어서(神國王御書)』(54세), 『찬시초(撰時抄)』(54세), 『고교입도전어반사(高橋入道殿御返事)』(54세), 『상행보살결요부촉구전(上行菩薩結要付屬口傳)』(54세), 『화한왕대기(和漢王代記)』(54세), 『묘밀상인어소식(妙密上人御消息)』(55세), 『보은초(報恩抄)』(55세), 『사조금오전어반사(四條金吾殿御返事)』(『고계서[告誡書]』라고도 함, 56세) 2회, 『병위지전어반사(兵衛志殿御返事)』(57세), 『부목입도전어반사(富木入道殿御返事)』(57세), 『천일니어전어반사(千日尼御前御返事)』(57세), 『본존문답초(本尊問答抄)』(57세), 『송야전후가니어전어반사(松野殿後家尼御前御返事)』(58세), 『신지전어소식(新池殿御消息)』(58세), 『중흥입도어소식(中興入道御消息)』(58세), 『법화본문종요초(法華本門宗要鈔)』(61세), 『단간(斷簡) 19』(미상), 『단간(斷簡) 284』(미상)

이상과 같이 41세 때의 저술인 『교기지국초(教機持國鈔)』부터 입적 때인 61세의 저술 『법화본문종요초(法華本門宗要鈔)』에 이르는 22개의 저술과 편지에 "불법자백제국도(佛法自百濟國渡)", 즉 "불법이 한반도의 백제에서 전래되었다"는 기록이 보인다. 주목할 만한 사실은 서간류, 즉 신도에게 보낸 편지에 그런 기록이 보인다는 점이다. 이러한 서간류를 통해 "불법은 백제국에서 전해졌다"는 사실을 니치렌 스스

로 인식하고, 또한 그러한 인식을 신도와 공유하고자 했던 의도를 엿볼 수 있다.

다음으로 니치렌의 저술과 서간류에서 "불법이 백제국에서 전해졌다"는 기록 이외에 한반도 불교에 관한 기록을 정리하여, 니치렌의 삼국·신라·고려불교 인식을 살펴보고자 한다.

(1) 저술과 서간류에 보이는 삼국·신라·고려불교에 관한 기록

니치렌의 저술과 서간류에 보이는 삼국의 승려와 고려불교에 관한 기록은 다음과 같다.

〈백제 승려〉

1) 관륵(觀勒)
   ① "관륵의 유파는 삼론·성실이다."(觀勒之流三論·成實) : 『증곡입도전허어서(曾谷入道殿許御書)』(권1, 905쪽 6줄)
   ② "그후 인왕(人王) 제37대 고토쿠천왕(孝德天王)의 치세에 **삼론종(三論宗)·성실종(成實宗)**을 고토쿠(觀勒) 승정(僧正)이 백제국(百濟國)으로부터 전하였다." : 『찬시초(撰時抄)』(권2, 1014쪽 4줄)
   ③ "『해심밀경(解深密經)』·『반야경(般若經)』을 수지한 승의생보살(勝義生菩薩)·수보리존자(須菩提尊者)·가상대사(嘉祥

大師)·현장삼장(玄奘三藏)·태종(太宗)·고종(高宗)·관륵(觀勒)·도소(道昭)·효덕천황(孝德天皇)":『찬시초(撰時抄)』(권2, 1056쪽 12줄)

④ "인왕(人王) 37대 고토쿠천황(孝德天皇)의 치세에 관륵(觀勒)승정(僧正)이라는 사람이 신라국(新羅國)으로부터 **삼론종(三論宗)·성실종(成實宗)**을 전하였다.":『묘밀상인어소식(妙密上人御消息)』(권2, 1163쪽 3줄)

⑤ "화엄종의 법장(法藏)·심상(審祥), **삼론종의 가상(嘉祥)**·관륵(觀勒), 법상종의 자은(慈恩)·도소(道昭), 율종의 도선(道宣)·감진(鑑眞) 등 중국(漢土)의 일본 원조(元祖)들의 법문은 마치 병은 바뀌어도 물은 한 가지인 것과 같다.":『보은초(報恩抄)』(권2, 1208쪽 8줄)

⑥ "혜관(慧觀)·관륵(觀勒)의 두 스님이 백제국(百濟國)에서 건너와 **삼론종**을 널리 전하였다.":『본존문답초(本尊問答抄)』(권2, 1578쪽 3줄)

⑦ "관륵 승정은 백제국 사람이다. 혜관은 고려국 사람이다."(觀勒僧正百濟國人也 惠灌高麗國人也):『일대오시계도(一代五時繼圖)』(권3, 2415쪽 8줄)

⑧ "**삼론종이 처음** 일본에 전해진 것은 34대 스이코천황(推古天皇)의 치세 때이다. 스이코천황 10년 임술년 10월에 백제 승려 관륵이 전하였다."(三論宗始渡日本三十四代推古御宇 治十年壬戌十月百濟僧觀勒渡之):『단편(斷片) 70』

2) 혜관(慧觀)

① "혜관(慧觀)·관륵(觀勒)의 두 스님이 백제국(百濟國)에서 건너와 삼론종을 널리 전하였다.": 『본존문답초(本尊問答抄)』 (권2, 1578쪽 3줄)

〈고구려 승려〉[1]

1) 혜자(惠慈)

① "(쇼토쿠태자가) 혜자(惠慈)법사에게 말하였다. '일본의 『법화경』에는 이 구절이 빠져 있습니다. …'"(謂惠慈法師日法華經中此句落字云云): 『단편(斷片)』(권4, 2966쪽 1줄)

2) 혜관(惠灌)

① "관륵 승정은 백제국 사람이다. **혜관은 고려국 사람이다.**" (觀勒僧正百濟國人也 惠灌高麗國人也): 『일대오시계도(一代五時繼圖)』(권3, 2415쪽 8줄)

〈신라 승려〉

1) 지봉(智鳳)

① "덴무(天武) 치세에 신라국의 지봉(智鳳)이 **법상종(法相宗)**을 전하였다. 제44대 겐쇼천황(元正天皇) 치세에 선무외삼장(善無畏三藏)이 『대일경(大日經)』을 전하였으나 널리 전파되지

---

1) 저자는 '고려' 라고 표기하고 있으나, 한국의 관례적 표기에 따라서 '고구려' 라고 표기하였다.(편집자 주)

는 못하였다. 쇼무(聖武) 치세에 심상대덕(審祥大德)·낭변
(朗辨) 승정(僧正) 등이 화엄종을 전하였다. 인왕(人王) 46대
고켄천황(孝謙天皇) 치세에 당(唐)의 감진화상(鑑眞和尙)이
율종과 『법화경』을 전하였다. 율은 널리 알려졌으나 법화
는 전파되지 못하였다.":『본존문답초(本尊問答抄)』(권2, 1578
쪽 3줄)

② "지봉법사는 신라국 사람이다."(智鳳法師 新羅國人):『일대
오시계도(一代五時繼圖)』(권3, 2400쪽 1줄)

③ "**(법상종 조사) 지봉**":『일대오시계도(一代五時繼圖)』(권3,
2412쪽 10줄)

2) 심상(審祥)

① "인왕(人王) 제45대에 쇼무천황(聖武天皇)의 치세에 심상대
덕(審祥大德)이 신라국으로부터 **화엄종**을 전하여, 낭변(朗
辨) 승정(僧正)·쇼무천황(聖武天王)께 바친 것을 기리어, 동
대사(東大寺) 대불(大佛)을 건립하게 하시었다.":『찬시초(撰
時抄)』(권2, 1014쪽 4줄)

② "이 경문(經文)으로 생각해 보건대,『화엄경』을 수지한 보현
보살(普賢菩薩)·해탈월보살(解脫月菩薩) 등과, 용수보살(龍
樹菩薩)·마명보살(馬鳴菩薩)·법장대사(法藏大師)·청량국
사(淸凉國師)·측천황후(則天皇后)·심상대덕(審祥大德)·양
변(良辨) 승정(僧正)·쇼무천황(聖武天皇)":『찬시초(撰時
抄)』(권2, 1056쪽 12줄)

③ "같은 황제 때에 심상대덕(審祥大德)이 **화엄종**을 전하였다."

: 『묘밀상인어소식(妙密上人御消息)』(권2, 1163쪽 5줄)

④ "**화엄종의 법장(法藏)・심상(審祥)**": 『보은초(報恩抄)』(권2, 1208쪽 8줄)

⑤ "쇼무(聖武) 치세에 심상대덕(審祥大德)・낭변(朗辨) 승정(僧正) 등이 화엄종을 전하였다.": 『본존문답초(本尊問答抄)』(권2, 1578쪽)

⑥ "심상대화상(審祥大和尙)은 대안사(大安寺)에 머물던 신라국 사람이다. 일본에 최초로 전하였다.": 『일대오시계도(一代五時繼圖)』(권3, 2407쪽 1줄)

3) 신방(神昉)

① 당토(唐土) ─┬─ 현장삼장(玄奘三藏) ─ 제자 4인 ─ 방(昉)법사
             ├─ 자은대사(慈恩大師)
             └─ 지주법사(智周法師)

: 『일대오시계도(一代五時繼圖)』(권3, 2412쪽 10줄)

〈고려불교〉

① "중국[震旦]・고려(高麗) 등은 천축(天竺)에 이은 불국(佛國)일 것이다. 그 나라들은 **선종(禪宗)・염불종(念佛宗)**이 중심이 되어 몽고에 패망해버렸다. 일본국(日本國)은 저 두 나라의 제자이다. 두 나라가 패망했는데, 어찌 이 나라가 안온(安穩)하겠는가.": 『법문가피신양지사(法門可被申樣之事)』(권1, 455쪽 1줄)

② "중국(震旦)과 고려(高麗)는 이미 **선문(禪門)과 염불(念佛)**이 중심이 되어 수호하는 선신(善神)이 떠나버린 사이에 저 몽고에 정복당해버렸습니다. 우리 조정 또한 이러한 사법(邪法)이 널리 퍼져서 천태 법화종을 경시하는 까닭에, 산문(山門)이 안온(安穩)하지 않고 스님과 단월(檀越)이 어긋나고 상반되는 나라가 되어버린다면, 십중팔구는 어찌될지 눈에 선하옵니다.":『금오전어반사(金吾殿御返事)』(권1, 458쪽 9줄)

이상과 같이 백제 승려에 관륵(觀勒)과 혜관(慧觀), 고구려 승려에 혜자(惠慈)와 혜관(惠灌), 신라 승려에 지봉(智鳳)과 심상(審祥)과 신방(神昉)의 이름을 볼 수 있다. 이런 형태의 인용은 장소(章疏)를 인용하는 것이 아니라 모두 이름을 거론하고 있을 뿐인데, 그것이 의도하는 것은 교학의 전래(傳來)이다. 백제의 관륵(觀勒)이『삼론(三論)』과『성실(成實)』을 전했다고 하며, 또 혜관(慧觀)도 일본에 삼론종을 널리 전했다고 한다. 신라 승려 지봉은 법상종을, 심상은 화엄종을 전하였으며, 각각 일본 초전(初傳)이라고 한다. 이것이 당시 일본 불교계의 인식이며, 니치렌은 그 당시의 인식을 그대로 전승한 것에 불과한데, 주목해야 할 것은 백제의 관륵의 ④, 신라 심상 ③과 같이 신도에게 보낸 서간에서도 볼 수 있다는 점이다.

고려불교에 관해서는 ①과 ②처럼, 고려를 선종과 정토종의 나라로 파악하고, 바로 이것 때문에 몽고에 패망했다고 하면서, 그러므로『법화경』만을 신앙해야 한다고 신도에게 서간으로 알려주고 있다. 고려불교에 관한 인식이 옳고 그른지는 논외로 하고, 니치렌이 의도하는 것은 분명히 드러난다.

(2) 저술과 서간류에 보이는 신라 소(疏)의 인용

니치렌의 저술과 서간류에 보이는 신라 장소(章疏)의 인용은, 다음과 같이 원효(元曉), 의적(義寂), 태현(太賢)의 세 스님으로 한정되어 있다.

1) 원효(元曉)
① "『화엄경』이 『법화경』보다 뛰어나다고 말하는 자에게는 반박하여 물을 것. 화엄종 신분이시라면 화엄종 조사들을 틀림없이 모두 이용하시겠습니다, 하고 묻고, 만약 완전히 그렇지는 못한다고 말하면, 그러면 당신은 조사의 뜻과 위배되시는 것입니다, 라고 질책할 것. 그 연고는 화엄종 조사 법장법사(法藏法師)는 천태 의리(義理)에 의해 『화엄의(華嚴義)』등 23권을 만들었다. 또한 혜원법사(惠苑法師)는 천태 의리에 영향을 받았으며, 또한 이통법사(李通法師)는 천태의 계위(階位)를 판별하여 화엄의 『회석(會釋)』을 지었으니 이것이 14권이다. 징관법사(澄觀法師)는 천태의 의리를 판별하여 원만(圓滿)을 다하였다. **원효법사(元曉法師)**는 천태의 덕을 찬탄하여 모든 교학의 시기를 논증하였다. 이들 조사가 세운 의리를 지금의 화엄종 등 각각이 그대로 계승하여 법문을 설하고 있는 것이다.": 『만법일여초(萬法一如鈔)』(권 3, 2195쪽 6줄)
② **"신라 화엄종 사문 원효는** 천태의 덕을 찬탄하여 모든 교학

의 시기를 논증하였다. 그의 『열반종요(涅槃宗要)』 마지막에 말하였다. '또 예를 들면, 수나라 때 천태지자(天台智者)가 신인(神人)에게 묻기를, 북방에서 세운 네 가지 종(宗)은 경의 뜻에 맞는가, 라고 하자 신인이 답하기를, 잃은 것이 많고 얻은 것이 적다고 하였다. 또 묻기를, 성실론(成實論) 스님들이 5시교를 세운 것은 부처님 뜻에 맞는가, 라고 하자 신인이 답하기를, 네 가지 종보다는 조금 낫지만 그래도 잘못이 많다고 하였다. 그런데 천태지자는 선정과 지혜에 모두 통하여 온 세상이 소중히 여기고 범부와 성인이 헤아리기 어려운 스님이다. 그러므로 부처님의 뜻은 깊고 멀어 무한한데도, 네 가지 종으로써 경의 종지를 분류하고 5시로써 부처님의 뜻을 한정하려 하였으니, 이것은 마치 술잔으로 바닷물을 재려고 하고 대통으로 하늘을 엿보는 것과 같을 뿐임을 알라. 교의 자취가 얕고 깊음을 대략 판별한 것은 이상과 같다.'"(新羅國花嚴宗沙門元曉. 讚天台德證諸宗敎時. 其涅槃宗要末云. 又如隋時天台智者. 問神人言. 北立四宗. 會經意不. 神人答言. 失多得少. 又問. 成實論師立五時敎. 稱佛意不. 神人答曰. 小勝四宗猶多過失. 然天台智者. 禪惠俱通. 擧世所重. 凡聖難測. 是知佛意深遠无限. 而欲以四宗科於經旨. 亦以五時限於佛意. 是猶以螺酌海. 用管闚天者耳. 敎迹淺深. 略判如是.): 『정본주법화경(定本注法華經)』 602

③ "전해오는 일승은 모두 천태의 교의에 의지하니 거친 음식의 맛과는 같지 않다. 그 교의를 알고자 한다면 지엄삼장(智儼三藏)의 『화엄문답(華嚴問答)』, 역경에 참여했던 현수

(賢首)의 『탐현사기(探玄師記)』, **신라 원효의 『열반종요(涅槃宗要)』**, 대당나라 일행(一行) 아사리(阿闍梨)의 『자나경소(遮那經疏)』 등을 열람해 볼 일이다. 이와 같은 종파는 천태에 의지하고 있으며 그 의지한 대로 설법을 모은 것이다."(所傳一乘皆付天台義. 不同蠱食義. 若欲知義. 可覽智儼三藏花嚴問答・翻經賢首探玄師記・**新羅元曉涅槃宗要**・大唐一行阿闍梨遮那經疏等. 如是等宗依憑天台. 如依憑集說):『정본주법화경(定本注法華經)』618

④ "『수호국계장(守護國界章)』 하(下)의 상권에서 말하였다. '결정된 종성이나 결정되지 않은 종성이나 모두 성불한다고 말하면 어리석은 사람이라면, 석가 비로자나부처님, 다보여래, 천친보살(天親菩薩), 견의보살(堅意菩薩), 진제삼장(眞諦三藏), 일조삼장(日照三藏), 실차난타삼장(實叉難陀三藏), 중현삼장(衆賢三藏), 지엄삼장(智儼三藏), 보리유지삼장(菩提流支三藏), 금강지삼장(金剛智三藏), 선무외삼장(善無畏三藏), 불공삼장(不空三藏), 반야삼장(般若三藏), 축도생(竺道生), 남악(南岳), 천태(天台), 두순(杜順), 법보(法寶), 영윤(靈潤), 관정(灌頂), 이보(利涉), 지위(智威), 혜위(惠威), 법장(法藏), **원효(元曉)**, 혜원(惠苑), 통현(通玄), 징관(澄觀) 등이 모두 한 소리로 말하기를, 결정된 종성이나 결정되지 않은 종성이나 모두 성불한다고 하였으니, 어찌 어리석은 사람이라 하겠는가.'"(守下上云. 若言定・不定姓皆悉成佛者是愚夫者. 釋迦毘盧遮那佛・多寶・天親菩薩・堅意菩薩・眞諦三藏・日照〻〻[三藏]・實叉難陀〻〻・衆賢〻〻・智儼三藏・流志三藏・金剛智三

藏・无畏三藏・不空三藏・般若三藏・竺道生・南岳・天台・杜順・法寶・靈潤・灌頂・利渉・智威・惠威・法藏・**元曉**・惠苑・通玄・澄觀等. 皆俱同云定曧闇露炬睍頹・豈可愚夫） : 『정본주법화경(定本注法華經)』634

2) 의적(義寂)

① "**의적스님**이 말하였다. '장주(章主)께서 말하기를, 그들이 바라는 마음을 따라 방편으로 오직 일승만 있고 2승은 없다고 설한다고 하였다.'"(**義寂師云**. 章主云. 隨彼意欲. 而方便說唯有一乘. 無有二乘.) : 『정본주법화경(定本注法華經)』203

② "**또 말하였다.** '일승을 설한 것은 다른 무리들의 생각과 말을 따라 그들이 하나만 들어야 함을 나타낸 것이니, 그러므로 이것은 방편설이요 진실이 아닌 것이다.'"(**又云**. 顯說一乘者隨他意語. 彼宜一聞. 故是方便說. 非爲眞實.) : 『정본주법화경(定本注法華經)』203

3) 태현(太賢)

① "『고적기[古釋]』에서 말하였다. '육친(六親)은 아버지, 어머니, 큰아버지, 작은 아버지, 형, 동생의 여섯을 말한다.'"(**古釋**云. 言六親者. 父・母・伯・叔・兄・弟爲六） : 『정본주법화경(定本注法華經)』152

② "**태현스님**이 말하였다. '나라의 황제 등은 계를 지니든 지니지 않든 모두가 출가의 공덕만 못하니, 출가자가 만일 재가자에게 예를 하면 재가자는 곧 무량한 죄를 얻는다.'"(**太賢師**云. 國皇等. 有戒无戒一切不如出家功德. 出家若禮在家. 在家

即得無量罪.)∶『정본주법화경(定本注法華經)』529 하

③ "태현스님이『열반경고적기(涅槃經古迹記)』에서 말하였다. '따로『소유교경(小遺教經)』1권이 있다. ○또한『대유교경(大遺教經)』이 있으니 사위국에서 설하신 것이다.'"(大賢師涅槃古迹云. 別有小遺教經一卷. ○復有大遺教. 在舍衛國說也.)∶『정본주법화경(定本注法華經)』589

④ "태현이『범망경고적기(梵網經古迹記)』에서 말하였다. '비록 탐욕에 물들었더라도 대승의 마음이 없어지지 않으면 무여범(無餘犯, 바라이죄)이 없으므로 범함이 없다고 이름한다.' 2승의 계는 보살의 파계로 나아가게 함을 말하고 있다."(太賢古迹云雖貪所汗大心不盡無無余犯故名無犯文. 二乘戒趣菩薩破戒申也.)∶『일대성교대의(一代聖敎大意)』1-63-14

* 『주법화경(注法華經)』의 저본은 야마나카 기하이치(山中喜八) 편,『정본주법화경(定本注法華經)』, 법장관(法藏館)

  원효(元曉)의 장소(章疏)를 인용하고 있는 것에 관해서는, ②와 ③은 사이초의『의빙천태집(依憑天台集)』에서, ④는 사이초의『수호국계장(守護國界章)』에서 재인용하고 있으며, ①은 ②나 ③과 같은 계통의 것이다. 의적(義寂)을 인용하고 있는 내용은 두 가지 모두 겐신(源信, 942~1017)의『일조요결(一條要決)』에서 재인용하고 있다. 니치렌이 독자적으로 원효의 장소(章疏)나 의적의 장소를 펴보았다는 흔적은 찾아볼 수 없다. 다만 태현(太賢)을 인용하고 있는 것에 관해서는, ①과 ②와 ④는 태현의『범망경고적기(梵網經古迹記)』의 인용이고, ③은 태현의『열반경고적기(涅槃經古迹記)』(현존하지 않음)의 인용이다.『열반경고적기(涅槃經古迹記)』를 인용한 문장은 쇼신(證眞, 1165-1207)의 『법화소사기(法華疏私記)』에서도 볼 수 있기 때문에 니치렌이 『법화소사기(法華疏私記)』를 참조하였을 가능성도 있지만, 『범망경고적기(梵網經古迹記)』를 인용한 문장은 니치렌 이전의 천태종 스님들 장소(章疏) 어디에서도 볼 수 없는 것이어서 니치렌이 독자적으로 『범망경고적기(梵網經古迹記)』를 손에 넣었을 가능성도 생각할 수 있다.

3. 일련종(日蓮宗) 스님들의 신라·고려불교 인식

『일련종종학전서(日蓮宗宗學全書)』에 전하는 니치렌 문하 스님들의 저술들 중에서 "불법자백제국도(佛法自百濟國渡)"라고 분명히 밝히고 있는 것은 다음 네 스님의 4부 저술 뿐이다.

① 닛코(日向, 1253~1314)『금강집(金綱集)』
② 닛신(日進, 1271~1334)『파정토의론법화정의(破淨土義論法華正儀)』
③ 닛포(日法, 1252~1341)『성인지어법문청문분집(聖人之御法門聽聞分集)』
④ 닛쵸(日朝, , 1422~1500)『어서견문집(御書見聞集)』에 수록된「안국론사초(安國論私抄)」,「개목초사견문(開目抄私見聞)」,「찬시초사견문(撰時抄私見聞)」,「보은초사견문(報恩抄私見聞)」,「신국왕초사견문(神國王鈔私見聞)」,「간효팔번사사견문(諫曉八幡事私見聞)」,「약팔번초사(略八幡鈔事)」

이렇게 수가 적은 것은, 니치렌은 신도에 대한 교육까지도 목표로 하고 있던 단계였지만, 문하 스님들은 니치렌 입멸 후의 교단 확립과 교학 강화를 목표로 하는 단계였다는 그 차이때문에 생긴 결과라고 생각한다.

다음으로 니치렌 이후의 일련종 스님들의 저술 중에서, 신라·고려 스님들의 이름과 문장을 인용하고 있는 것은 다음 네 스님의 6부 저술이다.

〈닛코(日向, 1253~1314)〉

○『금강집(金綱集)』

1) 지봉(智鳳)

① "**법상종이 서로 전하는 모습은 두 가지**이니, 석존(釋尊), 자존(慈尊), 무착(無著), 호법(護法), 계현(戒賢), 현장(玄奘), 신라(新羅) 지봉(智鳳), 의연(義淵) 승정(僧正) …"(**法相宗相傳有二樣**, 釋尊, 慈尊, 無著, 護法, 戒賢, 玄奘, 新羅智鳳, 義淵僧正 [以下略]) : 14-350

② "인왕(人王) 40대 덴무천황(天武天皇) 치세에 신라국 지봉법사가 **법상종**을 전하였다."(人王四十代天武天皇御宇新羅國智鳳法師渡**法相宗**) : 14-353

③ "(현장) 삼장이 동쪽으로 돌아온 후에 유식을 번역하는 자리에는 홀로 규기법사가 필수(筆授)가 되어 삼장이 강론한 것을 이어받아『유식소(唯識疏)』(『성유식론술기[成唯識論述記]』)

를 짓고, 혜소와 지주가 이어받아 『성유식론요의등(成唯識論了義燈)』과 『성유식론연비(成唯識論演秘)』를 지었으며, **신라의 지봉이 우리나라의 의연에게 전하고**, 도소와 행하 등이 배워서 우리나라에 널리 전파하여 그 후로 스승과 제자 사이에 전하여서 지금까지 끊이지 않았다."(三藏歸東之後, 唯識翻譯庭獨基法師爲筆授, 三藏之講ヲ承テ唯識之疏ヲ造, 惠沼, 智周相承シテ義燈ヲ作リ演秘ヲ製ス, **新羅之智鳳我朝之義淵傳**, 道昭行賀等學弘此國其後師資相承, 相傳于今不絶也.) : 14-363

2) 신방(神昉)

① "(현장) 삼장에게는 네 사람의 제자가 있었으니, 첫째는 **신방법사**, 둘째는 가상법사, 셋째는 보광법사, 넷째는 규기법사이다."(三藏有四人弟子, 一者**昉法師**, 二者尙法師, 三者光法師, 四者基法師也.) : 13-210

② "현장삼장이 이 법문을 전해와서 당나라에 널리 퍼뜨렸다. 당시 삼천의 제자가 있었는데 그중에 70인이 뛰어났으며 그중에 네 사람이 통달하였으니, 말하자면 신방법사, 가상법사, 규기법사, 보광법사가 그들이다. … **필수는 신방법사였다.** … 신방법사가 붓을 던지고 더 이상 쓰지 않자 현장이 그 뜻을 물었다. 신방이 말하기를, 천축의 논서에는 이 문장이 있을 리가 없다고 하였다. … 신방법사가 제자이면서도 월씨국에 들어가지 않은 연유는 이와 같다."(玄奘三藏相傳此法門弘通唐土, 于時有三千人之弟子, 其中七十人長者有之, 其中四人達者, 所謂昉法師, 尙法師, 基法師, 光法師是也(略), **筆**

授者肪法師也(略), 肪法師投筆不書, 玄奘意ヲ問, 肪云天竺之論此文不可有(略), 肪法師者弟子不入月氏然如是.)：14-352~353

3) 원효(元曉)

① "**신라국 화엄종 사문 원효는** 천태의 덕을 찬탄하여 모든 교학의 시기를 논증하였다. 그의 『열반종요(涅槃宗要)』 마지막에 말하였다. '또 예를 들면, 수나라 때 천태지자(天台智者)가 신인(神人)에게 묻기를, 북방에서 세운 네 가지 종(宗)은 경의 뜻에 맞는가, 라고 하자 신인이 답하기를, 잃은 것이 많고 얻은 것이 적다고 하였다. 또 묻기를, 성실론(成實論) 스님들이 5시교를 세운 것은 부처님 뜻에 맞는가, 라고 하자 신인이 답하기를, 네 가지 종보다는 조금 낫지만 그래도 잘못이 많다고 하였다.'"(**新羅國華嚴宗沙門元曉**, 讚天台德證諸宗敎時, 其涅槃宗要末云, 又如隋時天台智者, 問神人言, 北土四宗會經意不, 神人答言, 失多得少, 又問. 成實論師立五時教, 稱佛意不, 神人答曰, 小勝四宗猶多過失.)：13-52

② "법장스님에게 제자가 있었으니 이름이 혜원이었다. 또 신라국 **원효법사**도 마찬가지로 이 종파를 전하였지만 지금 우리나라 화엄종의 모든 대덕들은 대부분 법장스님의 뒤를 잇고 있다. 만일 어떤 사람이 화엄을 배우다가 10현 6상의 법계원융관을 증험하기 어려우면, 화엄종 스님인 원효를 본받아 『유심안락도』에 의지하여 왕생정토문에 들어가는 것도 괜찮다."(藏師有弟子名惠苑, 又新羅國**元曉法師**同傳此宗, 而今本朝華嚴宗諸大德, 多承法藏師之後也, 若人學華嚴, 難證十玄六相法界圓融之觀者, 慣自宗祖師元曉, 而依遊心安道可入往生

淨土一門也.) : 13-207

4) 월융(月融)

① "이 석론은 중국에서 찬술된 논서이므로 세상에서 널리 쓰이지 않았다. 자각(慈覺) 엔닌(圓仁)스님이 당나라에 입국하여 법을 전해오실 때도 범본도 아니고 한역된 것도 아닌 논서라고 하셨다. … 드러난 문장과 방편의 가르침의 뜻을 논해보면 함부로 용수(龍樹)의 뜻을 거스리고 있다. 이것은 백제국의 **월융(月融)**이 한 말처럼 '선종이 아는 것도 많고 들은 것도 많아서 재치가 남아돌아 만든 것이다.'라고 하겠다. 『개원석교록(開元釋敎錄)』과 『대주간정중경목록(大周刊定衆經目錄)』의 두 목록에 실려 있기는 하지만 문장의 시작과 끝의 의미를 논해보면 거듭 (부처님) 40여 년의 방편의 가르침을 상승의 가르침과 같다고 하고 있으니 믿고 쓸 수 없다. 부처님의 경전도 곧장 가리키고 방편을 버리는데 더욱이 보살이 지은 논서일 것이며 사람의 것이겠는가. 간사하게 왜곡하고 꾸미는 것이니 가려낼 만한 것은 무엇을 덧붙이겠는가."(此釋論ハ僞論也. 世上ニ普不用之. 慈覺入唐ノ相傳. 非梵非漢ノ論也トハ云云. 論現文倂權敎之意也, 敢非龍樹意, 是ハ百濟國ニ月融ト云禪宗廣學多聞ニシテ才覺ノ餘作之, 正雖載開定兩錄, 論文始終意, 更四十餘年權敎同上, 不可信用之, 佛經尙正直捨權也, 況菩薩之論耶, 況人師耶, 奸曲謀何加料簡耶.) : 14-316

5) 의적(義寂)

① "**의적스님**이 말하기를, '그들이 바라는 마음을 따라 방편으로 오직 일승만 있고 2승은 없다고 설한다.' 는 문장의 의도는, 일승을 설한 것은 다른 무리들의 생각과 말을 따라 그들이 하나만 들어야 함을 나타낸 것이니, 그러므로 이것은 방편설이요 진실이 아닌 것이라고 하였다."(**義寂師**云, 隨彼意欲, 而方便說, 唯有一乘無有二乘, 此文意欲說一乘者, 隨他意語, 彼宜一聞故, 是方便說非爲眞實等.) : 14-358

6) 둔륜(遁倫)

① "**둔륜스님**이 『유가론소』 제13권에서 말하였다. 내가 서방에 있을 때 이미 『능가경』 범본의 본문도 같음을 보았다. 서방의 대덕들도 이런 의미를 인정하여, 『능가경』은 다섯 번째로 불성이 없는 유정을 말하는 것이 아니라 불종성을 가진 유정 중에 두 가지 일천제가 있음을 설한 것이라고 하였다.'"(**倫法師**瑜伽論疏第十三云, 余在西方時, 已看楞伽梵本本文亦同, 西方大德許此義云, 楞伽不說第五無性有情, 但說有佛種中二種闡提.) : 14-400

7) 의림(義林)·현초(玄超)

① "양계만다라의 전승 모습. 선무외삼장(善無畏三藏)→동사→**현초**→혜과→공해→천태→**의림**→순효"(兩界相承樣 善無畏三藏→東寺→**玄超**→慧果→空海→天台→**義林**→順曉) : 13-236

○ 『금강집별권(金綱集別卷)』

1) 의림(義林)·현초(玄超)
   ① "태장계만다라(胎藏界曼茶羅)–의림(義林)·현초(玄超)" : 14-516

○ 『금강집부록(金綱集附錄)』

1) 관륵(觀勒)·지봉(智鳳)
   ① "관륵 승정이 삼론종과 성실종을 전하여 쇼토쿠태자께 바쳤다. 덴무천황(天武天皇) 치세에 지봉법사가 법상종과 구사종을 전하였다."(觀勒僧正三論宗成實宗渡テ奉授聖德太子, 天武天皇御宇智鳳法師法相宗俱舍宗渡.) : 14-618

2) 심상(審祥)
   ① "쇼무천황(聖武天皇) 치세에 심상대덕이 화엄종을 전하고 동대사(東大寺)를 세웠다."(聖武天皇御宇審祥大德渡華嚴宗置東大寺) : 14-618

3) 월융(月融)
   ① "『기신론』은 마명보살이 지었고 덧붙여 이 논서의 『석론』 10권을 용수보살이 지었다고 하는데 자세하지 않은 것들이 많다. 논서 100부는 대승의 찬술로 나온 것이니 말하자면

『화엄경』, 『능가경』, 『유마경』, 『수다라요의경』 등의 용궁본이 이런 연유 때문에 곧 널리 전하게 되었다. 자각(慈覺) 엔닌(圓仁)스님이 당나라에 입국하여 법을 전해오실 때 백제국의 **월융**이 말하였다. '선종이 아는 것도 많고 들은 것도 많아서 재치가 남아돌아 만든 것이다.'"(起信論馬鳴菩薩造, 付是論釋論十卷龍樹造云不審多瑞, 是論百部大乘撰出, 謂華嚴楞伽維摩修多羅了義經等龍宮本依由雖弘, 慈覺大師入唐相傳百濟國月融云禪宗廣學多聞才覺餘作之.) : 14-590

〈닛쵸(日朝, 1422~1500)〉

○ 『어서견문집(御書見聞集)』의 「안국론사초(安國論私抄)」

1) 일라(日羅)

① "백제국 일라상인이 우리 나라에 와서 쇼토쿠태자에게 예배하고 말하였다. '세상을 구제하시는 관세음보살님께 예경하오니 법등(法燈)을 전해받으신 동방의 작은 나라 왕께서는 서방에서 오시어 탄생하셔서 묘법을 연설하시어 중생을 제도해주소서.'"(百濟國日羅上人吾朝來聖德太子拜曰敬禮救世觀世音, 傳燈東方粟散王, 從於西方來誕生, 演說妙法度衆生.) : 15-52

○ 『어서견문집』의 「찬시초사견문(撰時抄私見聞)」

1) 원효(元曉)
  ① "『현계론』 권하에 '『범망경지범요기』를 삼가 살펴보면 …' 이라고 하였다."(顯戒論下云謹案梵網經持犯要記云[以下略]) : 15-428

2) 의적(義寂)
  ① "의적스님이 말하였다. '우루벨라가섭과 500 제자, 가야가섭과 300, 나디가섭과 200.'"(寂師云優留頻螺五百弟子, 伽耶三百, 那提二百) : 15-367

3) 태현(太賢)
  ① "무릇 이 경전을 주석한 스님이 많지만 천태스님 이전에는 주석이 없었다. 의적과 태현 등이 모두 후대 스님이다. 그렇다면 천태스님의 『의기(義記)』가 『범망경』의 근본 주석서라고 할 만하다."(凡釋彼經人師雖多之天台以前釋無之, 義寂大賢等皆是後代人師也, サレバ以天台義記可爲梵網本疏者也.) : 15-382

4) 불가사의(不可思議)
  ① "제7권 공양법에는 불가사의 법사라는 사람의 2권 『소』가 있다."(第七供養法卷ニハ不思議法師ト云人ノ二卷疏有之) : 15-409

○ 『어서견문집』의 「보은초사견문(報恩抄私見聞)」

1) 심상 : 16-27, 28에 이름만 나옴

2) 지봉 : 16-31에 이름만 나옴

3) 서명사(西明寺) 원측사(測法師) : 16-53에 이름만 나옴

○ 『어서견문집』의 「피안초견문(彼岸鈔見聞)」

1) 태현
   ① "『고적기』에서 말하였다. '북병주(北幷洲)는 『소』에서 말하기를 ….'"(古迹云. 北幷洲, 疏云[以下略]) : 17-72~73

○ 『어서견문집』의 「신국왕초사견문(神國王鈔私見聞)」

1) 혜관(慧灌) : 17-132에 이름만 나옴

2) 지봉 : 17-132에 이름만 나옴

3) 심상 : 17-134에 이름만 나옴

○ 『어서견문집』의 「현방법초사견문(顯謗法鈔私見聞)」

1) 원측(圓測)
   ① "『수호국계장(守護國界章)』 상(上)의 상권에서 말하였다.

'… 원측법사의 『해심밀경기』의 종취 가운데에서 가르침을 가려내고 판별하여 분명하게 서술하는 부분에서 말하였다.'"(守章上之上云[略], **測法師解深密記**, 宗趣中敍淸辨判敎云[以下略]) : 17-206

○ 『어서견문집』의 「일대성교대의초견문(一代聖敎大意鈔見聞)」

1) 신방
① "현장에게 신방, 가상, 보광, 규기라는 네 사람의 우수한 제자가 있다."(玄奘ニ昉尙光基ト云テ四人ノ上足アリ) : 17-375

〈닛신(日辰, 1508~76)〉

○ 『개적현본법화이론의득의초(開迹顯本法華二論義得意鈔)』

1) 태현
① "**태현의 『범망경고적기』** 하권에서 기꺼이 하는 것을 제1 살생계라고 해석하고, 이어서 제10 삼보를 비방하는 계는 『고적기』에서 삼보를 훼손하고 비방하는 것이라고 해석한다."(太賢梵網古迹記下卷快意殺生戒第一ト釋セリ, 乃至第十謗三寶戒也, 古迹毀謗三寶戒ト釋セリ.) : 3-186

2) 제관(諦觀)
① "제관의 『천태사교의』에서 말하였다. '삼아승지겁 동안 육

바라밀행을 닦고 백겁 동안 수행하여 좋은 모습을 심어야 한다. 삼아승지겁이란 우선 석가모니께서 보살도를 닦으실 때에 맞추어 한도를 논하는 것을 말한다. 옛 석가로부터 시기불(尸棄佛)에 이르기까지 7만 5천의 부처님을 만나는 기간을 첫 아승지라 한다. 이로부터 항상 여인의 몸을 벗어난다.'"(**諦觀四教儀**云. 於三阿僧祇劫修六度行百劫種相好, 言三阿僧祇劫者且約釋迦修菩薩道時論分限者, 從古釋迦至尸棄佛值七萬五千佛名初阿僧祇, 從此常離女身.) : 3-193

〈닛코(日講, 1626~98)〉

○ 『파조서론(破鳥鼠論)』

1) 태현

① "**태현스님**의 『**고적기**』에서 말하였다. '부모와 처자를 공양하여 ….'"(**太賢師古迹**云, 供養父母妻子云云.) : 12-133

② "『**고적기**』에서 말하였다. '단월의 공양을 받지 않는다는 것은 스스로 죄를 늘어나게 할 뿐만 아니라 다른 이의 복을 줄어들게 하기 때문에 국왕의 물을 마시지 못하는 자는 출가하여 부역을 피하더라도 복전이 아니다.'"(**古迹**云, 言不受檀越供養者非但自增罪, 於他損福故, 不得飲國王水者出家避役而非福田.) : 12-153

③ "『**고적기**』의 '부모와 처자를 공양함'이라는 문장을 인용하여 이것은 은전(恩田)과 비전(悲田)의 두 가지 복전에 통한

다고 하였다."(古迹ノ供養父母妻子ノ文ヲ引テ, 是ハ恩非二田ニ
通ズト云ヘリ.) : 12-161

닛코(日向)의 『금강집(金綱集)』은 닛코가 니치렌에게 들은 내용을 토대로, 여러 종파를 논파하려는 목적으로 구사(俱舍)・성실(成實)・율(律)・삼론(三論)・법상(法相)・화엄(華嚴)・진언(眞言)・선(禪) 등 각 종파의 소의경론, 사자상승(師資相承), 교의 등 여러 종파의 개요를 기록한 것이다. 니치렌과 비교했을 때 다른 종파에 관한 내용이 더 상세해졌으며, 따라서 신라 스님의 인용도 니치렌의 저술에서는 보이지 않는 월융(月融)・둔륜(遁倫)・의림(義林)・현초(玄超) 등 여러 스님의 이름을 인용하고 있다. 닛코 저술의 목적은 천태 교단의 확립이다. 그러므로 모든 것을 망라하고, 그 위에 천태 교단의 존재 의의를 드러낼 필요가 있었을 것이다. 니치렌의 저술에서 한국 스님을 인용하고 있는 예는 『주법화경(注法華經)』에서 인용하고 있는 '원효 ①'과 '의적 ①' 뿐이지만, 닛코가 『금강집(金剛集)』에서 인용하고 있는 '의림・현초 ①'이나 『금강집별권(金剛集別卷)』에서 인용하고 있는 '의림・현초 ①'은 엔친(圓珍, 814-91)의 『태금혈맥도(胎金血脈圖)』에서 인용한 내용이고, 다른 기록 역시 다양한 종파의 여러 스님들의 장소(章疏)를 참조하면서 독자적으로 구성하고 있다. 『석마하연론(釋摩訶衍論)』의 저자로 추정하고 있는 월충(月忠)을 월융(月融)이라고 하는 등 특이한 기술도 보인다.

하지만 니치렌 입멸 후에 천태 교단이 안정되는 시기가 되자, 닛쵸(日朝)・닛신(日辰)・닛코(日講)의 세 스님의 저술 목적이 니치렌이

---

2) 원문은 비전(非田)으로 되어 있으나 내용상 비전(悲田)으로 보인다.(편집자주)

나 닛코와는 달리 천태교학 강화를 목적으로 한다. 인용 면에서도 다른 종파의 여러 스님들 장소(章疏)를 재인용하는 것이 아니라, 신라·고려의 장소(章疏)를 인용할 때는 실제로 자료를 찾아 열람하는 자세를 보이고 있다. 특히 주목할 것은 원효·의적·태현의 장소(章疏)이다.

4. 일련종(日蓮宗)의 한반도 불교 인식의 특징과 앞으로의 과제

〈특징〉

① 한반도 스님들의 『법화경』 관계 장소(章疏)에 대한 관심이 희박함.
② 한반도 종파에 대한 관심 — 니치렌과 그 이후 스님과의 차이점. 즉 니치렌 이후는 교단 강화와 교학 강화를 목적으로 함.
③ 일부 신라 스님의 중용.

〈과제〉

① 『일련종종학전서(日蓮宗宗學全書)』 → 각 스님의 전집 정리.
② 일련종 각 유파별 정리 → 교학사(敎學史)적 정리.
③ 미노부문고의 재정리.

【참고문헌 및 약호】

 대승불교 법사(法師, dharmabhāṇaka)의 종교적 위상에 대한 소고
―『팔천송반야경』과 『법화경』을 중심으로―

| 1차문헌 |

Pāli Source
SN   *Saṃyutta-Nikāya*, PTS (M.L. Feer), 1884~1904. Rep. 1960~1976.

Sanskrit Sources
AS   *Aṣṭasahāsrikā Prajñāpāramitā*, ed. By P.L. Vaidya, Buddhist Sanskrit Texts4, Darbhanga, 1960.
SP   *Saddharmapuṇḍrīka*, ed. by H. Kern and B. Nanjio(Bibliotheca Buddhica X), St. Pétersbourg, 1908~1912. reprinted in Osnabrück, 1970, in Tokyo, 1977.
SP(W) *Saddharmapuṇḍarikasūtra*, U. Wogihara and C. Tsuchida ed. Tokyo: Sankibo Buddhist Book Store, 1958.
SP(V) *Saddharmapuṇḍarikasūtra*, ed. By P.L. Vaidya, Buddhist Sanskrit Texts6, Darbhanga, 1960.

Chinese Sources
T: 大正新脩大藏經
『대품반야바라밀다경』, T6.
『소품반야바라밀경』, T8.
『마하반야바라밀경』, T8.
『묘법연화경』, T9.
『정법화경』, T9.

『대반열반경(남본)』, T12
『대지도론』, T25.
『법화문구』, T34.

| 2차문헌 |

김형준 역(2003). 『팔천송반야바라밀다경』(Aṣṭasahasrikā Prajñāpāramitā), 담마아카데미.

권오민

    2009 「佛說과 非佛說」, 『문학/사학/철학』 제17호, pp. 118~183.

    2010 「鳩摩羅設摩의 '文頌'과 扇帙略의 '論門' 散考」, 『불교학리뷰』 제8호, pp. 107~165.

히라카와 아키라 외 6명(2001). 『대승불교 개설』, 정승석 역, 김영사.

히라카와 아키라(2002). 『비구니계의 연구 Ⅰ』, 釋慧能 옮김. 민족사.

스즈타니 마사오 · 스구로 신죠(2008). 『대승불교: 새로운 민중불교의 탄생』, 문을식 역, 여래, [靜谷正雄 · 勝呂信靜執筆(1973). 『大乘佛敎 新しい民衆佛敎の誕生』, 佼成出版社.]

조성택(2012). 『불교와 불교학: 불교의 역사적 이해』, 돌배개.

차차석

    1993 「法華經의 法師(dharma-bhāṇaka)에 대한 考察」, 『韓國佛敎學』 제18집, pp. 305~327.

    2005 『법화사상론』, 운주사.

    2010 「『법화경』의 사상적 계보(系譜)에 대한 고찰(2010)」, 『종교연구』 제59집, pp. 159~180.

최기표(2002). 「법화경 해석에 있어서 몇 가지 문제」, 『불교학연구』 제4호, pp. 151~170.

쓰카모토 게이쇼(2010). 『법화경의 성립과 배경: 인도문화와 대승불교』, 이정수 역, 운주사. [塚本啓祥(1986). 法華經の成立と背景: インド文化と大乘佛敎, 佼成出版社.]

다무라 요시로 外(1994). 『천태법화의 사상』, 이영자 옮김, 민족사.
平川 彰(1989). 『初期大乘佛敎と法華思想』, 春秋社.
平川 彰 外8名(1990), 『講座・大乘佛敎 4-法華思想』, 春秋社.
藤近惠市(2001). 「『八千頌般若經』のダルマバーナカについて」, 『印度學佛敎
    學硏究』49-2. pp. 279~283.
金倉圓照編(1970). 『法華經の成立と展開』, 平樂寺書店.
辛嶋靜志(2005). 「初期大乘經典は誰が作ったか: 阿蘭若住比丘と村住比丘の
    對立」, 『佛敎大學總合硏究紀要別冊』, 2005(2), pp. 45~70.
刈谷定彦(1983). 『法華經一佛乘の硏究』, 東方出版.
河村孝照(1988). 「法華經法師品の敎說と般若經」, 『印度學佛敎學硏究』36-2,
    pp. 793~800.
三友量順(1975). 「法華經に於ける受持について」, 『印度學佛敎學硏究』24-1.
    pp. 190~195.
松濤誠廉 外 2名(2001). 『法華經 I・II』, 中央公論新社.
松本史朗(2010). 『法華經思想論』, 大藏出版.
村上眞完(2004). 「大乘佛敎の起源」, 『インド學チベット學硏究』7/8. pp. 1-32.
靜谷正雄
    1954 「法師(dharmabhanaka)について: 初期大乘輕典の作者に關する
    試論-」, 『印度學佛敎學硏究』3-1, pp.131-132.
    1957 「初期の大乘敎團について」, 『印度學佛敎學硏究』5-2, pp. 101-
    109.
坂本幸男・岩本裕 譯(1965). 『法華經上・中・下』, 岩波書店.
下田正弘
    1997 『涅槃經の硏究: 大乘經典の硏究方法試論』, 春秋社.
    2012 「第二章 經典を創出する: 大乘世界の出現」『シリーズ大乘佛
    敎第二卷』, 春秋社.
高崎直道(1986), 「第二章 大乘經典發達史」『講座・大乘佛敎』, 春秋社.
荻原雲來(1964~1974), 『漢譯對照梵和大辭典』, 鈴木學術財團.
Yuyama, Akira(1970). *A Bibliography of the Skt. Text of the Saddharma-*

Puṇḍrīka, Australian National University Press, Canberra.
Conze, Edward.
　　　1978 *The prajñāpāramitā Literture*, Tokyo, The Reiyukai.
　　　1995 *Perfection of Wisdom in Eight Thousand Lines & Its Verse Summary*, Four Seasons Foundation.
Ejima(江島惠敎) and others(1993). *Index to the Saddharmapuṇḍarīkasūtra-Sanskrit, Tibetan, Chinese*, Tokyo, The Reiyukai.
Lamotte, Etienne(1998). *History Of Indian Buddhism*, Tr. by Sara Webb-Boin, Peeters Press Louvain-Paris.
Harrison, Paul(1978). "Buddhānusmṛti in the Pratyutpannabuddhasaṃmukhāvasthita-samādhi-sūtra" In Buddhism III, ed. By P. Williams. pp. 84~107.
H. Kern(1963). *The Saddharma-Puṇḍrīka or the Lotus of the True Law*, tr. by H. KERN, Oxford 1909. (Sacred Books of the East, Vol. ⅩⅩⅠ). Reprint, Dover Publications, Inc. New York.
Karashima, Seishi(辛嶋靜志)
　　　1998 『正法華經詞典』, *A Glossary of Dharmaraksa's Translation of the Lotus Sutra*, Soka Univ.
　　　2001 『妙法華經詞典』, *A Glossary of Kumārajīva's Translation of the Lotus Sutra*, Soka Univ.
Macqueen, Graeme(1978). "Inspired speech in early Mahayana Buddhism" In Buddhism III ed. By P. Williams. pp. 312~343.
Pye Michael(2003). Skilful Means-A Concept In Mahayana Buddhism, Routledge.
Schopen, Gregory(2005). "The Phrase sa prthivipradeśas notes on the cult of the Book in Mahayana" in *Figments and Fragments of Mahayana Buddhism in India: More Collected Papers*(Studies in Buddhist Traditions). University of Hawaii Press. pp. 25~62.
Williams, Paul(1989). *Mahāyāna Buddhism-The Doctrinal Foundations*, Routledge.

Warder, A.K.(1997). *Indian Buddhism*, Motilal Banarsidass.

 서역편
서북인도 – 서역 신앙형성에 나타난 법화신앙적 요소

『魏書』
鳩摩羅什 譯,『妙法蓮華經』(『大正藏』9)
無羅叉 譯,『放光般若經』(『大正藏』8)
竺法護 譯,『光讚經』(『大正藏』8)
支婁迦讖 譯,『道行般若經』(『大正藏』8)
鳩摩羅什 譯,『小品般若經』(『大正藏』8)
佛馱跋陀羅 譯,『大方廣佛華嚴經』(『大正藏』9)
曇無讖 譯,『大般涅槃經』(『大正藏』12)
佛陀耶舍 譯,『虛空藏菩薩經』(『大正藏』13)
支婁迦讖 譯,『般舟三昧經』(『大正藏』13)
鳩摩羅什 譯,『維摩詰所說經』(『大正藏』14)
鳩摩羅什 譯,『首楞嚴三昧經』(『大正藏』15)
佛馱跋陀羅 譯,『佛說觀佛三昧海經』(『大正藏』15)
僧祐,『出三藏記集』(『大正藏』55)
寶唱,『經律異相』(『大正藏』53)
智昇,『開元釋教錄』(『大正藏』55)
圓照,『貞元新定釋教目錄』(『大正藏』55)
靖邁,『古今譯經圖紀』(『大正藏』55)
玄奘,『大唐西域記』(『大正藏』51)

宿白,「キジル石窟の形式區分との年代」(新疆ウィグル自治區文物管理委員會,
    中國石窟),『キジル石窟』1, 東京, 平凡社.
張廣敏雄,「中央アジア佛教美術とキジール石窟」,『東洋學術研究』25-2
霍旭初,「克孜爾石窟的分期問題」,『西域研究』10

강희정, 『동아시아 불교미술 연구의 새로운 모색』, 서울; 학연문화사, 2011

고혜련, 『미륵과 도솔천의 도상학』, 서울; 일조각, 2011

배진달, 『중국의 불상』, 서울; 일조각, 2005

北京大學考古學系, 克孜爾千佛洞文物保管所 編, 『新疆克孜爾石窟考古報告』, 文物出版社, 1997

中國美術分類全集領導工作委員會, 『中國新疆壁畵全集;克孜爾』1·2, 1995

新疆龜玆石窟研究所 編, 『龜玆』, 新疆美術攝影出版社, 2008.

水野清一, 「魏書釋老志の耆闍崛山殿」, 『支那佛教史學』 6-1, 1941

──────, 『中國の佛教美術』, 東京; 法藏館, 1968

Alexander Soper, "Literary Evidence for Early Buddhist Art in China", *Artibus Asiae* 19, 1959

Harald Ingholt, *Gandharan Art in Pakistan*, NewYork; PantheonBooks, 1957

John Rosenfield, *The Dynastic Arts of Kushans*, Berkeley; University of California Press, 1967

姜玟廷, 「키질 석굴의 〈도솔천미륵설법도〉연구」, 홍익대학교 석사학위논문, 2000

강희정, 「北涼 石塔을 통해 본 橋脚彌勒 圖像의 傳來」, 『중앙아시아연구』 9, 2004

樊錦詩, 馬世昌, 關友惠, 「敦煌莫高窟北朝洞窟的分期」, 敦煌文物研究所 編, 『中國石窟 敦煌莫高窟』, 文物出版社, 1981

施萍婷, 賀世哲, 「敦煌壁畵の法華經變について」, 敦煌文物研究所 編, 『中國石窟 敦煌莫高窟1』, 文物出版社, 1981

朱英榮, 『龜玆石窟』, 新疆大學出版社, 1990

李裕君, 『古代石窟』, 2003.

趙莉, 『龜玆石窟』, 新疆美術攝影出版社, 2003

한지연, 『서역불교교류사』, 서울; 도서출판 해조음, 2011

_____, 「西北印度と西域の信仰形成に現れた法華信仰的要素」, 『法華文化研究』38(立正大學 法華經文化研究所, 2012)

중국편
초기 중국불교사에서 『법화경』 연구와 법화신앙의 형태

『묘법연화경』(『大正藏』: 大正新脩大藏經 9)
『정법화경』(『大正藏』9)
『고승전』(『大正藏』50)
『출삼장기집』(『大正藏』55)
『명승전초』(卍속장77)
강희정, 『관음과 미륵의 도상학』, 2006, 학연문화사
鎌田茂雄, 『중국불교사』1, 1992, 장승
고혜련, 『미륵과 도솔천의 도상학』, 2011, 일조각
박광연, 『신라 법화사상사 연구』, 이화여자대학교 박사논문, 2010
불교문화연구소편, 『한국천태사상연구』, 동국대학교출판부, 1983
종범, 「법화신앙과 관음신앙」(『석림』17, 1983)
한지연
    [2011]『서역불교교류사』, 해조음
    [2012]「서역에서의 법화신앙 전개: 천산남로와 양주를 중심으로」, 『불교학연구』31
히라카와 아키라 외 지음, 차차석 옮김, 『법화사상』, 1996, 여래
圣凱, 「論中國早期以《法華經》爲中心的信仰形態」, 中國社會科學院網, 2011
    www.cnki.com.cn/Article/CJFDTotal-FY(2012.01.10)

관음신앙의 중국적 변용과 그 문화적 특징

『성구광명정의경』

『유마힐경』(支謙 역)
『욱가장자소문경』
『무구시보살응병경』
『정법화경』
『광세음대세지경수결경』
『방광반야경』
『묘법연화경』
『비화경』
『화엄경』(60권)
『관무량수경』
『관세음보살수기경』
『첨품묘법연화경』
『법화경론』

後藤大用,『觀世音菩薩の硏究』, 日本, 山喜房佛書林, 昭和33년
道端良秀,『中國佛敎と社會との交涉』, 일본, 평락사서점, 소화55년
牧田諦亮,『疑經硏究』, 日本, 京都大學人文科學硏究所, 1976
李獻璋,『媽祖信仰硏究』, 日本, 泰山文物社, 1978.
南懷瑾,『觀音菩薩與觀音法門』, 臺灣, 老古文化事業公司, 1974
濮文起 주편,『中國歷代觀音文獻集成』권2, 北京 中華全國圖書館文獻縮微復制中心, 1998
徐曉望,『媽祖的 子民』, 中國 學林出版社, 1999
曲金良,『海洋文化槪論』, 靑島海洋大學出版社, 1999
邢莉,『觀音』, 北京, 學苑出版社, 2000
上海海事大學, 中國太平洋學會, 岱山縣人民政府 편,『中國民間海洋信仰與祭海文化硏究』, 北京, 海洋出版社, 2011
劉輝,『觀音信仰民俗探源』, 中國, 巴蜀書社, 2006
차차석,『중국의 불교문화』, 운주사, 2007
楊慶堃 저, 중국명저독회 역,『중국사회속의 종교』, 글을 읽다, 2011

于君方,「僞經與觀音信仰」,『中華佛學學報』第8期, 臺灣, 中華佛學硏究所, 民國84(1995)

조영록,「9세기 한중일 해상교역과 불교교류」,『법화사상과 동아시아불교교류』학술자료집, 서울 해상왕장보고연구회, 2001

이효원,『한국의 관음신앙 연구』, 한국학중앙연구원 박사학위논문, 2010

동아시아 법화경 세계의 구축

2013년 5월 20일 초판 1쇄 인쇄
2013년 5월 30일 초판 1쇄 발행

엮은이	금강대학교 불교문화연구소
펴낸이	정창진
펴낸곳	도서출판 여래
출판등록	제2011-81호(1988.4.8)
주소	서울시 관악구 행운2길 52 칠성빌딩 5층
전화번호	(02)871-0213
전송	(02)885-6803
ISBN	978-89-85102-45-1 03220
Email	yoerai@hanmail.net

값은 뒤표지에 있습니다.

· 저자와의 협의에 따라 인지를 생략합니다.
· 잘못된 책은 구입하신 서점에서 바꿔드립니다.
· 이 책의 저작권은 저자에게 있습니다. 서면에 의한 저자의
  허락 없이 내용의 일부를 인용하거나 발췌하는 것을 금합니다.